APELO À RAZÃO

FABIO GIAMBIAGI | RODRIGO ZEIDAN

APELO À RAZÃO

1ª edição

EDITORA RECORD
RIO DE JANEIRO • SÃO PAULO
2018

CIP-BRASIL. CATALOGAÇÃO NA PUBLICAÇÃO
SINDICATO NACIONAL DOS EDITORES DE LIVROS, RJ

Giambiagi, Fabio

G362a   Apelo à razão: a reconciliação com a lógica econômica – por um Brasil que deixe de flertar com o populismo, com o atraso e com o absurdo / Fabio Giambiagi, Rodrigo Zeidan. – 1ª ed. – Rio de Janeiro: Record, 2018.

ISBN 978-85-01-11493-8

1. Brasil – Política econômica. 2. Desenvolvimento econômico – Brasil. 3. Brasil – Política e governo. I. Zeidan, Rodrigo. II. Título.

18-49885

CDD: 330.981
CDU: 338.1(81)

Meri Gleice Rodrigues de Souza – Bibliotecária – CRB-7/6439

Copyright © Fabio Giambiagi e Rodrigo Zeidan, 2018

Todos os direitos reservados. Proibida a reprodução, armazenamento ou transmissão de partes deste livro, através de quaisquer meios, sem prévia autorização por escrito.

Texto revisado segundo o novo Acordo Ortográfico da Língua Portuguesa.

Direitos exclusivos desta edição reservados pela
EDITORA RECORD LTDA.
Rua Argentina, 171 – Rio de Janeiro, RJ – 20921-380 – Tel.: (21) 2585-2000.

Impresso no Brasil

ISBN 978-85-01-11493-8

Seja um leitor preferencial Record.
Cadastre-se em www.record.com.br
e receba informações sobre nossos
lançamentos e nossas promoções.

Atendimento e venda direta ao leitor:
mdireto@record.com.br ou (21) 2585-2002.

Sumário

Índice de gráficos, tabelas, figuras e quadros	9
Prefácio	13
Apresentação	17
Introdução	23

PARTE I: O CAOS E A SALVAÇÃO NO REINO DA POLÍTICA

1. No Brasil, tudo começa na pizza	33
2. Adam Smith na terra de Macunaíma	43
3. Um programa, pelo amor de Deus	57
4. Democracia, uma joia a polir	69

PARTE II: DEMOGRAFIA, ORÇAMENTO, PREVIDÊNCIA E OS LIMITES INCÔMODOS

5. O bilhete de loteria jogado fora	85
6. Privilégios: sim, mas...	97
7. Tudo o que você sempre quis saber sobre...	113
8. A Previdência e o encontro (des)marcado	127

Parte III: Como escapar da armadilha da renda média

9. Políticas públicas: para que servem? — 147

10. O que nos falta? Como escapar da armadilha da renda média — 157

11. Comparando bananas com bananas e jabuticabas com jabuticabas — 179

12. Um guia para pensar como economistas — 191

Parte IV: Um mundo em mutação

13. A evolução das normas sociais — 207

14. *Eppur si muove* — 217

15. Lições da China — 239

16. A uberização global — 259

Parte V: Brasil 3.0

17. Problemas da educação no Brasil: mitos, evidências e propostas — 279

18. A microeconomia massacrada — 303

19. O fantasma da competição — 317

20. Nossa solidão e o bonde da história — 333

Conclusão: O futuro a nós pertence — 351

"Dei aula para o Instituto Rio Branco, falei sobre problemas das três últimas décadas do Brasil e o momento presente... Curiosa a juventude, quando se dá argumentação. Olhando para a cara deles, imagina-se que é todo mundo contra, não é, todos se manifestando efusivamente. O apelo à razão ainda serve."

Fernando Henrique Cardoso, *Diários da Presidência*, v. 3.

Índice de gráficos, tabelas, figuras e quadros

Gráficos

1. População de 15 a 59 anos (% população total)
   — China, Índia e Japão   90
2. Brasil: taxas de crescimento populacional (% a.a.)   92
3. Brasil: população de 15 a 59 anos (% população total)   93
4. Despesa com benefícios previdenciários (% PIB)   111
5. Despesa 2017 (% PIB)   112
6. Gasto primário (% PIB)   115
7. Investimento Governo Federal (% PIB)   121
8. Gastos em saúde, educação, desenvolvimento social e outros
   ministérios: triênio 2015–2017 (% a.a.) — Crescimento real   125
9. Brasil: taxas de crescimento do PIB (% a.a.)   132
10. Evolução real do salário mínimo:
    variação acumulada desde dezembro de 1994 (%)   133
11. Facilidade de abrir negócio (100 é o país com maior facilidade)   151
12. Facilidade das empresas de pagar impostos   153
13. Facilidade das empresas de conseguir crédito   153
14. Participação dos BRICS na economia mundial (%)   158
15. PIB real *per capita*: 1600–2008
    (US$ em paridade de poder de compra)   162
16. Contribuição dos setores econômicos (% do PIB)
    nos EUA, 1840–1900   168
17. Comércio de bens como % do PIB, Brasil, 1960–2017   197

18. Comércio internacional de bens como % do PIB, 2016   198
19. Déficits públicos excessivos em torno de 2030
    se a economia não mudar   226
20. Despesa em % do PIB, sem novas iniciativas   228
21. Carga tributária em % do PIB, sem novas iniciativas   228
22. Percepção de corrupção e renda *per capita* (US$ PPP)   241
23. Concentração PM2.5 em Beijing,
    medida diariamente às 8 da manhã, 2017   249
24. Emissão de CO_2 por país no total mundial, 2016   250
25. Facilidade de obter licença para construção   253
26. Média de CO_2 na atmosfera, em partes por milhão   273
27. Gastos totais com educação como % do PIB — Brasil   281
28. Relação entre gastos com educação e PIB *per capita*
    para países de renda média, 2012–2014   282
29. Horas trabalhadas e produtividade
    nos países da OCDE, 2000–2016   305
30. Crescimento da produtividade total dos fatores (PTF)
    no Brasil, 1997–2016   319
31. Tarifas aplicadas a importações, média simples,
    todos os produtos (%)   329
32. Despesas federais com benefícios (% PIB)   336

Tabelas

1. Brasil: bancadas na Câmara dos Deputados, dezembro de 2017   35
2. Brasil: composição da população de 15 a 59 anos (%)   96
3. Comparação: benefícios de servidores federais *versus* INSS   110
4. Despesa com servidores inativos da União (% PIB)   112
5. Comparação das grandes rubricas de despesa (% PIB)   116
6. Outras despesas (% PIB)   119
7. Composição da despesa sujeita ao teto de gastos em 2017 (%)   123
8. Benefícios previdenciários e assistenciais
   de um salário mínimo (% PIB)   134
9. Idade média de aposentadoria no Brasil, em anos (2017)   137
10. Decomposição do crescimento dos EUA, 1948–2000 (%)   170
11. Infraestrutura em países selecionados   176

12. Impacto das tarifas sobre bem-estar social
    — EUA e Europa, década de 1980   195
13. Percentual da força de trabalho em empregos precários (%)   222
14. Comparação entre instituições, sociedades e economia:
    Brasil e China   255
15. Pilares do GCI — resultados para o Brasil, 2018   318
16. Os dez melhores e os dez piores países em termos de
    desigualdade de renda (coeficiente de Gini), 2010   340

Figuras

1. Brasil: pirâmides etárias (em milhões de pessoas)   87
2. África e Europa: pirâmides etárias, 2018
   (em milhões de pessoas)   89
3. Classificação dos países no mundo por critério de renda   164
4. Relação entre homicídios por 100.000 habitantes
   (apenas países cuja taxa de homicídios é > 5) e PIB *per capita*   213
5. Características dos processos de negociação entre países   267
6. Retornos de maior escolaridade ao longo do ciclo educacional   284
7. Taxas de retorno de investimento em capital humano,
   para a sociedade   287
8. Ciclo de vida de políticas educacionais   291
9. Força do direito de recuperação de crédito   309

Quadro

Retornos públicos e privados de maior escolaridade   283

Prefácio

Por Geraldo Samor

Nos últimos anos, os partidos tradicionais ficaram de joelhos e a busca pelo "novo" na política dominou a narrativa.

Nas campanhas eleitorais, a atenção geralmente se volta aos escorregões dos candidatos e aos eventuais xingamentos mútuos, enquanto o debate sobre tudo que é realmente importante se dá apenas na margem — e com a profundidade de um pires.

Em parte, a culpa deste quadro é nossa, da imprensa, que não exerce o papel de mediação que ainda possui para filtrar as distrações e colocar o que é relevante no centro do debate. Um *soundbite* polêmico ganha mais manchetes que uma ideia com nuances. Já a outra parte da culpa é dos candidatos, cuja contribuição ao debate, na maioria dos casos, deixa muito a desejar.

Mas, uma vez eleito, o próximo presidente sempre terá a chance de ler (assumindo que, como Donald Trump, ele não seja avesso a livros) um manual realista sobre políticas públicas que realmente mudariam o Brasil.

Quem conhece a economia brasileira sabe que não há nada de errado com o país que não possa ser consertado. Depois de darmos inúmeros murros em ponta de faca — e, mais recentemente, recorrermos a bruxarias heterodoxas —, nunca o diagnóstico sobre o que precisa ser feito foi tão consensual na elite econômica. E, ainda assim, a política tem sua lógica interna e se recusa a conversar com a realidade e o pragmatismo.

Há um preço a pagar, no curto prazo, para que o longo prazo nos sorria enquanto país, e este preço — caríssimo para a classe política — significa abdicar da ideia de que o Estado tudo pode, tudo deve e tudo fará pelos seus "filhos", que, por sua vez, frequentemente se veem como titulares de direitos e jamais de obrigações.

É uma falácia que o pai da República brasileira seja o marechal Deodoro da Fonseca, que a proclamou. O verdadeiro pai aqui não foi o biológico, mas o de criação: Getúlio Vargas, um homem "de outra época", mas eternamente presente em nosso imaginário. Nem o tiro que deu no próprio peito o fez desencarnar do espírito do brasileiro.

É de Getúlio que derivamos a ideia de "direitos" que nos são eternamente negados; é Getúlio que coloca a "luta dos trabalhadores" contra o patrão malvado no centro da narrativa social brasileira; e é Getúlio quem nos promete que o governo será nosso eterno *sugar daddy*", sempre pronto a satisfazer a nossos desejos mais volúveis.

Até que... um dia, o papai Estado bate as botas — e descobrimos que o vento será nossa herança. Até que nos damos conta de que não são nossos desejos "volúveis" que não estão sendo atendidos, e sim nossas necessidades mais básicas: a polícia na rua, um hospital que funcione e uma escola que prepare para a vida.

Decepcionados e frustrados com o fracasso do Estado, procuramos culpados na classe política que nós mesmos elegemos a cada quatro anos e intuímos que a corrupção é o maior dos males, quando, na verdade, a ineficiência do Estado nos rouba mais vidas e oportunidades todos os dias do que dez Lava Jatos descobririam em meio século.

É evidente que este Estado tão torto, tão indecentemente inútil para os que mais precisam dele e tão impeditivo com seus contribuintes mais produtivos precisa ser reformado. E a urgência só vai se acentuar nos próximos anos.

Em dado momento deste livro, Fabio Giambiagi e Rodrigo Zeidan explicam o impacto que o envelhecimento do Brasil terá sobre as contas do governo e a produtividade da economia. Um dado: no ano 2000, para cada cem brasileiros na faixa de 15 a 59 anos, havia treze com 60 anos ou mais. Em 2060, haverá 63. O ônus de pagar as aposentadorias recairá violentamente sobre os mais jovens. O envelhecimento já começou também na população em idade de trabalhar. Em 1980, na faixa etária entre 15 e 59 anos, 51,8% dos brasileiros estavam no grupo entre 15 e 29 anos. Em 2020, serão apenas 36,7%, e, em 2060, serão 28,7%.

É um reflexo dos tempos — e da baixa qualidade de nossa liderança política — que o Brasil não tenha sido capaz de discutir os méritos e a urgência de reformas tão necessárias para além dos clichês, do maniqueísmo e da demonização.

Falando em demonização, parte do apelo à razão feito pelos autores é que deixemos de lidar com as disputas orçamentárias como uma luta entre "mocinhos" e "bandidos".

Os autores desconstroem a ideia, comum entre os brasileiros de classe média, de que "pagamos impostos exorbitantes sem receber nada em troca". Em muitos casos, como diria Cazuza, essas ideias não correspondem aos fatos.

Um cidadão diz com orgulho "não receber nada do governo", mas se esquece de que fez Medicina na USP sem pagar nada por isso. Outro se queixa de que o governo "não dá nada em troca", mas seu filho estuda na UFRJ. Um terceiro se gaba de sua aposentadoria complementar privada e de ter contribuído para o INSS "só pelo mínimo", mas, na prática, em termos reais, recebe 170% a mais do que recebia quando se aposentou, porque o salário mínimo, que indexa sua aposentadoria, teve aumentos sucessivos nos mais de vinte anos desde que se aposentou.

Esses somos nós, brasileiros: cada um buscando sua meia-entrada, aderindo a políticas que nos favoreçam e empurrando os ajustes para o colo do vizinho. Como, no fundo, as contas públicas são uma questão matemática, a então secretária do Tesouro certa vez resumiu: "Se alguém ganha, alguém perde."

O fato é que, desde 1991, cada governante brasileiro concluiu seu governo com um gasto público maior, em percentual do PIB, do que no final da gestão anterior. A hipótese "boa" aqui é que isso não mais será possível, porque o Estado vai se autoestrangular antes...

A surpresa não é que o Brasil possa capotar nos próximos anos, e sim que esse Estado minimamente funcional tenha sobrevivido até aqui.

Roberto Campos, uma voz lúcida que sempre fará falta, dizia que, no Brasil, "empresa privada é aquela controlada pelo governo e empresa pública é aquela que ninguém controla". Para além das estatais, a frase se aplica aos constantes ataques de grupos de interesse ao próprio Tesouro.

Qualquer viagem a Brasília é um lembrete de que o interesse público é difuso e raramente tem guardiães, enquanto os interesses privados têm donos claros e motivados. A maior parte das políticas defendidas por este livro trata de colocar o interesse do país no centro das políticas públicas.

Volta e meia, num governo aqui, noutro acolá, e graças ao trabalho de alguns servidores públicos, vemos amostras de que isso é, sim, possível. Se mais brasileiros ouvirem o apelo à razão, talvez nosso Congresso e nosso Executivo possam refletir esse ideal republicano em nossas leis e atitudes e este país consiga enfim realizar o sonho de ser uma democracia plural, produtiva e mais justa.

Este livro, porém, vai muito além de uma discussão sobre a diminuição do tamanho ou o papel do Estado. Em algumas áreas, os autores propõem inclusive que os gastos aumentem. Obviamente, se o Estado brasileiro oferecesse serviços dinamarqueses, a insatisfação com a carga tributária seria muito menor.

Enquanto a cultura do getulismo não muda, o país pode fazer pequenas (mas significativas) reformas. Os autores propõem um decálogo de medidas com a intenção de garantir os verdadeiros "direitos" e entregá-los de forma eficiente. Só as cinco primeiras medidas já fariam brilhar o olho de qualquer empreendedor: o fim dos cartórios; a criação de um Imposto de Valor Adicionado nacional, como no exemplo da Índia; a simplificação radical do processo para abertura de novos negócios para o prazo, por exemplo, de uma semana; a ampliação do mandato das agências de defesa da concorrência; e a reformulação do Código de Defesa do Consumidor. Esta, sim, é uma agenda mínima que deveria ser cobrada de qualquer novo presidente da República.

Fabio, com sua dedicação ao debate econômico brasileiro durante mais de três décadas, e Rodrigo, com um olhar cosmopolita especial, entregam aqui ao leitor um diagnóstico de nossos maiores problemas econômicos, e um roteiro ponderado a seguir.

Este livro — de conteúdo sofisticado, mas prosa simples — ajuda a elevar o debate que precisamos ter com nós mesmos e é um presente em um ano que pode nos legar um ponto de inflexão — ou um atoleiro sem fim.

Apresentação

Este livro é resultado da interação entre duas trajetórias profissionais com uma origem comum. Ambos os autores começaram no ambiente acadêmico da Faculdade de Economia da Universidade Federal do Rio de Janeiro (UFRJ), em geral no debate econômico associado às ideias ditas "heterodoxas". Ambos acabaram por abandoná-las, embora não necessariamente por completo — o senso de justiça social é fundamental em suas identidades. Cada um dos autores, fiéis à frase atribuída ao velho Eça de que "a distância mais curta entre dois pontos é uma curva vadia e delirante", acumulou experiências que podem agora ser combinadas, esperamos, em benefício do leitor. As de Fabio Giambiagi se desenvolveram como observador dos fatos ocorridos no Brasil desde o começo dos anos 1980, quando deu os primeiros passos como aluno. As de Rodrigo Zeidan, de uma geração posterior, vêm de sua vida como cidadão do mundo, que é a representação das tendências modernas de um ambiente globalizado.

Mais concretamente, o livro resulta, por um lado, da experiência de Fabio, participante ativo do debate sobre a economia brasileira, com ênfase na realidade fiscal e defensor da reforma da Previdência há mais de 25 anos. Tal experiência é fruto da interação com o público em função de seu papel de colunista regular em jornais — *Valor Econômico* e, mais recentemente, *O Globo*. Nesse espaço, ele teve que se aprimorar no exercício da arte do convencimento, o que requer muito mais do que o domínio da técnica e passa por questões como a boa escolha das palavras, o domínio da retórica, o conhecimento da psicologia humana etc.

Por outro lado, o livro se beneficia também da experiência de vida de Rodrigo, que vive regularmente entre Xangai — onde mora metade do ano — e Copenhague, Nova York e Rio de Janeiro, onde dá aulas para a Fundação Dom Cabral e é presença constante nas quadras de basquete do Aterro, usando a altura para compensar a falta de habilidade. Rodrigo, que tem uma coluna de opinião na *Folha de S.Paulo*, tem como principal característica, como pesquisador, transitar por diversas áreas de finanças e economia em periódicos internacionais de ponta. Ele também escreveu um manual de economia para alunos de administração e finanças: publicado em 2018 pela MIT Press, *Economics of Global Business* trata de questões fundamentais no mundo moderno, como desigualdade de renda, combate à pobreza, mudanças climáticas e os efeitos da crise financeira global de 2008, com os instrumentos normais de macroeconomia, como políticas monetária, fiscal e cambial. Também lutou para o Brasil se abrir a receber refugiados, junto com Irineu E. Carvalho Filho — a proposta seria que o país fosse uma ponte para ajudar a diminuir o sofrimento de milhões que escaparam da guerra civil e da fome no Oriente Médio e na África.[1]

Este livro é, de algum modo, uma aposta na obstinação. A escolha da epígrafe indica que, para os autores, o caminho da persistência na defesa da lógica é a melhor estratégia a seguir. Entendemos que, cedo ou tarde, será possível deixar para atrás os tempos do apelo ao populismo e construir um país baseado em propostas claras. O debate qualificado é a saída — não a superficialidade vulgar e tosca que, infelizmente, tem dominado as disputas eleitorais no Brasil. Também sabemos que não há saídas fáceis para problemas complexos. Essa paixão pelo caminho de menor esforço nunca acabou bem no Brasil.

Ao longo do texto, apresentamos as evidências científicas, com propostas concretas de políticas públicas. Por exemplo, todos dizemos que a saída do Brasil é pela educação. Ninguém discorda disso, mas qual seria o primeiro passo? Detalhes importam muito. No decálogo para a prosperidade, que inclui pontos como a ênfase na competição e na justiça distributiva, estabelecemos as condições de sucesso e os principais obstáculos à nossa frente — e sempre explicitamos os custos de nossas propostas. No debate midiático, defensores da política A se atêm quase sempre apenas aos benefícios de sua

---

[1] Zeidan, R.; Carvalho Filho, I. *Brazil Could Help Solve Europe's Refugee Crisis. Bloomberg*, 2016. Disponível em: <https://www.bloomberg.com/view/articles/2016–12–14/brazil-could--help-solve-europe-s-refugee-crisis>.

proposta, enquanto aqueles que defendem B fazem o mesmo. Não queremos dialogar por meio dos outros, mas sim com os leitores. Qualquer mudança tem custos, e as propostas aqui discutidas são importantes porque procuramos mostrar quais são esses custos e argumentar por que o sacrifício valeria a pena. Propomos um novo pacto social pragmático, no qual mais importante do que ficar apenas no campo das ideias é determinar o desenho das políticas que nos tirariam da armadilha da renda média.

Conhecimento se cria por meio de conflitos. Novas ideias são desconfortáveis exatamente porque nos tiram de nossa zona de conforto. Como mostra a neurociência moderna, nosso cérebro procura sempre o *status quo* — o raciocínio profundo requer despesa de muita energia e tendemos a fazê-lo apenas quando necessário. Aqui, em alguns momentos, pediremos que o leitor mergulhe fundo em questões que por vezes vão contra o senso comum. Isso não quer dizer que o livro que o leitor tem em mãos seja essencialmente técnico. Longe disso. Queremos manter o rigor, mas sem perder o que também buscamos, que é propiciar um bom entretenimento. Assim como um professor ruim nos induz ao sono — e, como veremos no capítulo sobre educação, pode destruir significativo valor social —, escritores de não ficção, se não tomarem cuidado, se prendem ao jargão e a argumentos excessivamente técnicos.

O livro está estruturado tendo um fio condutor lógico que guia o leitor pelos diversos temas tratados. Mas cada capítulo é também em parte independente do restante e pode ser lido como um artigo. O objetivo, de qualquer modo, é que, ao final, o leitor tenha um arcabouço abrangente para analisar melhor o Brasil, entender os efeitos das políticas públicas — pesando seus custos e benefícios e avaliando suas consequências — e ter uma noção precisa acerca de alguns dos principais problemas do país e de como buscar as soluções para os mesmos. Para tanto, procuramos apresentar as questões com base em evidências e no consenso da teoria econômica, comparando diferentes contextos — seja entre países ou ao longo do tempo —, mas com uma linguagem simples e, sempre que possível, vinculada ao dia a dia.

A divisão do texto se dá em cinco partes. A primeira traz algumas considerações sobre o mundo da política: é nesse campo que residem muitos de nossos principais problemas, mas é nele também que o país terá que encontrar a solução para eles. A segunda parte apresenta ao leitor os principais números de nossa realidade demográfica, previdenciária e fiscal, que é importante que sejam levados em conta em qualquer reflexão acerca das perspectivas do país. A terceira aborda o desafio de superar a estagnação brasileira, mas isso é feito explicitando algumas orientações metodológicas a serem seguidas nos capítulos posteriores. A quarta ressalta a dimensão das mudanças pelas quais o mundo está passando. A quinta parte trata das questões que dizem respeito ao funcionamento da economia e à necessidade de superar uma série de distorções nela presentes, com ênfase na importância decisiva de melhorar nossa educação e de estabelecer firmemente um ambiente de maior competição na economia. No final, tecemos algumas conclusões. A principal é que o futuro a nós pertence. Não há saída fácil, mas nosso desenvolvimento não depende de mais ninguém — apenas do país, apenas dos brasileiros.

É importante observar que os autores têm exata consciência da realidade brasileira. Somos um país de renda média, mas com uma das piores desigualdades de renda no mundo. Foi assim que Rodrigo começou sua primeira coluna na *Folha*:

> Somos genocidas. No Brasil, em 2017, foram mais de 60 mil assassinatos, entre inocentes, ladrões de galinha, bandidos e policiais. Isso significa 12% dos assassinatos em todo o planeta. O Brasil só tem dois problemas principais: violência e falta de mobilidade social. Todo o resto advém disso, do desemprego à desigualdade de renda, do corporativismo à baixa produtividade, da péssima elite política ao racismo e rentismo nosso de cada dia. Nosso Estado não entrega mínimas condições de as pessoas sobreviverem e investirem recursos — não só dinheiro — no seu futuro. É mais que falta de saúde e educação, é falta de esperança.

Em recente entrevista, o publicitário Washington Olivetto declarou com precisão cirúrgica que "o Brasil foi invadido pelo desotimismo". Este livro é uma tentativa de contribuir para reverter essa situação, apelando ao exercício do convencimento. Em um país, nas palavras de Nelson Rodrigues, "fascinado pelo chocalho da palavra", onde a retórica e o exagero da emoção já causaram tantos males, acreditamos na força da persistência dos bons argumentos. Daí a escolha do título: "Apelo à razão".

Jorge Luis Borges, que sabia ser cruel com seus desafetos, disse certa vez acerca de um deles que "escreveu um título excelente, mas infelizmente depois adicionou-lhe mais de trezentas páginas". Acreditamos que temos, neste começo, um bom título. Partiremos agora para a tarefa de adicionar a ele trezentas páginas. Vamos ver se temos melhor sorte que o desafeto de Borges.

Cabe, por fim, um agradecimento especial a Daniel Amorim e Marcelo Ferreira Casagrande, que colaboraram na tarefa de formatar e padronizar adequadamente os gráficos e tabelas utilizados.

Boa leitura!

Os autores
Rio de Janeiro e Xangai, março de 2018

Introdução

> "Nacer becado, vivir empleado, morir jubilado."
> ("Nascer bolsista, viver empregado público, morrer aposentado.")
>
> Ideal de vida na Argentina, de acordo com Lucio V. Mansilla,
> escritor argentino do século XIX.

No Brasil, assim como em muitos países da América Latina, o ideal de país durante décadas — ou caberia dizer "séculos"? — foi depender do Estado. Depois de muito tempo, porém, chegamos a uma situação na qual este está exaurido. Roberto Campos dizia que "o Brasil tem que parar de admirar o que não deu certo". Este livro é uma tentativa de contribuir para uma revisão acerca do papel do Estado e das relações entre este e o mercado. Seria nossa modesta contribuição para que a opinião pública influencie as futuras decisões de nossas autoridades.

Nesta nossa caminhada conjunta com o leitor, mostraremos como as forças do atraso são resistentes no Brasil e quão difícil é mudar não apenas as estruturas, mas o "modelo mental" no qual operamos. Vamos expor alguns exemplos da resiliência de ideias em desuso em outros lugares e destacar a importância de uma mudança de visão — o que requer o domínio da arte do convencimento.

As vacas sagradas

O que se segue é um relato de uma experiência vivida por Fabio Giambiagi. Em 2006, ele escreveu o livro *Brasil: Raízes do atraso — Paternalismo versus produtividade*. A chamada de capa, com certa pegada de marketing, mencionava as "vacas sagradas que acorrentam o país". O livro fazia alusão a políticas que, como as vacas sagradas na Índia, eram intocáveis em função da idiossincrasia nacional e que, na opinião do autor, estavam travando o desenvolvimento brasileiro.

No ano de 2007, pouco depois da publicação do livro, aconteceram duas coisas. A primeira é que o IBGE modificou a série histórica do PIB das Contas Nacionais. Embora a revisão desde 1995 não alterasse substancialmente as taxas de crescimento da economia em épocas mais distantes, ela mudou razoavelmente as taxas de 2005 e 2006 — para cima. A segunda é que, após sua reeleição, o presidente Lula deu início a seu segundo governo em grande estilo, claramente "colocando o pé no acelerador" da economia, que passou a crescer a um ritmo inequivocamente mais forte do que antes. Embora depois a crise da economia internacional, em setembro de 2008, tenha provocado um tropeço na economia doméstica em 2009, o país se recuperou rapidamente e, em 2010, Lula coroou sua presidência com a maior taxa de crescimento do PIB desde 1986. Se, até meados da década passada, o Brasil parecia fazer jus à descrição de Nelson Rodrigues ("somos um Narciso às avessas, que cospe na própria imagem"), em 2010 o espírito havia mudado completamente. Barack Obama, em um encontro de presidentes, tinha se dirigido a Lula com sua frase famosa ("You are the man!" — "Você é o cara!"), o Brasil fora escolhido para sediar a Copa do Mundo de 2014 e as Olimpíadas de 2016 e o país estava na moda.

Tempos depois, no começo da presente década, uma instituição financeira que anualmente seleciona um livro para fazer uma tiragem especial e enviar a seus clientes mais importantes, escolheu o título de Fabio Giambiagi. Em função disso, pediu para fazer duas apresentações sobre ele, sendo uma no Rio de Janeiro e outra em São Paulo.

Era algo paradoxal, no ambiente de euforia que então se vivia com o Brasil, discorrer sobre um livro — e, além disso, de algum modo, premiado! — que apontava para as razões pelas quais não dava para ser muito otimista com o futuro do país.

A honestidade obriga, nesses casos, a rever as páginas escritas anos antes e comprovar pela enésima vez a famosa piada sobre o economista ("um sujeito que diz hoje o que vai acontecer amanhã e explica depois de amanhã por que não aconteceu o que tinha previsto"). Ou seja, cabia reler o conteúdo do livro e tentar entender por que, apesar do que estava lá escrito, o Brasil tinha ido aparentemente tão bem naqueles anos.

E, entretanto, anos depois, em que pese o inequívoco sucesso do país no segundo governo Lula, as "vacas sagradas" estavam todas lá!

A lista

O livro de Fabio listava uma série de problemas, com sua devida qualificação. Como ele é um mero pretexto para iniciar esta conversa com o leitor, não apresentaremos a relação exaustiva de todos os pontos. Entre os principais, estavam:

1. "O salário mínimo que não é mínimo." O livro chamava atenção para o crescimento expressivo do salário mínimo e a contradição que estava se estabelecendo entre o elevado custo fiscal desse processo e a ausência de efeito sobre o rendimento dos mais pobres. Isso porque, como "o mínimo não era mínimo", ocorria um aumento da remuneração de quem se situava na altura do terceiro a quarto décimo da distribuição de renda.

2. "A Previdência Social imprevidente." O capítulo sobre o assunto projetava um futuro preocupante para as contas fiscais, à luz do peso dos gastos previdenciários. Começava com a repetição de uma frase do documentário sobre a degradação do meio ambiente, muito comentado na época, de Al Gore — *Uma verdade inconveniente*: "As gerações futuras irão nos perguntar: 'Mas onde é que vocês estavam que não viram o que estava acontecendo? O que estavam esperando para acordar?'" A frase, que se revelou premonitória acerca de questões que iam muito além da economia, era no livro usada para destacar a gravidade do processo em curso, pelo qual as despesas previdenciárias estavam ocupando e continuariam a ocupar um espaço cada vez maior no orçamento.

3. "Os direitos dos incluídos." Proteção social é outra marca que distingue sociedades avançadas de outras atrasadas. É evidente que uma sociedade como a escandinava, onde os direitos sociais são uma parte inerente da alma nacional, é muito mais justa que uma sociedade como a da época da Revolução Industrial, no século XVIII. Naquela época, há 250 anos, muitos trabalhadores tinham regimes de trabalho de 12 ou 14 horas por dia, em condições

que qualquer um de nós consideraria pavorosas. O problema é que, quando os direitos são levados ao paroxismo de querer colocar tudo na legislação, chega-se a casos como os do Brasil. Aqui, até o percentual de remuneração da hora extra está incrustado na própria Constituição — algo que qualquer observador externo da cena nacional tende a considerar excêntrico. O resultado é a exclusão de quem não pertence ao "grupo dos incluídos". Tal exclusão é um dos elementos que explica a alta informalidade do mercado de trabalho, que acaba tendo características duais — o formal e o informal.

4. "A vinculação preguiçosa." O livro enfatizava o fato de que, à medida que a disputa por recursos fiscais se tornava mais dura, a tendência dos grupos em pugna era de "carimbar" seu espaço colocando na legislação ou, de preferência, na Constituição, o direito a uma fração x da receita ou do PIB. Tal medida dispensa a necessidade de justificar ano a ano a razão de alocar determinado montante de recursos à atividade A ou ao setor B. O corolário disso é similar ao do caso anterior: quem está "incluído" — no caso, na vinculação — vive relativamente bem. Já quem fica de fora tem que brigar pelas "migalhas" orçamentárias, em um processo de alocação de verbas cada vez mais engessado.

5. "As transferências temporárias infinitas." Um colega nosso, já falecido, de outra época, era um defensor da ideia de "Orçamento base zero". Por este, a cada rodada orçamentária há que se defenderem as bases conceituais de cada uma das dotações, em contraste com a tradição de colocar no orçamento o que estava no exercício anterior. Às gargalhadas, ele contava que uma vez, na década de 1960, teriam feito uma "varredura" na folha de pagamentos do Governo Federal e nela ainda constaria a suposta amante de um conhecido ministro — cujo nome omitiremos, para não criar constrangimento aos descendentes — de Getúlio Vargas. O dito ministro teria intercedido em favor dela em seus anos de glória, para "arrumar uma boquinha" para a moça. Getúlio suicidara-se, o ministro perdera o cargo, mas nosso amigo jurava que a amante lá ficara, contaminando as despesas por anos a fio. A mesma lógica vale para certas transferências para fazer determinado tipo de pagamento "por tempo determinado" — que, depois, acaba se estendendo muito além do que seria lógico inicialmente. É por conta desse tipo de questões que Tancredo Neves, com toda sua sabedoria política e conhecendo a gula fisiológica do próprio partido, dizia, brincando, que "entre a Bíblia e 'O Capital' de Karl Marx, o PSD fica com o Diário Oficial".

6. "O protecionismo." No capítulo correspondente, escrito em coautoria com Marcelo Nonnenberg, questionava-se a oportunidade da proteção à "indústria nascente", argumento considerado válido pela literatura, mas pouco justificável para setores onde essa proteção vem sendo praticada há seis ou sete décadas.

7. "O viés anticapitalista." O capítulo citava Churchill ("É uma ideia socialista que lucrar é um vício. Eu considero que o vício verdadeiro é ter prejuízo") e se valia da transcrição de frases literais de alguns dos mais renomados ícones da nossa *intelligentsia*. Entre elas, destaque para a inesquecível frase de Frei Betto no prefácio ao livro *Socialismo — uma utopia cristã*, de Luiz Francisco de Souza, de que "o capitalismo fracassou na maioria dos países do mundo" (sic). Ou ainda a declaração chocante, imbuída de espírito antinorte-americano, do onipresente Leonardo Boff. Este, em entrevista ao jornal *O Globo* publicada no dia 10 de novembro de 2001, poucas semanas depois dos atentados terroristas do fatídico 11 de setembro, declarou: "Acho muito pouco cair um avião sobre o Pentágono. Deviam cair 25 aviões. É preciso destruir o Pentágono todo." Na França, que até recentemente era o exemplo por excelência de resistência às ideias capitalistas no mundo desenvolvido, o ex-primeiro-ministro Lionel Jospin certa vez declarou "sim para a economia de mercado. Não para uma sociedade de mercado". Ganha um bilhete de avião para a Coreia do Norte quem conseguir entender o que tal frase significa. De qualquer modo, é mais ou menos claro que na França, até pouco tempo atrás, e no Brasil, desde que ele surgiu, o capitalismo "não desce bem" para setores expressivos da opinião pública.

As vacas? Vão muito bem, obrigado

Após o bom desempenho macroeconômico do país na segunda metade da década passada, em um primeiro momento parecia tentador rever o livro para entender "o que dera errado". À medida que se passavam os olhos pelos capítulos, porém, ficava claro que aquele sucesso econômico do país era, em boa parte, fruto de um misto de "respeito aos fundamentos" herdados de FHC; do efeito defasado das reformas deste e daquelas implementadas pela equipe do ministro Palocci nos primeiros anos do governo Lula; de condições iniciais extremamente favoráveis ao crescimento — elevada ociosidade, ampla disponibilidade de mão de obra etc. — e, por último, mas não menos importante, do impulso formidável vindo da China. Em suma, tratava-se de uma combinação zodiacal única, após a qual, cedo ou tarde, esgotadas as possibilidades de expansão mediante políticas de estímulo à demanda, nossas deficiências pelo lado da oferta acabariam aparecendo.

E, de fato, em que pese aquela expansão dos anos Lula, com os bons indicadores de crescimento do PIB e de redução do desemprego, as "vaquinhas" estavam todas lá. Intactas, sagradas, continuando a acorrentar o futuro do país. Vejamos por quê.

O salário mínimo continuou ganhando aumentos expressivos, o que é ótimo em uma série de aspectos, mas faz com que as despesas a ele indexadas ocupem um espaço cada vez maior na composição das despesas públicas.

A Previdência Social manteve sua costumeira imprevidência, aumentando o gasto com benefícios como se não houvesse amanhã, e com isso espremendo o espaço para despesas fundamentais. Continuamos a ser o país onde pessoas podiam se aposentar aos 50 anos — e falta gaze nos hospitais.

Em relação aos demais pontos explicados, sobre os temas da inclusão e do mercado de trabalho, foi preciso esperar até 2017, dez anos depois do primeiro livro de Fabio, para aprovar o tipo de flexibilização da legislação trabalhista que outros países fizeram há décadas, para estimular a criação de empregos formais.

Em matéria de vinculações de recursos, um estudo do final de 2017 da Moody's Investors Service, uma das três maiores agências de classificação de risco de crédito, indicou que o Brasil era simplesmente o pior país da América Latina em termos de flexibilidade orçamentária.

O orçamento continuou a conservar vinculações, "transferências temporárias" e coisas do gênero em sua composição. As transferências associadas à Lei Kandir, tema originado em 1997 por ocasião de mudanças tributárias destinadas a reduzir a carga de impostos sobre as exportações para compensar os estados eventualmente privilegiados, continuam a ser parte das negociações em torno do orçamento, religiosamente, ano após ano. Isso mais de 20 anos depois do fato. Haja tempo de adaptação!

O país manteve-se pródigo em programas protecionistas altamente controversos, chamem-se eles Inovar Auto, Rota 2030 ou que nome tenham. Todos eles, severamente questionados pela concentração de favorecimentos fiscais em grupos muito específicos, com benefícios pouco visíveis para a população como um todo.

Sobre o viés anticapitalista, o fato de que isso continue em discussão e que um livro como esse ainda faça sentido no debate é um indicador de como a discussão não evoluiu.

Cássio Casseb e o Dia da Marmota

Certa vez, Cássio Casseb, conhecido executivo relacionado ao mercado financeiro, tinha saído para fazer um *road show* de duas semanas no exterior. O objetivo era "vender o Brasil" e falar das boas perspectivas, com possibilidades de a viagem gerar futuros IPOs (*initial public offering*, ou seja, oferta inicial de ações) que poderiam contar com a participação da instituição à qual era vinculada na época. Na volta, duas semanas depois de embarcar em Guarulhos, o país estava virado pelo avesso. O que aconteceu? No meio desses quinze dias de reuniões, o deputado Roberto Jefferson dera a famosa entrevista à jornalista Renata Lo Prete, publicada na *Folha de S.Paulo* e que detonou o que depois veio a ser conhecido como "mensalão". Mais uma vez, começaram a aparecer na imprensa matérias sobre supostas compras de políticos, gente recebendo recursos de origem desconhecida etc. Anos antes, o país já havia visto expostas as entranhas da política, no que ficou conhecido como o escândalo dos "anões do orçamento". O nome era referência a um conjunto de deputados que se especializavam em aprovar determinadas emendas, recebendo em troca recursos na forma de "caixa dois" das empresas. O elo condutor entre um e outro escândalo era um velho conhecido dos brasileiros: o financiamento de campanhas eleitorais — e sua relação com o apoio parlamentar.

Foi então que Cássio — que nos autorizou que a conversa fosse mencionada —, em uma rodinha de papo de café, entre perplexo e desiludido, declarou, talvez algo profeticamente em relação ao que anos depois viria a ser um terceiro escândalo — o "petrolão" — maior ainda: "O Brasil é um país onde você passa quinze dias fora e muda tudo, mas passa quinze anos fora e não muda nada." Os fantasmas do passado sempre voltam a frequentar o presente...

O mundo avança e, em diversos lugares do planeta, discutem-se tecnologias disruptivas, velocidade de acesso à internet, enfim, temas associados à modernidade. Enquanto isso, continuamos aqui ocupados com as mesmas coisas de sempre: a briga do partido A com o partido B que paralisa as votações no Congresso; a resistência da bancada de um estado em apoiar o governo se a empresa X for privatizada; a dificuldade em aprovar propostas que estavam presentes no debate há 25 anos etc. Para piorar, copiamos a polarização norte-americana nas mídias sociais, com "coxinhas" xingando "mortadelas" e vice-versa.

Em 1991, na tentativa de se apresentar diante das forças mais dinâmicas da economia como um líder moderno, disposto a quebrar as estruturas arcaicas do país, Fernando Collor de Mello instruíra alguns ministros-chave a negociar o que na época se chamou de "emendão". Este era constituído por um conjunto de dispositivos constitucionais que substituiriam algumas das cláusulas da Constituição de 1988, que começava a se mostrar rapidamente obsoleta. Destaque especial, na época, era dado aos temas da privatização e da Previdência Social. Nada disso foi adiante, em virtude da crise política que culminou com o afastamento de Collor do cargo, em outubro de 1992.

Cinco anos depois, em 1996, em seus *Diários da Presidência*, começando a ficar exasperado com o prolongamento de negociações intermináveis acerca da proposta de reforma da Previdência que tinha encaminhado ao Congresso em 1995, Fernando Henrique Cardoso desabafaria diante do gravador: "Ou se diminuem os gastos com aposentadoria, ou o Brasil não vai fazer mais nada, o Estado vai ficar à míngua e todo mundo reclamando."

Vinte e dois anos depois desse desabafo, em 2018, continuamos a discutir os mesmos temas: reforma da Previdência, privatização etc. A diferença é que a conta da incúria previdenciária é muito mais salgada e que as empresas estatais estaduais remanescentes do setor elétrico acumularam mais de vinte anos de problemas financeiros de todo tipo.

No filme *Feitiço do tempo*, sobre o "Dia da Marmota", um irritadiço Bill Murray faz o papel de um meteorologista que acorda todos os dias tendo que repetir sempre os mesmos eventos do dia anterior. No contexto do filme, o tempo parece parado e os dias se repetem. É inescapável fazer a associação com o Brasil atual.

PARTE I

O CAOS E A SALVAÇÃO NO REINO DA POLÍTICA

Nesta primeira parte do livro, o leitor será apresentado ao pano de fundo que os autores sabem que compõe o cenário no qual se desenrola o drama acerca do qual eles se manifestam. O livro é, como seu título explicita, um apelo à razão, mas os autores reconhecem a necessidade de as reflexões e propostas acerca da economia serem mediadas no terreno da política. Em outras palavras, querem deixar claro que não cabe aqui o figurino "economistas ortodoxos propõem soluções ideais", nas entrelinhas entendidas como de escassa viabilidade. Primeiro porque nada do que é definido no livro é feito por fanatismo ideológico. E segundo porque, mais do que ortodoxia, o que está em jogo aqui é o pragmatismo: se o livro defende um conjunto de teses, é porque os autores estão convencidos de que se trata de um roteiro apropriado para o país seguir.

Ao mesmo tempo, eles estão plenamente cientes de que, se o elevado grau de polarização ideológica presente hoje na sociedade brasileira e a grande divisão política do país são um obstáculo para a aprovação de medidas no Congresso, das quais o Brasil tanto precisa, também é verdade que não há salvação fora da política. E sabem que a política é uma arte.

Esta primeira parte se compõe de quatro capítulos. O primeiro é um retrato do quadro de fragmentação partidária e das dificuldades que isso implica. O segundo capítulo discorre sobre a importância da presença de componentes com forte conteúdo emocional e até com certo grau de irracionalidade no dia a dia da política e a necessidade de levar isso em conta nas estratégias a serem traçadas. O capítulo 3 recomenda que os partidos assumam quais as linhas gerais de suas propostas, sob pena de os eleitores não saberem no que estão votando. O capítulo 4 trata da dura realidade cotidiana da política, incluindo reflexões sobre a solidão do poder no momento da tomada de decisões, sobre o que significa às vezes fazer campanha em um país com a realidade do nosso e sobre as escolhas difíceis que precisam ser feitas, especialmente nas etapas iniciais de um governo.

O objetivo desta parte, antes de mergulhar nas questões mais profundas da economia, é explicar ao leitor a complexidade do meio em que se dá a tomada de decisões e evitar qualquer crítica de que os autores não levam essa realidade em conta.

1. No Brasil, tudo começa na pizza

"O momento não é propício para discutir matéria ácida."

Deputado Jovair Arantes, rejeitando o exame de
propostas controversas de reforma por parte do Congresso.

Opinando acerca das pressões verificadas no exercício da Presidência da República, Harry Truman disse certa vez: "Se você não aguenta o calor, é melhor ficar longe da cozinha." Este é um livro sobre — alguns dos — problemas do Brasil, e não faz muito sentido tratar deles sem discutir possíveis soluções. Ora, não há como, nesse caso, por sua vez, tratar de soluções que não passem pela aprovação de medidas legislativas. E, se vamos discutir o que se pode e o que não se pode fazer no jogo bruto da política, há que se lidar com o mundo real do Congresso Nacional e não com o mundo edulcorado habitado pelos que gostam de dar palpites ideais acerca do que deveria ser feito — os autores, para começar.

Outra vez, Truman também estava tão frustrado com os conselhos inconclusivos de seus especialistas econômicos — "todos os meus economistas dizem: por um lado... por outro lado..." — que, em algum momento, ele pediu que escolhessem um economista que tivesse apenas uma das mãos — nada de vir com dois lados. Uma única mão, um único lado, uma única opinião: ele ansiava por conselhos claros e diretos. Sem senões. O problema é que a formulação de políticas em uma economia é sempre sobre escolhas e envolve dilemas — o que os economistas chamam de *tradeoffs*. Para qualquer problema econômico e social, o uso de ferramentas econômicas deixa cicatrizes.

No mundo ideal, sempre é possível tratar das grandes questões do país com espírito público e pensamento no longo prazo. No mundo real, do receio atávico de encarar "matérias ácidas", o exame dos problemas tende a ser adiado e, quase sempre, prefere-se trabalhar com umas das expressões favoritas do mundo da política: "agenda positiva". Toda vez que o leitor ouvir isso, pode ir levando a mão ao bolso — porque será chamado a pagar a conta. Neste livro, não discutimos soluções simples. Vamos apresentar os custos e os benefícios de políticas. Nenhuma de nossas propostas vem sem custo para a sociedade. Se queremos apresentar sugestões, estamos cientes de que haverá consequências negativas sobre alguma parte da sociedade. Há nuanças e não certeza.

Diz-se que "no Brasil, tudo acaba em pizza". Em matéria de dificuldades políticas, porém, tudo começa com ela. Com o gráfico em forma de pizza, para sermos mais exatos, comentário que ficará claro quando explicarmos a tabela que forma parte deste capítulo. Ele tratará exatamente disto: da confusão de nossa política, de como é difícil lidar com tantos partidos e dos desafios que isso representa para quem está no comando do país.

O desafio de governar e a formação das coalizões

Alcançar a formação de uma maioria é o desafio número um dos países parlamentaristas. Mesmo em países tipicamente presidencialistas, a questão do apoio legislativo para o governo tem ganho cada vez mais peso. Isso decorre de certa tendência à fragmentação observada em diversas latitudes. Nos países parlamentaristas, a questão de como alcançar o voto de 50% + 1 dos representantes tem sido cada dia mais espinhosa. Na Espanha, o número de atores relevantes no Parlamento passou de dois para quatro partidos; na França, o outrora poderoso Partido Socialista cedeu espaço a novas forças; na Alemanha, a perda de espaço dos grandes partidos levou a chanceler Angela Merkel a enfrentar grandes dificuldades para formar um novo governo depois das eleições de 2017.

Tabela 1
Brasil: bancadas na Câmara de Deputados, dezembro de 2017

Partido	Número de parlamentares
PMDB	60
PT	57
PSDB	46
PP	46
PSD	38
PR	37
PSB	33
DEM	29
PRB	22
PDT	21
PODEMOS	16
PTB	16
SD	14
PCdoB	12
PSC	11
PPS	9
PHS	7
PV	6
PSOL	6
AVANTE	6
PROS	6
REDE	4
PEN	3
PSL	3
PRP	1
Sem partido	4
Total	513

Fonte: Eurasia Group.

O leitor, nesse quadro, já deve ter se acostumado aos infográficos que os jornais gostam de fazer após uma eleição, mostrando a composição do Parlamento depois de uma eleição. Faz-se um gráfico em forma de pizza e apresentam-se os partidos como "fatias". Ao ver isso, mentalmente o leitor já compõe a soma que representará uma área correspondente a mais de 50% da pizza, o que representa a conquista da maioria. No caso do Brasil, nosso regime é presidencialista, mas em matéria de dificuldades para formar uma coalizão majoritária, os desafios são imensos. A Tabela 1 dá uma pista disso.[2]

Uma olhada cuidadosa da tabela permite chegar às seguintes conclusões acerca daquele momento:

- Havia um total de 25 partidos.
- O número mínimo para alcançar o quórum requerido para uma reforma constitucional, de 308 deputados, era de sete partidos.
- Dado o fato, porém, de que entre os principais partidos, alguns militavam na oposição ao governo Temer, o número realisticamente necessário para alcançar quórum, na coalizão governante, para uma reforma constitucional, era de dez partidos, mesmo admitindo plena fidelidade partidária dos deputados em relação às decisões do partido.
- O número de partidos por tamanho de bancadas era o seguinte:

> 50 deputados: 2
31–50 deputados: 5
21–30 deputados: 3
11–20 deputados: 5

A isso se devem somar as dificuldades próprias para compor a maioria no Senado.[3] Foi por esse motivo que o filósofo Marcos Nobre expressou, certa vez, que "o PMDB é uma empresa de venda de apoio parlamentar", dada a presença do partido em todos os governos, há muitos anos.

---

[2] Optamos por apresentar os números em forma de tabela e não de um gráfico de pizza para expor com precisão o número de partidos e de parlamentares por partido.

[3] Por exemplo, o número de partidos com apenas um parlamentar no Senado na mesma época era de oito, ou seja, 10% do Senado. Em um contexto no qual cada voto é relevante, esses detalhes são muito importantes.

Nesse contexto, temos duas forças em disputa. Por um lado, fazendo jus à velha máxima de "criar dificuldades para vender facilidades", há parlamentares da base aliada — qualquer que ela seja — que declaram que têm problemas para apoiar tal ou qual medida, pelo receio de que seu eleitorado reaja negativamente. Por outro lado, o Executivo, com o famoso "poder da caneta", tenta ganhar apoio, procurando fazer valer, mesmo quando o governo tem baixa popularidade, a frase do ex-senador Ney Suassuna, de que "governo é como cobra: até morta mete medo" por seu potencial de retaliação. Da combinação dessas duas forças resulta o maior ou menor poder oficial.

O cofre no meio

Em uma de suas análises de avaliação das dificuldades que o governo Temer estava enfrentando para aprovar a reforma previdenciária em 2017, Fernando Henrique Cardoso tinha que reconhecer que as condições de governabilidade haviam piorado muito desde seu mandato. Nos dois governos FHC, o maior partido tinha em torno de cem deputados, a aliança entre o PSDB e o antigo PFL era relativamente sólida e, mesmo que o PMDB na época estivesse dividido, a coalizão de PSDB, PFL, de uma parte do PMDB, da parte do que depois veio a ser o PP e que seguia o então ministro Francisco Dornelles e do PTB garantia uma base parlamentar relativamente sólida que deixava a coalizão mais ou menos próxima dos almejados 308 votos na Câmara, requeridos para aprovar uma mudança constitucional.

Fato é que os partidos maiores perderam peso depois, a oposição à agenda reformista se tornou mais intensa e houve maior fragmentação, com mais partidos médios e menores.

Em resumo, se antes era mais fácil, com o tempo a gestão da coalizão se tornou crescentemente complexa. Especialmente quando a contrapartida do apoio tende a ser o acesso à chave do Tesouro. É interessante notar o paralelo entre duas frases, ditas com espaçamento de décadas entre si, mas que se referem ao mesmo fenômeno. A primeira é de Tancredo Neves, nos anos 1960, em uma das vezes que ocupou o Executivo, dita a seus assessores acerca da necessidade de conseguir o apoio de um político de má fama, mas ao mesmo tempo uma liderança legislativa importante para aprovar os projetos do governo: "Arranjem um lugar para ele, mas bem longe do dinheiro."

Décadas depois, nos anos 1990, FHC, rememorando seus tempos de presidente da República, citaria um diálogo com Luis Eduardo Magalhães, no qual este teria reconhecido, quando era presidente da Câmara dos Deputados, que "tem muito parlamentar que só pede coisas que têm cofre no meio".

"Cofre no meio" é também, por assim dizer, o "sujeito oculto" da lição extraída por Paulo Renato Souza, em conversa com parlamentares, quando ministro da Educação, sobre a confusão entre entidades assistencialistas e interesses privados: "Há setores da máquina pública que você pode até entregar para as freiras carmelitas descalças, mas na segunda reunião elas chegam com bolsas Louis Vuitton."

A cissiparidade na política

Na definição de mestre Aurélio, cissiparidade — ou esquizogênese — é o "processo de reprodução assexuada que consiste na divisão de um organismo unicelular em dois organismos semelhantes, cada um com o mesmo genoma da célula-mãe; divisão binária". Algo assim ocorreu no Brasil com a criação de municípios.

O Brasil contava 1.889 municípios em 1950. Com o desenvolvimento observado ao longo do período de 1950 a 1970, quando muitos espaços vazios no mapa nacional foram ocupados e o Brasil mudou de cara, o número de municípios passou para 3.952 em 1970. Em um regime fechado, com a integração do país já consolidada, o número se manteve praticamente estável nos dez anos seguintes, alcançando 3.974 em 1980. A partir daí, com a redemocratização e o maior poder conquistado pelas instâncias inferiores da federação, o número explodiu e, já no ano 2000, era de 5.507 municípios. Hoje, são aproximadamente 5.600 em todo o país. Na raiz disso estava uma velha questão da microeconomia: incentivos inadequados.

Não havia uma exigência de piso de número de habitantes ou uma proporção de habitantes do município em relação ao estado suficientemente elevada que impedisse a criação de novos municípios. Assim, superado o regime fechado, fatalmente o número de municípios se multiplicaria, pois espaços territoriais dependentes de uma comarca maior eram estimulados a criar uma unidade independente. Esta passava então a receber recursos

APELO À RAZÃO

do Fundo de Participação dos Municípios (FPM) e da cota parte dos municípios de 25% da arrecadação estadual do ICMS. Como o "bolo" sobre o qual incide a distribuição é o mesmo, o resultado só pode ser um: quem se desprende do "município-mãe" passa a ter Prefeitura, Câmara dos Vereadores e toda uma série de elementos da máquina pública, custeada pelos recursos que passam a irrigar essa pequena unidade territorial. Enquanto isso, no conjunto, o país fica com uma penca de municípios onde uma fração não desprezível da população adulta é composta de funcionários públicos. Caso típico no qual o que é lógico individualmente produz um desastre coletivo.

Algo parecido se observa no mundo da política. Ou seja, da mesma maneira que conluios territoriais permitiram multiplicar o número de municípios, arranjos parlamentares diversos acabaram multiplicando o número de partidos. O que ocorre com as regras do regimento interno do Congresso em cada uma de suas duas casas legislativas, Câmara e Senado? Elas definem o "colégio de líderes" e os dispositivos que se aplicam a cada liderança e a cada partido. É como se na Igreja Católica não houvesse barreiras à apresentação de candidaturas para a posição de cardeal. O fato é que, à luz das normas que regem o funcionamento do Congresso, há fortes incentivos — mordomias, uso de recursos do Fundo Partidário, convocação para reuniões em que são decididas questões importantes para o país etc. — para que agremiações partidárias se dividam e subdividam, assim como no caso dos municípios. Dese modo, cada novo partido terá um líder, mecanismos de apoio próprios, arrecadação específica etc. Do ponto de vista dos incentivos individuais, faz todo sentido que onde antes havia x, dez anos depois haja (x + n) partidos. Para o país, porém, é evidente que ter 25 ou 30 partidos não faz o menor sentido. Não há 25 ou 30 correntes ideológicas no Brasil, em hipótese alguma.

Em uma conversa de FHC com Bill Clinton muito comentada na época, quando ambos eram presidentes, o primeiro administrando as ciumeiras no interior de sua base de apoio, teoricamente dominante, e o segundo lidando com uma aguerrida oposição do partido Republicano, FHC teria dito: "A diferença entre nós dois é que eu tenho uma maioria desorganizada a favor, e você tem uma minoria organizada contra." E, como o próprio presidente brasileiro reconheceu, por aqui depois tudo piorou.

O baixo clero empoderado

Durante muitos anos, deu-se ao conjunto de parlamentares que compunham a maioria da Câmara, mas pouco atuantes na liderança, o nome de "baixo clero", por analogia com a situação da igreja (em que o papa ocupa a cúpula, em uma estrutura hierárquica piramidal na qual os padres locais estão na base, com pouca influência nas decisões da instituição). Com o passar do tempo, com a proliferação de partidos e o desinteresse de lideranças importantes do país em atuar ou continuar atuando na Câmara dos Deputados, os grandes nomes perderam força e outros menos conhecidos adquiriram proeminência.

Se no passado quatro ou cinco partidos hegemônicos representavam as principais forças da Casa e exerciam poder sobre seus liderados, hoje, com 25 partidos, líderes mais fracos e forte fragmentação, a "bancada da região A do partido X" passa a ser importante — mesmo composta eventualmente por apenas dois ou três deputados. Tais forças se unem então para propugnar determinadas ações proativas ou de bloqueio de iniciativas governamentais. O resultado dificilmente tende a ser positivo. Tome-se esta reflexão de um técnico especializado no setor elétrico, acerca de um determinado investimento de uma estatal do setor: "Foi um projeto em que o compromisso com a oferta andou na frente da discussão sobre a rentabilidade." Traduza-se: o projeto deu prejuízo por conta de injunções políticas.

Registre-se o que aconteceu no começo de 2018 com umas trocas administrativas definidas no âmbito da Caixa Econômica Federal, em função de decisões emanadas do conselho da instituição. Em declarações ao *Blog do Camarotti*, o deputado Arthur Lira, líder do PP e expoente relevante da base aliada do governo, fez declarações indignadas:

> Lira atacou o movimento da equipe econômica e disse que, na avaliação dele, a medida vai inviabilizar a aprovação da reforma da Previdência. "Quem quer aprovar a reforma da Previdência não faz uma coisa dessas", observou. Para Lira, o novo estatuto "mostra a vontade do Ministério da Fazenda e do Banco Central para tomar o comando da Caixa. Eles querem é demonizar a política. Qual país

do mundo vive sem política?", questionou o deputado... Ele também criticou o argumento de que é preciso uma gestão técnica no banco. "Não venha de novo com essa de escolha técnica."[4]

No limite, a continuação *ad infinitum* dessa dinâmica levaria a termos 513 partidos — um por deputado. Para lidar com isso, há que se ter uma combinação de atributos. Nas palavras de um colega nosso, precisamos ter uma liderança "reformista, inspiradora, agregadora e articulada". Reformista para ter uma agenda de medidas que destravem o espaço para o crescimento; inspiradora para reconquistar a confiança da população no papel dos homens públicos; agregadora para conciliar posições em favor de interesses comuns; e articulada para ter a habilidade necessária para passar uma agenda complexa e por vezes controversa em um Parlamento dividido.

Equacionar as questões das quais trata este livro não será viável, no marco de uma democracia, sem passar pelo Congresso. E, como este continuará fragmentado, será fundamental conciliar o diagnóstico preciso acerca das mudanças a fazer, com a arte de saber lidar com as demandas parlamentares de um modo que seja, ao mesmo tempo, eficaz no atendimento dessas demandas, mas também eticamente consistente. É a função do estadista.

---

[4] Camarotti, Gerson. Líder do PP explicita rebelião na base após restrição a indicações políticas na Caixa. G1, Blog do Camaritti, 19 jan. 2018. Disponível em: <https://g1.globo.com/politica/blog/gerson-camarotti/post/2018/01/19/diante-de-novo-estatuto-da-caixa-lider-do-pp-parte-para-o-ataque-contra-meirelles-e-equipe-economica.ghtml>.

2. Adam Smith na terra de Macunaíma

> "O sono da razão cria monstros."
>
> Salman Rushdie, escritor

"Nada é mais perigoso para um país pobre do que uma chuva de dinheiro", dizia Celso Furtado, sobre a Venezuela e a "maldição do petróleo", em 1957. Mais de sessenta anos depois desse sombrio vaticínio, a frase cai feito uma luva para entender por que o Brasil se perdeu com a descoberta dos recursos do pré-sal. Compreender a lógica de certos processos para em alguns casos apontar o grau de irracionalidade ali presente e, em outros, conviver com o quê de emoção que é preciso ter para transitar no terreno da política é essencial para ter êxito nesse meio.

O ponto-chave a destacar é que saber entender o jogo da política e ter a capacidade de lidar com as características desse jogo no Brasil são condições inerentes ao sucesso nessa empreitada. Fracassar, ficando no terreno do ideal, será perpetuar a realidade.

Cabe aqui, como exemplo das implicações do que estamos falando, lembrar alguns pontos da história brasileira recente. Mas antes vejamos esse trecho do documento com a Resolução do 14º Congresso do PCdoB, de novembro de 2017, disponível no site do partido. O documento afirma que

em cinco países, onde vivem mais de 20% da população do planeta, partidos comunistas dirigem experiências de construção e de transição ao socialismo. China, Vietnã, Cuba, República Popular Democrática da Coreia e Laos, cada um com suas peculiaridades e com diferentes níveis de resultados, empenham-se na luta por uma nova sociedade, em meio a situações nacionais complexas e a um quadro mundial hostil. Seu fortalecimento como nações soberanas, os esforços que fazem seus povos, sob a direção dos partidos comunistas dirigentes do Estado, para viabilizar as estratégias de desenvolvimento e a transição ao socialismo, as ações de cooperação internacional e em prol da paz, têm o apoio e a solidariedade do PCdoB.

Sim, leitor, é o que está pensando: a "República Popular Democrática da Coreia" é a famosa Coreia do Norte. Sim, a do presidente que está, mês sim, mês não, ameaçando com o novo lançamento de um míssil e que comanda um país que não se pode dizer que seja um dos que apresentou maior progresso no mundo nos últimos cinquenta anos...

Os dois pontos a lembrar são: i) o referido partido fez parte da coalizão governante no Brasil durante vários anos; e ii) um de seus representantes mais ilustres, nesse contexto, foi inicialmente presidente da Câmara dos Deputados e, posteriormente, ministro da Defesa. Responsável, entre outras coisas, pelas diretrizes a serem definidas para o papel das Forças Armadas. Quando se junta esse último fato à filiação partidária do ex-ministro, explica-se por que o ex-presidente Lula pensava, como manifestou publicamente em um comício em novembro de 2016, que "depois que nós anunciamos o pré-sal, em 2007, os EUA renovaram a 4ª Frota, para tomar conta do Atlântico".

É por coisas desse tipo que Marcos Peña, chefe de gabinete de Maurício Macri, declarou em 2015, logo após a mudança de governo no país vizinho, que "nossa primeira tarefa é desinflamar a loucura".

Este capítulo tratará dessas esquisitices tão latino-americanas em geral e tão brasileiras em particular, que tornam muito difíceis as escolhas racionais por parte dos *policy makers* e agem como condicionantes às vezes enlouquecedores para as autoridades. Por outro lado, ficará claro que estas, se não tiverem certa compreensão acerca dessa realidade do mundo da política, não irão a lugar nenhum. Ao mesmo tempo, o capítulo aponta a verdadeira natureza do que são: esquisitices, que precisam ser combatidas para que o país possa avançar. Daremos alguns exemplos disso e apontaremos para a necessidade de superação de certos componentes bizarros de nossas práticas políticas.

Macunaíma e as conchinhas de Punta

Paulo Roberto Almeida, um intelectual do Itamaraty, opinando sobre a região onde o Brasil se insere, escreveu certa vez que "a América Latina sofre de um mal persistente: a crença ingênua nas virtudes supostamente benéficas do populismo demagógico e do salvacionismo redentor — ambos irracionais, mas com poderosos efeitos colaterais". Não se mudará essa realidade sem compreender as raízes profundas do processo.

Vários anos atrás, o filho de um dos autores deste livro estava recolhendo conchinhas em uma praia de Punta del Este, no Uruguai. Com certo espírito comercial, do alto de seus 5 ou 6 anos de idade, teve a brilhante ideia: "Quando a gente voltar pra casa, vou vender essas conchinhas." Defrontado com a natural pergunta paterna que se seguiu a essa declaração ("E me diga uma coisa, quem você acha que vai comprar essas tuas conchinhas?"), a resposta foi igualmente tão natural quanto imediata: "Você!"

Nessa pequena anedota familiar está contido um pouco do âmago da cultura nacional relacionado com a ideia de protecionismo, que é justamente o espírito de dar "proteção": a um empregado para não ser demitido, a uma empresa para não ser "vítima" da ação "predatória" da concorrência, a um país para não ser presa da "ameaça" estrangeira. Em suas origens, é um movimento natural de fundo psicológico, que conquista corações e mentes pela associação com a proteção — esta sim, necessária — que deve ser dada às crianças — daí o argumento em favor da "indústria nascente". Levada ao extremo, produz verdadeiras aberrações, como algumas que serão discutidas neste livro.

O argumento da indústria nascente fazia sentido nos anos 1960. A ideia era simples: como tínhamos potencial em vários setores, mas outros países começaram seus processos de industrialização antes, o governo deveria fechar o mercado para que florescessem indústrias que competiriam com o restante do mundo. A política de indústrias nascentes então teria três estágios: i) criação de barreiras às importações dos setores premiados com a proteção; ii) incentivos ou espera de que as empresas nacionais ganhassem escala para competir com o restante do mundo; e iii) retirada das barreiras para que as empresas competissem com o restante do mundo e tivessem incentivos para continuar inovando e buscando eficiência. Fizemos bem o primeiro estágio, de certa maneira até bem demais — basicamente, fechamos nossa economia a todo e qualquer empresário de quinta categoria que solicitava e conseguia que o governo impusesse barreiras, com o argumento de que a proteção era necessária. Exageramos no segundo estágio — somos muito bons em extrair recursos da sociedade para favorecer empresas premiadas. Finalmente, nos revelamos péssimos em chegar ao terceiro estágio. Até agora, nunca vimos um ser humano com período de gestação de décadas, mas no Brasil a maioria dos empresários adora ir ao governo dizer que precisa de proteção "só por mais alguns anos" — para voltar depois com o mesmo discurso, *ad infinitum*. A indústria automobilística especializou-se nisso, mesmo décadas depois de ganhar escala.

No Brasil, a figura de Macunaíma está inerentemente ligada ao ser nacional, com essa mistura de simpatia, ambiguidade de caráter e um pé no surrealismo que marca a obra-prima de Mário de Andrade. Do grau da "pitada de Macunaíma" receitada para que certas políticas tenham maior passagem social, depende que a política tenha o "tempero" necessário para ser aceita — ou seja, uma verdadeira atrocidade, com efeitos deletérios sobre a economia. É do equilíbrio entre Adam Smith e Macunaíma que dependerá, de certa maneira, o destino do país nos próximos anos.

Países em crise tendem a buscar saídas fáceis, abraçando o populismo, às vezes com resultados trágicos. A conta chega depois. No Brasil, pagamos a conta por meio da recessão terrível de 2015–2016. O discurso de soluções fáceis — vamos acabar com os marajás! — é bastante tentador e nos acompanha desde a volta da democracia, no final dos anos 1980. No mundo, a guinada para o populismo tem relação com o ressentimento de camadas importantes da sociedade. Isso acontece há anos. Hitler não teria chegado — democraticamente — ao poder se não fosse o ressentimento alemão, profundamente enraizado na década de 1920 na alma nacional, com as características dos acordos que marcaram a política europeia após o final da Primeira Guerra Mundial. Talvez Perón não tivesse sido o que representou na política argentina sem seu sorriso "gardeliano", surgindo na política local menos de dez anos depois do desaparecimento trágico de Carlos Gardel, uma das unanimidades nacionais, cuja morte em um acidente aéreo em 1935 causou uma comoção no país parecida à causada no Brasil em 1994 pela morte de Ayrton Senna. Nestor Kirchner alcançou a popularidade que teve na Argentina por encarar como poucos o sentimento existente na sociedade naquele momento, de que o país só não encontrava seu destino de grandeza pela suposta ação conspiratória dos interesses estrangeiros do mercado financeiro internacional. Cá entre nós, Getúlio Vargas não teria sido o que foi se não encarnasse a figura do "pai bonachão", cultuada pela propaganda oficial e associada às características entendidas como mais positivas do brasileiro.

Temos que sair da busca por soluções fáceis. Precisamos de pessoas públicas que combinem a liderança necessária para unificar a sociedade com a responsabilidade que os populistas, que precisam de cheques em branco, não têm.

Os aluguéis: histórias do passado

Theodore Roosevelt, presidente dos EUA no começo do século XX, dizia que "é difícil melhorar nossas condições naturais com leis melhores, mas é bastante fácil arruiná-las com leis ruins". Ele estava certo. O Brasil tem muitas leis esdrúxulas, mas para chegar à situação atual é interessante voltar ao passado e reconhecer que já tivemos mais. Uma das que tradicionalmente geravam mais problemas, aqui e em outras economias acometidas pelo mesmo fenômeno do populismo, era a legislação sobre aluguéis. Tipicamente, os aluguéis funcionam como um mercado comandado pela dinâmica da oferta e da demanda, assim como outros mercados quando não são regulados. Quem vai toda semana à feira sabe que, quando se está na época da entressafra, o preço das frutas e das verduras aumenta, e quando há muita oferta, o preço cai. O mercado de aluguéis é, em tese, fácil de entender. Se houver muitos imóveis vazios, o preço do aluguel cairá, enquanto se todo mundo quiser morar em uma determinada localidade, o preço sobe. É por isso que os aluguéis no Brasil caíram recentemente em termos nominais — quando ajustamos pela inflação, em termos reais, caíram muito mais —, enquanto o lugar mais caro para se viver hoje, no mundo, é em São Francisco, nos EUA, onde se encontra o Vale do Silício. Na verdade, os preços eram tão exorbitantes que uma empresa de tecnologia local, quando precisava se reunir com seus advogados, alugava um jatinho para trazê-los de Houston, no Texas, em vez de contratar advogados locais. A razão para isso é que os honorários cobrados por advogados que moram em São Francisco estão entre os mais caros dos EUA, pois afinal eles precisam repassar o custo de morar na cidade para os valores que cobram dos clientes. Do outro lado da moeda, ficou mais barato morar no Rio de Janeiro, onde os aluguéis estavam "pela hora da morte" na época da Copa do Mundo e das Olimpíadas. Da mesma maneira, há cidades na Itália que estão alugando imóveis por €1,00/mês — são cidades lindas, mas muito pequenas, das quais os mais jovens têm emigrado para viver em cidades grandes. Ou seja, os prefeitos jogaram o valor dos aluguéis para baixo para tentar fazer com que as cidades sobrevivam.

No Brasil, o aluguel seguia a dinâmica de mercado — em épocas de maior procura por imóveis para alugar, o preço subia. Eventualmente, subia bastante e então se acentuavam as pressões para o governo "intervir". E, em geral, de maneira desastrada, seja reduzindo o poder de barganha de quem tinha mais de um imóvel, seja determinando os aumentos como uma fração da inflação, ou algum outro tipo qualquer de limitação.

As consequências disso só podem ser duas. A primeira é substituir os contratos formais pela informalidade. Muitas vezes, o proprietário dizia para o candidato a inquilino "alugo o imóvel para você, mas em tais condições" diferentes das pactuadas pela legislação. Ou fazia isso sem contrato ou por meio de um pagamento "por fora". Isso acabava não sendo bom para ninguém. Ambos perdiam o amparo legal que um contrato dá. A segunda consequência era desestimular a oferta. Simplesmente, haviam milhares de imóveis que ficavam vazios. Os proprietários preferiam mantê-los fechados, pagando IPTU, condomínio e outras taxas, a alugar para inquilinos protegidos pela legislação. De novo, ninguém ganhava.

Com o passar dos anos — em alguns casos, décadas —, mesmo os parlamentares mais obtusos na defesa do intervencionismo governamental acabaram se convencendo de que a excessiva intervenção estatal era ruim para todos. Hoje, nosso modelo funciona razoavelmente, combinando o funcionamento das leis do mercado com uma regulação que garante a segurança jurídica para ambas as partes. Pela legislação, o contrato padrão é de trinta meses, há uma indexação anual durante a vigência e, no final de trinta meses, o contrato é sujeito a repactuação, o que evita a existência de grandes defasagens em relação ao preço de mercado. A dificuldade é que, no Brasil, parece um sonho conseguir dar um passo à frente sem ter uma pressão para retroagir. Nossa Justiça está cada vez mais "do lado dos inquilinos", dando cada vez mais "direitos" a eles por meio de limites para que os proprietários consigam retomar os imóveis ao final do contrato. Tínhamos finalmente

APELO À RAZÃO

resolvido um problema sério que afeta o dia a dia das pessoas e estamos retirando, aos poucos, com base em determinadas decisões, a segurança jurídica de contratos que ainda são bem desenhados, com regras claras. Posteriormente, veremos como segurança jurídica e estabilidade são condições fundamentais para o desenvolvimento econômico de longo prazo.

A lei da usura e os 12%

Outro tema clássico sujeito a uma legislação populista no Brasil e em outros países é a ideia de "tabelamento da taxa de juros". No passado, a proposta recorrentemente voltava à baila, em função de raízes morais presentes em parte da sociedade, que aceita com relativa normalidade a ideia de que atividades econômicas geram um retorno na forma de lucro, mas tem maiores dificuldades de aceitar que uma forma específica de capital — o financeiro — gere retorno na forma de juros. Estes acabam sendo vistos como "prêmio desvinculado de esforço". A esse respeito, é eloquente o relato feito a seguir, baseado no enciclopédico livro de Gustavo Franco sobre a evolução monetária do Brasil.[5]

A proposta de limitar os juros a 12% havia sido apresentada nas diversas etapas — comissões — de discussão do processo de elaboração da nova Constituição, finalmente aprovada no Brasil em 1988. Ela havia sido derrotada em todos os casos, por sua evidente impropriedade prática, dadas as dificuldades óbvias em estabelecer esse tipo de limites — ainda mais em uma economia, na época, ameaçada pela hiperinflação. Não obstante, sempre existia a possibilidade de, como último recurso, apelar para a votação em plenário, e assim foi feito, na sessão de 12 de maio de 1988. Abertos os trabalhos, foi dada a palavra ao deputado Gastone Righi, que inflamou o plenário com o seguinte discurso:

> É a ciranda financeira implantada, é o autêntico festival de Baltazar, festim onde o dinheiro do povo e o dinheiro público são consumidos em juros extorsivos sobre os particulares e as entidades públicas... Não

---

[5] *A moeda e a lei*: uma história monetária brasileira, 1933–2013. Rio de Janeiro: Editora Zahar, 2017.

podemos continuar vivendo sob um sistema que destrói todos os tipos de salários, de rendimento, até de economia. Não se pode continuar favorecendo os banqueiros, as casas de créditos, enriquecendo os mais ricos e empobrecendo aqueles que precisam de crédito... Só aqui, e em algumas republiquetas escorchadas, falidas, debicadas, na verdade, pelos onzenários que, através dos impérios financeiros, exaurem as poupanças, o trabalho e o suor dos povos a eles submetidos.[6]

Diante do que Franco denomina "apoteose", o "humor" coletivo, até então contrário ao ato de incrustar tamanha tolice na Constituição, mudou subitamente e todo o ambiente virou em favor da aprovação da limitação. Eis que, no meio do debate, surge uma dúvida, cujo simples fato de ter sido discutida a sério dá uma ideia da dimensão, por assim dizer, "macunaímica", que a discussão foi assumindo. Se já era dificilmente justificável adotar uma limitação de juros reais em 12% — como eles seriam calculados? com que deflator? e se a política monetária tivesse que ser apertada? o que aconteceria em caso de um ataque especulativo no qual as pessoas correriam para o dólar? —, que dirá então se o teto de juros tivesse que ser definido em termos nominais em função da inflação, em uma época na qual era comum ter uma variação mensal dos preços de 20% ou 30%. Expressa a dúvida acerca do significado preciso dos 12% pelo próprio relator da Constituinte, deputado Bernardo Cabral, o autor da proposta de limitação, deputado Fernando Gasparian, foi chamado à tribuna e manifestou-se nos seguintes termos:

"Senhor presidente, sei que qualquer tribunal saberá julgar o que é juro real. É o que se faz, todos os meses, para fixar os rendimentos da caderneta de poupança... A inflação, somada com esse juro, dá o juro real (sic)."[7]

Qualquer observador identificará que algo "real" composto com a inflação gera como resultante uma variável nominal — e não real. Aprovada a emenda — cujo significado nem o próprio autor, como vimos, conseguiu explicar direito — com o voto favorável de 314 dos 460 deputados presentes à sessão, o mercado financeiro interpretou o dispositivo como o fim dos empréstimos e dos contratos bancários. A engenhosa solução encontrada foi um exemplo típico do "jeitinho brasileiro". Tal arranjo consistiu em uma manifestação formal do

---

[6] Idem, p. 454.
[7] Idem, p. 456.

APELO À RAZÃO

Consultor Geral da República, Saulo Ramos, que, oficialmente provocado pelo ministro da Fazenda, Mailson da Nóbrega, elaborou o parecer SR-70, de 6 de outubro de 1988, publicado no dia seguinte no Diário Oficial e à luz do qual o Banco Central, no mesmo dia, aprovou a Circular 1.365/1988. Conforme esta, "a eficácia dos preceitos contidos na Constituição, em seu artigo 192, está condicionada à edição de Lei Complementar; e que, enquanto não aprovada esta, permanece em vigor o sistema de leis e regulamentos, em especial os decorrentes da Lei nº 4.594/64, aplicável ao Sistema Financeiro Nacional".

Em um texto sem data, Gasparian, refletindo sobre essa realidade ("A luta contra a usura: o limite constitucional dos juros anuais de 12% está em vigor") em opinião reproduzida no livro de Gustavo Franco, concluiria que "no cenário de absurdos em que vivíamos (e ainda vivemos), um simples advogado, sem qualquer representação política, mero consultor do presidente da República, contesta a vontade da nação, claramente aferida no debate da Assembleia Nacional Constituinte".[8]

Cristina Kirchner, o realismo fantástico e a tarifa social

Os serviços públicos são outra área na qual os governos têm sido pródigos em desrespeitar as leis do mercado, gerando todo tipo de artificialismo e distorções. O exemplo recente mais eloquente disso veio da Argentina, onde na época de Cristina Kirchner vigorava a chamada "tarifa social", que nada mais era do que um valor absurdamente baixo nas tarifas de energia elétrica e gás para todos os argentinos.

O argumento usado era o de "proteger os setores sociais da ganância das grandes empresas monopolistas". O linguajar é sempre uma variante dessa ideia, com as palavras "proteção", "ganância" e "oligopólios" ou "monopólios" presentes em nove de cada dez slogans. Na prática, além de beneficiar de fato parte da população de baixa renda, a tarifa fornecia energia e gás de cozinha a toda a população do país — incluindo aquelas que poderiam pagar sem dificuldades o preço de mercado.

Obviamente, a única maneira de fazer com que as empresas fornecessem gás e energia a preços abaixo dos custos de produção e distribuição era o

---

[8] Idem, p. 458.

governo subsidiá-las. Mas, também obviamente para quem vive em países latino-americanos, o governo achava que esses "direitos" eram sagrados e que os "monopólios" nada mais eram que predadores da sociedade argentina. Ou seja, o governo, que teria que pagar uma conta alta por garantir esses "direitos", o fazia muito a contragosto e com valores muito abaixo daqueles necessários para compensar as empresas, que então recorreram à justiça. Os problemas judiciais começaram a se avolumar. Com isso, os investimentos naqueles setores praticamente desapareceram. As empresas passaram a ter dificuldades gravíssimas, a oferta de gás e energia despencou e o inverno tornou-se um suplício. Isso acabou gerando a frase irônica de uma ex-autoridade, espantada com tamanha dose de disparates praticados: "A Argentina é o único país do mundo onde o setor de gás se regula abrindo ou fechando a janela."

Esses setores entraram em colapso. A situação só começou a ser ajustada com a vitória de Maurício Macri nas eleições presidenciais de 2015, após o que ele ordenou uma *"sincerización"* do preço dos serviços públicos, mediante um "tarifaço" dos preços de fornecimento de energia elétrica e gás residencial. Isso gerou a crítica de que o novo presidente "governaria para os críticos" e revelaria "falta de sensibilidade social".

Tal política populista deu frutos — e popularidade — durante alguns anos, mas era completamente inviável no longo prazo. No Brasil, o cientista político Murillo Aragão costuma dizer que "temos a vocação para o efêmero. O trabalho repetitivo nos desanima". Não somos os monopolistas dessa característica...

Gabriel García Márquez deu fama mundial a Macondo, a cidade por excelência do realismo fantástico latino-americano, o lugar onde o realismo e o surrealismo se misturavam sem que se soubesse o que era real e o que deixava de sê-lo nas páginas da literatura. Como interpretar, se não como expressão desse surrealismo, a matéria do portal G1 reproduzida a seguir?

O relógio da fachada do edifício do Legislativo boliviano, em La Paz, foi alterado na meia-noite da última sexta-feira e passou a girar no sentido anti-horário, para reforçar que a Bolívia é uma nação do sul e não do norte, segundo afirmaram nesta terça-feira o ministro das Relações Exteriores, David Choquehuanca, e o presidente do Senado, Eugenio Rojas. A numeração do relógio também foi invertida, surpreendendo quem passava pela rua e provocando o ceticismo da imprensa e nas redes sociais. "Não temos que complicar, simplesmente nos conscientizar que vivemos no sul. Não estamos no norte", disse Choquehuanca, que insistiu que a iniciativa, longe de pretender "causar algo a alguém", pretende revalorizar a cultura nacional. "Quem disse que o relógio tem que girar desse lado sempre? Por que sempre temos que obedecer, por que não podemos ser criativos?", questionou o ministro boliviano.[9]

Em um estágio mais avançado de surrealismo e de loucura que o da "resistência" boliviana ou dos "anos K" na Argentina, Luis Salas, ministro de Economia na Venezuela, declarou em 2015, quando a inflação chegou a três dígitos anuais no país, que "a inflação não existe na vida real".

A revolução dos R$ 0,20

Em 2013, estourou no Brasil um movimento que acabou sendo conhecido como as "passeatas de 2013". Houve uma espécie de "combustão" súbita, com manifestações multitudinárias. Na raiz das passeatas maiores, havia uma reivindicação justíssima: a de serviços públicos de melhor qualidade. Por outro lado, não se pode ignorar a existência de um vetor político na origem das manifestações, de caráter nitidamente associado às ideias pregadas por grupos radicais. A bandeira desses grupos tinha sido a oposição ao aumento das tarifas de ônibus — um acréscimo de R$ 0,20. Este capítulo trata das dificuldades de conciliar a racionalidade econômica com as teses heterodoxas — uma linguagem mais franca permitiria rotulá-las de "malucas" — que, volta e meia, "pipocam" na política nacional. Nada exemplifica melhor a distância entre responsabilidade gerencial e a ideologia do que a questão do transporte público.

Uma velha batalha de alguns dos grupos extremistas no Brasil é a do "transporte gratuito para todos". Afinal de contas, vivemos em um país

---

[9] Agência EFE. Relógio do Legislativo boliviano passa a girar no sentido anti-horário. G1, 24 jun. 2014. Disponível em: <http://g1.globo.com/mundo/noticia/2014/06/relogio-do--legislativo-boliviano-passa-girar-no-sentido-anti-horario.html>.

onde há um estado cujo governador, depois das eleições municipais de 2016, vangloriou-se de que "só a China tem mais cidades comunistas que o Maranhão". As relações de alguns empresários de ônibus com arranjos *non sanctos* vinculados com caixa 2 — desvendados pela justiça no caso do Rio de Janeiro em grau mais avançado, mas presentes também em outros estados — indicam tratar-se de um tipo de empresariado cujo sucesso depende muito mais das relações promíscuas com as autoridades do que da competição legítima baseada nas características-chave do capitalismo — concorrência, inovação e desafio de mercado. Ao mesmo tempo, é óbvio que, na ausência de cobrança, a atividade deveria ser financiada plenamente pelo Estado. O leitor então pode imaginar o que aconteceria se, além de todas as empresas estatais que existem no país, tivéssemos uma "Onibras" por estado e município, virando cabide de emprego para a acomodação de todo tipo de favores. O leitor pode ter certeza de que, embora deixando de pagar pelo transporte, o IPVA, o IPTU e outros impostos estaduais e municipais teriam que aumentar bastante para sustentar o "buraco sem fundo" do financiamento ao transporte público "gratuito". Não há almoço grátis, diz o famoso ditado econômico. Nem transporte sem custos.

O Dia do Macarrão

Lutar em favor das reformas econômicas das quais o Brasil tanto precisa implica driblar todo tipo de ideias exóticas. Significa também saber conviver com uma dose cavalar de futilidades. Em parte, estas são um elemento da política em qualquer país do mundo. No Brasil, porém, com nossa extensão geográfica, com parte de nossas normas sociais equivocadas e com nossa fragmentação política, elas são um ingrediente do dia a dia do governante mais importante do que em outros países. Chegou o momento de colocar certo freio nisso. Audiências que não fazem o menor sentido, conversas protocolares que se estendem muito mais do que o bom senso recomendaria, em um território com 27 estados e 5.600 municípios, tornaram-se parte do exercício do poder por parte de qualquer presidente, governador ou prefeito brasileiros. A negativa em se dispor a ser parte desse enredo certamente liberaria o governante para outras atividades e tornaria seu dia talvez mais sério.

À guisa de exemplo do que estamos falando, tome-se o caso da Lei nº 13.050, sancionada no final de 2014 e que "institui o dia 25 de outubro como o 'Dia Nacional do Macarrão'". Embora a cronologia dos fatos indique que ela foi aprovada no governo Dilma Rousseff, seria incorreto atribuir um viés ideológico ao evento. Provavelmente, outros governantes teriam que se curvar diante da mesma realidade. Oficialmente, pela lei, a presidente da República faz saber "que o Congresso Nacional decreta e eu sanciono a seguinte Lei:

Art. 1º Fica instituído o Dia Nacional do Macarrão, a ser celebrado em todo território nacional, anualmente, no dia 25 de outubro.

Art. 2º Esta Lei entra em vigor na data de sua publicação".

Não se engane o leitor. Atrás dessas circunstâncias aparentemente folclóricas, houve no mínimo o *lobby* de um setor; um arranjo regional em torno da data como modo de promover a gastronomia em algum lugar do país; e uma articulação parlamentar para votar a proposta. Não é pouca coisa. Esse é o "Brasil profundo", pelo qual o trem que nos deveria levar à modernidade do futuro, por meio da aprovação de reformas transformadoras, terá provavelmente que fazer alguma parada. A Lei do Macarrão pode parecer inócua, mas não é. Ela teve um custo de oportunidade importante. Promulgá-la custou à sociedade tempo e recursos do trabalho de parlamentares, seus assessores e todo o restante da máquina pública para que virasse realidade. Não existe política pública que não signifique grande investimento social. Escolhas importam. O que fazer, e o que não fazer, são custos para todos. Como estava explícito na letra do grande grupo canadense Rush: "if you choose not to decide, you still have made a choice" (se você escolher não decidir, isso também é uma escolha). No caso do Brasil, não perder mais tempo com *lobbies* como os que explicam a Lei do Macarrão seria uma escolha melhor para aumentar a eficiência da economia — e assim aumentar a produção, entre outras coisas, de macarrão...

3. Um programa, pelo amor de Deus

> "Em 1994, nós não ganhamos porque tínhamos voto;
> ganhamos porque tínhamos um caminho."
>
> Fernando Henrique Cardoso

O Brasil é um país com 594 parlamentares federais — somando deputados e senadores — e aproximadamente trinta partidos políticos registrados, dos quais em torno de 25 com representação no Congresso, além de uma dezena de candidatos à Presidência da República. Liderança, porém, não é algo que se encontre na esquina. E se esse, em si, já é um atributo escasso, o que dizer da capacidade de ter um diagnóstico acerca da situação, com medidas para tirar o país da situação em que se encontra e um discurso com começo, meio e fim? Ter as duas coisas juntas — liderança e diagnóstico — no mesmo grupo de indivíduos, então, é uma combinação raríssima. Temos algumas lideranças, mas não necessariamente com um diagnóstico da situação. E temos profissionais aos montes, com a suposta solução para muitos dos problemas do país, mas sem qualquer ascendência e capacidade de comando sobre a agenda nacional. Esse é um jogo para poucos.

Diego Simeone, *el Cholo*, o reconhecido técnico que transformou o Atlético de Madri de um time médio em uma potência futebolística, disse certa vez que "há muita gente que joga bola, mas pouca que joga futebol". Algo assim aplica-se à dificuldade de combinar adequadamente a liderança política com a capacidade técnica de colocar um programa de pé — que faça sentido. Juntar essas duas pontas é muito difícil.

Um colega de um dos autores deste livro tinha um bom ponto para expor esse desafio quantitativamente. Ele dizia que "o Brasil precisa de três mil pessoas que sejam competentes, honestas e articuladas para tocar a Administração Pública do país". E é preciso que esses atributos estejam presentes ao mesmo tempo, para que essas pessoas efetivamente se destaquem e "façam a diferença" para definir os rumos do país. É necessário que sejam competentes para ter um plano de ação em sua área de atuação. A exigência de serem honestas dispensa mais comentários, especialmente no contexto de horror que o país viveu nos últimos anos. E a importância de serem articuladas resulta da complexidade do país. Em um território com 27 estados e milhares de municípios, tanta fragmentação partidária e diversos grupos de interesse, os homens públicos precisam ao mesmo tempo ser conhecidos por um vasto conjunto de pessoas, ter capacidade de compor e condições de, ao ligar, ser atendidos por qualquer um, seja do setor público ou privado.

É preciso, olhando para o país que teremos diante de nós em 2019, que isso se coloque na linha de frente das reflexões nacionais. Será muito difícil ter anos prósperos se quem se eleger não conseguir reunir um conjunto relevante de bons quadros técnicos, com capacidade de formulação, clareza expositiva e habilidade política, de modo a transformar ideias em propostas concretas que afetem positivamente o cotidiano das pessoas. Essa será uma das principais tarefas às quais o próximo presidente da República terá que se dedicar: a montagem de uma boa equipe.

Este capítulo é uma defesa da necessidade de se ter um conjunto coerente de propostas para fazer o país avançar, como base para a aglutinação de lideranças e de técnicos em torno disso. Lembraremos como o teor das últimas campanhas políticas teve papel profundamente negativo para o debate. É urgente que o debate seja qualificado, para que a população compreenda as opções concretas que se apresentam. No final, discutiremos a necessidade de conciliar o rigor que se espera ser uma marca do próximo governo, com a lógica eleitoral inerente à realização de promessas durante a campanha.

Brizola e sua verve

Aos leitores mais novos, cabe esclarecer um ponto que tornará mais claro o comentário a ser feito. Leonel Brizola, como se sabe, foi um importante político brasileiro das décadas de 1960 a 1990. Após a redemocratização dos anos 1980, quando ele foi candidato à Presidência da República, se notabilizou por atribuir boa parte dos males do país a onipresentes "perdas internacionais". Ele nunca esclareceu com maior precisão em que elas consistiam, quanto somavam e muito menos — dado que eram externas ao país — o que o Brasil poderia fazer para evitá-las. O fato, porém, é que a tese contava com muitos adeptos.

Quando, diante da ambiguidade de suas afirmações, o ex-governador era cobrado a apresentar um programa, ele sempre ironizava seus críticos dizendo que programas não tinham a menor importância, que eram meras promessas vazias e que, se ele quisesse, poderia solicitar e pagar por ele a qualquer economista ou consultoria, de modo a que fizesse isso para ele sob encomenda.

É fato que muitos programas apresentados pelos partidos se assemelham muito mais a peças de ficção que a algo com consistência própria. E, não há como negar, no calor da campanha o eleitor muitas vezes acaba sendo levado a se interessar muito mais por acontecimentos curiosos ou bizarros do que pelas propostas concretas dos candidatos. Ainda nas eleições presidenciais de 1989, por exemplo, os eleitores acabaram lembrando mais a ótima frase de Lula sobre Paulo Maluf ("eu agora entendi por que ele sempre fica falando em competência pra cá, competência pra lá: é porque ele compete, compete e sempre perde") do que às sugestões de um ou de outro para solucionar os problemas do país da época. Tal tendência claramente se acentuou com a chegada do fenômeno das mídias sociais. Hoje, com os memes, a importância das futilidades de qualquer campanha ganhou ainda mais peso.

Embora a verve de Brizola nesse particular — sobre os programas — tivesse certo fundamento, o fato é que, na ausência de maiores referências acerca do que um candidato pensa fazer, as condições de governabilidade posteriores para o eleito ficam prejudicadas. Isto porque, não sendo o candidato escolhido dono de uma bandeira muito clara, acabada a eleição, os eleitores se recolhem a seus respectivos lares. Assim, na sequência, não tendo um mandato muito claro para ir em uma direção ou em outra, o vitorioso tende a ter que lidar com um Congresso disfuncional. Ele fica então à mercê de todo tipo de chantagens para compor a maioria, com todos os problemas que isso implica no Brasil.

Com a experiência de ter passado por essa situação, FHC expôs a questão de maneira crua em seus *Diários da Presidência*:

> Em nossa cultura política, e com o desenho partidário em vigor, o presidente ou o governo só obtém maioria congressual com alianças. Precisam, portanto, entrar no corpo a corpo com os parlamentares para

obter resultados legislativos, com toda a carga tradicional de redes de clientelismo e troca de favores. Com isso, ganham se não o repúdio, o distanciamento da sociedade. Para aprovar medidas legislativas, mesmo as requeridas pela maioria da sociedade, ou o governo tem o apoio de partidos e líderes, ou fica isolado e perde.[10]

É por isso que apresentar ideias acerca do que fazer com o país é importante para, depois, aglutinar forças em favor desse conjunto de propostas. As urnas conferem legitimidade, sem dúvida, mas ela é muito maior quando vem acompanhada de um mandato claro, que facilita e dá liga ao processo de formação de maiorias legislativas, evitando que se caia no que algum analista certa vez qualificou de "geleia geral" das alianças para formação de maiorias no Congresso.

Em 2014, pouco antes de nossas eleições presidenciais, um dos autores ministrou uma palestra para alunos da Vlerick Business School, uma instituição belga. Os alunos, de várias nacionalidades e formações, ficaram impressionados com a quantidade de problemas que o Brasil enfrentava e com as peculiaridades de nosso sistema político e econômico. Um deles perguntou diretamente: "Onde posso ler o programa dos candidatos, para entender suas propostas concretas para melhorar o país?" A pergunta deixou o palestrante desconcertado. Afinal, os "programas" de governo nada mais eram que uma simples soma de aspirações. O programa do candidato Aécio Neves, por exemplo, não contava com propostas concretas, mas platitudes, chamadas de "diretrizes". Por exemplo, a primeira diretriz do programa na área de cultura introduzia um "novo conceito de cultura na política pública brasileira, com prioridade para uma visão integrada da ação cultural, abrangendo todas as instâncias governamentais e de estímulo a toda produção cultural nacional, em todos os seus segmentos". Quem souber o que isso significa, por favor se apresente. A resposta ao aluno foi no sentido de tentar explicar o caráter geral dos programas e as diferenças ideológicas entre os candidatos, diante do que ele, em consequência, retrucou: "Então é tipo um *reality show* onde o que importa mais é ter alguma habilidade qualquer do que o conteúdo dos participantes?" E ele estava certo!

---

[10] Cardoso, Fernando Henrique. *Diários da Presidência*. v. 3. São Paulo: Companhia das Letras, 2017. p. 14.

O aborto e a bolinha

As eleições presidenciais de 2010 foram um exemplo de tratamento superficial das coisas, que costuma conspirar contra o traçado de boas estratégias para o país. O Brasil vinha de um ano de crescimento exuberante, mas com vários problemas macroeconômicos que se avolumavam. O impressionante crescimento econômico de 7,5% em 2010 catapultou a popularidade da então candidata oficial Dilma Rousseff. O problema é que surgiram problemas típicos de uma economia muito aquecida, como a pressão sobre as contas externas ou a tendência de aumento da inflação. Nada demasiadamente grave, mas era algo que certamente exigiria atenção das autoridades tão logo o novo governo fosse empossado.

Porém, nada disso foi tratado na campanha, que teve alguns fatos marcantes. Um deles foi o debate — ou falta dele — sobre o aborto. Quando era ministra da Casa Civil, no governo Lula, Dilma Rousseff manifestara-se em um debate sobre o aborto dando a entender que o país deveria mudar a legislação. A mudança seria para tornar a norma legal mais liberal e assemelhada à dos países que permitem o procedimento por manifesto desejo da mulher, em determinadas circunstâncias e na fase inicial da gravidez. Contudo, como candidata à procura do voto religioso, o teor de suas manifestações sobre o assunto mudou, instalando-se uma intensa controvérsia na mídia, cercada da hipocrisia habitual nessas ocasiões, acerca de ela ter mudado ou não de opinião.

Outro episódio muito comentado na época da campanha foi o arremesso de um objeto contra o candidato presidencial do PSDB, José Serra, e que foi dar na cabeça deste. Denunciado o fato como agressão, uma vez que a oposição afirmara se tratar de um objeto contundente, as fileiras oficialistas tentaram ridicularizar o fato dizendo que se tratava de uma simples e prosaica bolinha de papel. Como é comum no calor de uma campanha, pequenos episódios acabam sendo magnificados por quem se considera vítima deles.

O fato é que, em um país que encerrava um ciclo de crescimento e que se aproximava da necessidade de tomar medidas para uma guinada de orientação da economia, nada disso foi discutido na campanha, cheia de episódios mais ou menos grotescos como os mencionados, rasos até, sem que se instalasse nenhum debate profundo acerca da reorientação dos rumos da economia nacional.

O sumiço da comida

O desleixo em relação à realidade acabaria assumindo proporções particularmente danosas para o Brasil nas eleições presidenciais de 2014, já com Dilma Rousseff "presidenta" da República e quando, utilizando uma imagem surrada, o barco estava fazendo água por todos os lados. O velho Machado de Assis, com toda sua sabedoria, já havia ensinado que "quando alguém tem a vocação da riqueza, mas sem a vocação do trabalho, a resultante desses impulsos discrepantes é uma só: dívidas". O que vale para as pessoas vale também para os países. Se há indivíduos que prosperam, mas sem bases sólidas para isso, algo análogo se dá às vezes também com os países.

O Brasil fora beneficiado por um *boom* de *commodities* como provavelmente não veremos mais em nossas vidas. O preço médio das exportações brasileiras, que entre 1997 e 2002, quando os deuses conspiraram contra o país, tinha caído a uma taxa acumulada de 23%, experimentou uma alta total de inacreditáveis 163% entre 2002 e 2011. Depois começou a cair, e o país não sabia como lidar com isso. Tendo montado um arranjo macroeconômico baseado na expansão do consumo e no aumento do gasto público, com os recursos externos se tornando mais escassos e apelando ao mercado para se financiar, a resultante, "machadianamente", foi um aumento das dívidas. Se nas eleições de 2010 a necessidade de corrigir o rumo só era notada pelos especialistas na matéria, quatro anos depois ela era gritante.

O problema é que, muitas vezes, as eleições fazem aflorar os piores instintos do país. Se, em alguns casos, situações de crise são propícias para alguma forma de união nacional, naquelas circunstâncias e com as primeiras denúncias do que depois veio a ser conhecido como "petrolão", a crise econômica foi o estopim de uma verdadeira guerra eleitoral. E, nas guerras, muitas vezes nenhum código de ética acaba saindo ileso.

A propaganda partidária da coalizão oficial começou a colocar no ar *spots* publicitários nos quais, após um locutor informar que, se a oposição vencesse, programas de combate à miséria correriam sério risco, aparecia a imagem de um prato de comida que ia desaparecendo da mesa. A insinuação era óbvia: se houvesse "troca de guarda" no Planalto, os pobres voltariam a passar fome. Embora a propaganda fosse uma infâmia, era esteticamente muito competente e foi extremamente eficaz em estabelecer a dúvida nos

3% ou 4% de indecisos que, em uma eleição muito disputada, acabaram definindo o resultado.

O final, todos sabem: Dilma venceu as eleições, mas suas condições de governar acabaram piorando dramaticamente. Todo o tom de sua campanha fora no sentido de oferecer "mais do mesmo" à população, "dobrando a aposta" na manutenção das políticas em curso. Ocorre que essas políticas eram exatamente a causa da crise! Quando esta se aprofundou, Dilma então tentou dar uma guinada de 180 graus ao convidar Joaquim Levy para assumir o Ministério da Fazenda. Isso foi como encarar uma plateia que tinha sido convidada para comer caviar e informar que, devido a uma troca no cardápio, fariam uma degustação de quiabo cru. Em consequência, as condições de manutenção da governabilidade praticamente se exauriram antes mesmo que Dilma fosse empossada pela segunda vez, em 1/1/2015. O resto é história conhecida.

O tecnocrata frio

Lidar com a realidade econômica e saber transmiti-la, sintetizando os pontos mais importantes para a opinião pública, requer uma habilidade específica. Quantas vezes o leitor ouviu frases como "O ministro expôs muitos números, mas o povo não quer saber de números", ou "o secretário da Previdência apresentou as estatísticas, mas as pessoas querem ter uma visão humana dos problemas"? É algo curioso: quando um indivíduo procura um médico, ele o faz no pressuposto de que o profissional estudou muito, está tecnicamente preparado e é bom no que faz — e não por ser "bonzinho". Contudo, na esfera econômica, é comum os políticos darem a entender que há uma oposição entre o "técnico" e o "humano", como se ter uma visão "humana" resolvesse os problemas técnicos — algo que fala um pouco de nosso subdesenvolvimento cultural.

Quem se dispuser a encarar seriamente as questões tem que ter energia para enfrentar um verdadeiro teste de paciência. Não apenas encontrará interlocutores não muito interessados em suas explicações, mas também irá se defrontar com uma boa dose de incompreensão.

Um bom exemplo é a cena a ser exposta a seguir, efetivamente ocorrida e da qual omitiremos os nomes. Um técnico havia sido convocado para apresentar seus pontos de vista sobre a Previdência Social em uma das comissões do Congresso. Chegando lá, um dos parlamentares, no debate, fez uma pergunta natural. Ele queria saber por que, apesar da perda — em relação à aposentadoria integral — associada ao chamado "fator previdenciário", as pessoas continuavam se aposentando cedo, mesmo se sujeitando a essa perda. Quando o palestrante respondeu, a coisa começou a complicar, com uma explicação tecnicamente correta, mas algo esotérica naquele ambiente. Ele disse: "Isso está associado ao que os economistas chamam de taxa de desconto intertemporal, que pode variar dependendo de cada pessoa." Ou seja, deixando o "economês" de lado, o que ele quis dizer é que algumas pessoas valorizam mais o curto que o longo prazo e, por isso, preferem se aposentar logo, mesmo abandonando a possibilidade de uma renda maior no futuro.

Percebendo, pelas reações dos membros da Comissão, que aquilo era como falar grego para a audiência, na sequência o palestrante tentou ser popular e emendou:

> Por que, deputado, quando uma pessoa vai em uma loja e compra uma geladeira para pagar em 12 meses, se submete a taxa de juros implícita na prestação que, em qualquer outro lugar do mundo, seria considerada escorchante? É porque ela quer muito comprar essa geladeira naquele momento e não quer esperar para poupar todo mês e pagar à vista meses depois. Com a aposentadoria ocorre a mesma coisa: como a pessoa quer muito se aposentar, ela aceita pagar um preço elevado, na forma de um fator previdenciário baixo, que reduz a aposentadoria, mesmo sabendo que, se esperasse alguns anos, a aposentadoria seria maior.

Tecnicamente, a explicação foi irrepreensível e, sem dúvida, mais clara que a fala inicial do especialista. Não obstante, antes de terminar sua última frase, o grito se fez ouvir, do fundo da sala, vinda do parlamentar de inequívoco sotaque gaúcho, originário de um estado caracterizado por sua elevada longevidade e com um importante eleitorado de aposentados: "Mas como tu és frio, tchê! Tu tá comparando aposentado a geladeira!"

O debate técnico estava encerrado. A partir daí, só couberam, como diz a canção, "grandes emoções". Na saída, com alguma frustração, o especialista ouviu o conselho do colega de mesa, resignado diante desse tipo de manifestações naquele ambiente: "Da próxima vez, não usa o exemplo de uma geladeira. Fala do fogão. Assim não vão poder dizer que você é frio." Esse é o Brasil real.

O cavalo da comissão

É mais ou menos evidente que será muito difícil conseguir governar o país sem um mínimo de diálogo entre governo e oposição. Ulysses Guimarães dizia que "na política, até a raiva é combinada". Um exemplo de certa cooperação são os acordos para votar. Muitas vezes, a oposição sabe que não tem votos para derrotar uma proposta oficial, mas tem o poder de obstruir — por exemplo, pedindo verificação de quórum quando há baixa presença de parlamentares. O exercício de obstrução permanente leva à paralisia e, muitas vezes, é a oposição que terá interesse em que algumas iniciativas tramitem. Acordos podem fazer com que uma sessão conte como tal, formalmente, para a contabilização do número de sessões para tratamento de uma proposta, mesmo sem quórum efetivo — desde que ninguém peça verificação. É um exemplo dos pequenos acordos que podem estabelecer relações de confiança entre grupos opostos.

Esse tipo de cordialidade se perdeu no Brasil nos últimos anos. Não apenas ficou muito difícil formar maiorias, mas os acontecimentos políticos levaram a uma exacerbação da polarização. Esse é, infelizmente, um movimento global. Nos EUA, o partido em minoria pode tentar atravancar votações por meio de um mecanismo chamado *filibuster*. De 1917 a 1950, a média era de menos de uma tentativa por ano de travar as votações. Isso subiu constantemente, até chegar a 43 por ano nos anos 1990. Na primeira década do século XXI, o número de *filibusters* chegou a 59 por ano, atingindo seu ápice no biênio 2013–2014, com 187 interrupções anuais do funcionamento do Congresso. A crescente polarização e falta de diálogo entre os partidos Republicano e Democrata praticamente eliminou a possibilidade de ter leis apoiadas pelos dois lados. Hoje, quem quer que controle o Parlamento tenta enfiar "goela abaixo" leis que não são debatidas a fundo para que se possa chegar a um consenso.

Ao mesmo tempo, é importante evitar que a necessidade de promover certo exercício de conciliação leve a uma desfiguração das propostas. Um bom exemplo é a demanda por mecanismos que levem a uma "nova política", tese em voga tanto no Brasil quanto na França, na Argentina e na Rússia. Fazer política "de maneira diferente" é uma reivindicação que está presente nos mais diversos países atualmente.

É conhecida a piada segundo a qual "um camelo é um cavalo feito por uma comissão". Algo assim se aplica à tentativa de convergência de diferentes grupos políticos unidos pela rejeição à corrupção. Há que se diferenciar, nesse sentido, a ideia de "movimento" da ideia de "partido". Um "movimento" é em favor ou contra alguma coisa e se caracteriza pela amplitude das alianças e pela estreiteza de objetivos: é para algo muito específico. O MDB (Movimento Democrático Brasileiro) de oposição aos militares da década de 1970 denominava-se "movimento" porque se tratava disso: era a soma de diversas forças com o objetivo de redemocratizar o país. Alcançado o objetivo, era natural que ocorresse, como houve, uma dispersão de forças. Um movimento foi também a expressão do conjunto de forças que saíram às ruas pedir o *impeachment* de Fernando Collor em 1992. Removido o fator de convergência de esforços, contudo, tornou-se difícil manter a união entre os diferentes grupos.

Esforços contra a corrupção são meritórios e merecem ser estimulados. Do mesmo modo, é notório que formas tradicionais de fazer política no Brasil, baseadas em financiamentos eleitorais que se misturavam com obras suspeitas de empreiteiras com acesso direto ao poder, parecem ter chegado a uma situação de esgotamento.

Por outra parte, tentativas de juntar forças e definir denominadores comuns que vão além de alguns princípios morais esbarrarão em diferenças provavelmente intransponíveis acerca de questões fundamentais para o futuro do país. Elas não devem ser escamoteadas e precisam ser abertamente debatidas. Seguem alguns exemplos disso:

- Que postura será defendida acerca da situação fiscal?
- Um eventual ajuste deveria se basear em aumento da carga tributária ou em corte de gastos?
- Qual é o papel do mérito na promoção dos servidores públicos, incluindo os professores?
- Qual é a proposta de reforma previdenciária para 2019?
- Qual deve ser a inserção do país no mundo?
- Deve ou não haver uma continuidade da flexibilização das relações de trabalho no próximo governo?

APELO À RAZÃO

- Quais devem ser, se é que cabem, os instrumentos de defesa da indústria nacional diante da concorrência externa e durante quanto tempo?
- Chegou a hora de discutir a adoção do ensino pago nas universidades públicas?
- Caberia rediscutir em parte a formatação dos programas assistenciais?

Esses são alguns exemplos do tipo de questão que faz todo sentido que um partido defina e que tendem a gerar platitudes bisonhas quando se procura emitir comunicados assinados por indivíduos com visões econômicas muito diferentes entre si. Por exemplo, voltando às propostas do então candidato Aécio Neves em 2014, escritas para ganhar apoios de um arco amplo de aliados, tente o leitor explicar o que significa concretamente, na parte sobre agricultura familiar, a seguinte diretriz de seu programa de governo: "apoio aos investimentos, por parte de estados e municípios, na formação e capacitação dos pequenos produtores rurais, de forma a promover a melhoria tecnológica e permitir sua emancipação sociopolítica, livrando-os da dependência histórica e inserindo-os de forma proativa na agenda do desenvolvimento". Se insistirmos em propostas vagas e em comitês inúteis, teremos como resultado um "camelo ideológico", de escassos resultados práticos.

A mensagem certa: reformar é preciso

O país precisa de um rumo. Em 2016, quando se estava na iminência da mudança de governo com a substituição depois efetivada de Dilma Rousseff por Michel Temer, o PMDB lançou o documento "Ponte para o futuro", que tinha um esboço do que depois norteou as ações da equipe econômica por ele escolhida. É importante que no momento de se dirigir à urna nas eleições de 2018, o eleitor saiba em que está votando.

Medidas positivas, ainda que controversas, aprovadas no período natural para isso — o começo da legislatura — como se espera em um ciclo político convencional, renderão frutos a ponto de seus resultados ficarem claros até a chegada da eleição. A racionalidade pode se pagar, eleitoralmente, como uma espécie de "investimento", que rende resultados tempos depois de feito.

Um exemplo claro sobre essas questões é o da reforma da Previdência. É lógico que o candidato a presidente que levar para a campanha uma proposta extremamente detalhada acerca do que pretende fazer na matéria enfrentará dificuldades. Por outro lado, também é evidente que, se um candidato prometer na campanha que "de jeito nenhum" fará algo em relação ao tema, será muito difícil que tenha, posteriormente, condições de implantar aquilo que foi veementemente negado poucos dias antes.

Baltasar Gracián, teólogo jesuíta, já deu, no século XVII, as dicas acerca de como exercer essa ambiguidade para ter êxito na política: "Saiba como usar evasivas. É assim que as pessoas astutas se livram das dificuldades. Elas se desembaraçam do mais intrincado labirinto com o emprego espirituoso de uma observação inteligente. Elas se livram de uma séria controvérsia com um gracioso nada ou suscitando um sorriso. A maioria dos grandes líderes conhece a fundo essa arte."

Se explicitar as medidas com muitos detalhes pode ser negativo para as chances de alguém se eleger, por contraste adotar a política do avestruz e negar o problema pode ser um passaporte para o inferno. A política molda as possibilidades do que se pode fazer na economia, mas a economia também impõe limites para a política que não podem ser ignorados. Em alguns casos, esses limites podem ser dados pelo setor externo, quando o restante do mundo se recusa a continuar a financiar países com políticas erradas. Em outros, são dados internamente, pelo crescimento elevado da dívida pública, por exemplo. O Brasil ignorou certos *constraints* durante alguns anos e nossa dívida pública subiu perigosamente. Nicolás Maduro agrediu o capitalismo na Venezuela e a inflação anual escalou a níveis assombrosos. É por isso que o Brasil precisa de um programa, para que o eleitorado saiba, pelo menos em linhas gerais, o que deverá ser feito e qual rumo o candidato está propondo seguir. E a mensagem certa a passar é: é preciso continuar o caminho das reformas: previdenciária, tributária, de política comercial etc. Há um mundo de coisas a fazer para sacudir a poeira do atraso e modernizar o país. Ignorar os limites é contratar um problema futuro — que pode ser dramático.

No futebol, quando o jogo é ruim ou o time não faz gol, o técnico Muricy costuma lembrar que "a bola pune". Analogamente, se a política maltrata a economia, a economia se vingará da política — e o governo da época sentirá, cedo ou tarde. A economia tem limites e demarca escolhas e impossibilidades. A arte da política é saber lidar com esses limites sem perder a legitimidade diante da população.

4. Democracia, uma joia a polir

> "Dizem que a política é uma guerra por outros meios.
> Besteira. A política é uma guerra."
>
> Lyndon Johnson

Eram os conturbados anos 1960. No filme *All the Way*, quando Lyndon Johnson explica a um aliado sua estratégia para combinar o progresso nos direitos civis com a necessidade de manter o apoio partidário no sul, essencial para sua sustentação política — o que implicava fazer algumas concessões que desagradavam a população negra —, o sucessor de Kennedy afirma, com frieza analítica: "Não é uma questão de princípios. É uma questão de votos." No caso, votos para fazer passar as mudanças legais em discussão que atendessem aos pleitos dos seguidores de Martin Luther King, mas que, ao mesmo tempo, não levassem Johnson a perder a sustentação do sul do país, recriando o cisma nacional norte × sul, de triste memória nos EUA.

O realismo político também é necessário na conquista do voto popular, que depende em parte da armação dos chamados "palanques". Estes são acordos locais ou regionais com personagens que nem sempre o candidato a presidente, governador ou deputado federal — muitas vezes formado em alguma das boas faculdades do país — convidariam para jantar com sua família. E, entretanto, essas alianças são muitas vezes importantes, quando não imprescindíveis, para que, quatro anos depois, o país possa ter avançado graças à escolha de governantes ou parlamentares comprometidos com o progresso — ainda que muitas vezes não à velocidade em que gostariam que ele acontecesse.

Este capítulo trata desses dilemas, inclusive morais, que estão presentes na mente de qualquer autoridade ou candidato a autoridade que se embrenha no mundo áspero e com regras próprias da política. Ele começará lembrando os princípios ideiais sob os quais se deveriam dar as disputas e depois os coteja com a realidade da maneira em que muitas vezes aparece nos recantos ocultos — e por vezes não tão ocultos — do país.

Churchill e outros

A democracia, que Churchill em frase sempre repetida qualificou como "o pior dos regimes, com exceção, naturalmente, de todos os outros", é o "governo do povo, para o povo e pelo povo". Nela, em tese, a escolha dos indivíduos deveria se basear na comparação entre as propostas dos candidatos. No mundo real, o sistema está cheio de imperfeições, razoavelmente polidas nas democracias maduras; gritantes e escancaradas, às vezes, nas democracias mais jovens e imaturas, como é o caso da brasileira.

Em seu livro *3.000 dias no bunker*, sobre as origens do Plano Real, em 1993–1994, Guilherme Fiuza descreve as angústias que tiram o sono daqueles que, pertencendo a outro mundo, acabam, com a melhor das intenções, adentrando o terreno da política:

> Um acadêmico com ideias próprias, ao embarcar no poder para realizá-las, dificilmente escapará à sina de Fausto: deixará por lá um pedaço da alma. O diabo poderá estar no terreno das concessões pragmáticas, ou talvez no dos retoques ideológicos. Mas estará, no mínimo, em algum pedágio moral que o mundo político cobra, mais cedo ou mais tarde, de quem passa pelo poder.[11]

O exercício do poder impõe escolhas difíceis e espíritos hesitantes, que acabam vítimas do processo. Tais pessoas dificilmente chegam muito longe em uma "carreira" que requer métricas diferentes — em relação às adotadas em outras profissões — acerca das regras de convívio. Saber marcar com

---

[11] Fiuza, Guilherme. *3.000 dias no bunker*. Rio de Janeiro: Record, 2006. p. 15.

precisão o que pode e o que não deve ser feito, compreender que o "risco de giz", que define além de que ponto não se irá, não pode ser o mesmo que em outras áreas da experiência humana e ter uma boa dose de pragmatismo são elementos-chave para o êxito. Sem eles, nada do que estamos discutindo aqui irá para a frente.

Millôr Fernandes, em frase que chega a ser cruel por sua frieza, mas que espelhou a decepção do momento, disse há três décadas que Saturnino Braga — respeitado por todos por sua honradez, eleito prefeito do Rio de Janeiro na década de 1980 e em cujo mandato a cidade foi à falência por sua falta de tato no relacionamento com o Governo Federal — tornara--se "o político que desmoralizou a honestidade". No Brasil, esse exemplo negativo deixou sequelas, cristalizando a percepção de que, em política, a honestidade precisa ser cada vez mais valorizada, mas é importante que seja acompanhada pela sagacidade e pela habilidade. Nesse terreno, a ingenuidade é um pecado mortal.

Max Weber e suas lições

Quem melhor abordou os dilemas que se colocam para o governante no exercício do poder foi Max Weber. Em *Politiks als Beruf* (*A política como profissão*), ele escreveu: "O mundo é governado pelos demônios e quem ingressa na política sela um pacto com o diabo, de modo que deixa de ser verdade que em sua atividade o bom gere apenas o Bem e o mau, o Mal, mas que frequentemente ocorre o oposto. Quem não enxerga isso é uma criança, em termos políticos." Vem daí a distinção entre a ética da convicção e a ética da responsabilidade, frequentemente em antagonismo na função pública. Nesta, o governante é levado a ter atitudes que gostaria, em seu íntimo, de não tomar, mas que são impostas pelas circunstâncias associadas à necessidade de preservar a governabilidade de um país.

A leitura dos *Diários da Presidência* de FHC sobre seus anos no Planalto é eloquente sobre as questões com as quais o governante tem que lidar. Opinando sobre as relações com o PMDB, ele se manifestava assim, em 1999:

Falei com os líderes do PMDB. O PMDB está amuado. Eles pretendem forçar a nomeação de pessoas. Não quero citar nomes, mas em geral são pessoas que não têm a competência adequada para o cargo... Estamos na difícil faina de defendermos o cofre e, ao mesmo tempo, obtermos os votos no Congresso. Nossa realidade política é assim. O PMDB quer posições que deem acesso a recursos, e temos que fazer uma tourada o tempo todo para evitar que isso vire um escândalo... Ao mesmo tempo, não podemos romper com o PMDB, porque sem ele não há votos que passem no Congresso. Eles são cem deputados.[12]

E, algumas páginas adiante, na sequência: "Se eu rompo com o PMDB, rompo com cem deputados. Cadê a governabilidade? Como se dá tranquilidade para que o país possa avançar? Este é o duro ofício de ser presidente da República sendo honesto, tendo projeto, tendo propósito, pensando o tempo todo no bem do país."[13]

E constata, com a própria experiência, que

os aliados são sempre relativíssimos: quando estou bem com a população, eles são fiéis; quando a população se afasta de mim, ficam tentando ir para uma posição de independência crítica, esse é o jogo tradicional no Brasil... E ninguém tem uma política alternativa, eles não me propõem, por exemplo, vamos mudar de qualquer maneira a taxa de juros, vamos fazer uma política industrial desse ou daquele tipo, nada concreto; são só coisas vagas, expressando um sentimento geral de mal-estar.[14]

Assim, no dia a dia do poder, distante já o momento em que cada cidadão depositou seu voto na urna, o presidente — e isso vale também para o governador ou o prefeito — tem que se ver mesmo é com os grupos de interesses e com as demandas de todo tipo, nem sempre, naturalmente, de natureza republicana.

---

[12] Cardoso, Fernando Henrique. *Diários da Presidência*. v. 3. São Paulo: Companhia das Letras, 2017. p. 111.

[13] Idem, p. 115.

[14] Idem, p. 276.

Onde os fracos não têm vez

Ter penetração nos rincões de um país e laços com as lideranças do território profundo exige um tipo de *expertise* muito diferente daquela que, em geral, é reconhecida nos salões da elite. Por isso, quando foram dizer a Golda Meir, lendária política judia e grande conhecedora das artes e nuances da política, que Abba Eban, um dos homens públicos mais importantes de Israel, mas com escassa ascendência nos grupos mais influentes, estava pensando em se apresentar como candidato a primeiro-ministro, ela perguntou candidamente: "De que país?"

Para o leitor entender o que significa na prática — ou o que pode significar, dependendo das características do território de disputa do voto — a tentativa de "seduzir" o eleitor, é elucidativo ler o depoimento de Eduardo Matos de Alencar a seguir. É longo, mas vale a pena que seja lido na íntegra:

> Em 2012, eu trabalhava como gestor da UPP Social na Rocinha. O programa, fruto de uma parceria entre a ONU-HABITAT e a Prefeitura do Rio de Janeiro, tinha como alguns de seus principais objetivos estabelecer uma fonte confiável de informação a respeito das comunidades e uma comunicação permanente com as lideranças políticas dos territórios pacificados. A ideia alegada dos seus idealizadores era criar um novo canal para o desenho e implementação de políticas públicas em áreas de favela que não perpassasse pelas redes tradicionais da baixa política carioca, há muito influenciada por facções criminosas e milícias que detinham o controle histórico daquelas localidades. A minha nomeação para gestor da Rocinha e do Vidigal se deu basicamente na semana de entrada no BOPE da comunidade. Antes assistindo à equipe da UPP Social na Cidade de Deus e no Batan, fui chamado para uma reunião com a diretoria do programa e designado para a missão. Tratava-se de uma tarefa complexa, que se daria *pari passu* à implementação da própria Unidade de Polícia Pacificadora. Durante meses, nossa tarefa consistiria no mapeamento dos principais grupos e lideranças comunitárias, projetos sociais e demandas mais urgentes da Rocinha, um trabalho hercúleo, em se tratando de uma comunidade com centenas de milhares de pessoas.

Apresentados publicamente numa reunião lotada na quadra da escola de samba da Rocinha, ao lado do Prefeito Eduardo Paes e outras autoridades, não tivemos muitas dificuldades de acesso às principais lideranças da comunidade num primeiro momento. No início do programa em cada localidade, ainda havia a expectativa que ele se traduzisse em algum tipo de investimento público, de modo que não raro as lideranças políticas procuravam angariar nossa simpatia, fornecendo auxílio para atividades e mapeamento e participando dos eventos do programa. Claro que isso ocorria somente nos primeiros meses da implantação, e nem sempre de maneira pacífica. Nem todas as lideranças locais nutriam simpatia para com a prefeitura do PMDB (...). Enquanto várias pessoas viam aquele momento do Rio de Janeiro com desconfiança, outras aproveitavam a situação para uma desforra, numa tentativa não raro impulsiva de desestabilização do *status quo*.

Na Rocinha, a situação era deveras complicada. O mapa político da comunidade se encontrava francamente cindido. O maior e mais poderoso grupo político ocupava a UPMMR — União Pró-Melhoramentos dos Moradores da Rocinha. Conhecidos pela inconfundível camiseta amarela que utilizavam em eventos públicos, com ampla capacidade de mobilização e táticas de intervenção política profissionais, os chamados "amarelinhos" eram reconhecidos pelas ligações com o antigo "dono" da comunidade, o traficante Antônio Francisco Bonfim Lopes, conhecido como Nem. Relatos de inúmeras fontes remontavam a constituição daquele grupo a uma iniciativa do chefe criminoso, que pretendia ter uma atuação política mais presente na cidade. Foram uma peça chave para a eleição do vereador Claudinho da Academia, encontrado morto no seu apartamento alguns anos antes. Naquele momento de chegada da UPP, a UPMMR se portava com franca desconfiança ou agressividade em relação aos atores ligados de alguma forma ao processo de pacificação.

Por meio da atuação de pessoas ligadas a figuras políticas (...) a UPMMR agia de maneira profissional e sistemática, talvez como nenhum outro grupo político das comunidades cariocas. Com capacidade para reunir uma verdadeira tropa de choque composta de dezenas de pessoas, podiam desestabilizar eventos, organizar escrachos públicos, espantar políticos indesejados ou intimidar frontalmente moradores quando se tratava de conseguir apoio político ou coibir opositores. Possuíam uma ampla rede de contatos na comunidade, com inúmeros aliados, informantes, financiadores e uma vasta clientela, mas não poucos detratores também, insatisfeitos com o clima de opressão política, outrora relegados à marginalidade por interferência de Nem, que não aceitava atuação política direta fora do seu cabresto... Ainda naquele ano de 2012, em pleno processo eleitoral, uma investigação policial revelaria um esquema de distribuição de milhares de cestas básicas na comunidade, financiado pelo dinheiro do narcotráfico. Essa clientela serviria (...) para negociar votos com deputados federais e estaduais do Rio de Janeiro, candidatos a Prefeito e Governador etc.

Como parte da nossa tarefa consistia em consolidar redes alternativas para diálogo e levantamento de informação, ainda que mantendo relações com as lideranças estabelecidas, a nossa entrada na Rocinha juntou a fome com a vontade de comer. Ao contrário do que ocorria com a UPMMR, muitas lideranças e atores políticos se mostraram abertos para interação com a nossa equipe. Enquanto uns procuravam vocalizar demandas históricas, como a regularização fundiária, o saneamento básico ou a construção de escolas e creches públicas, outros tentavam se aproveitar para ganhar legitimidade junto à população, procurando angariar simpatia ao aparecer como aliado de novos atores que poderiam trazer algum tipo de investimento ao local. Claro que, como ninguém é só uma coisa neste mundo, havia os que procuravam atingir ambos os objetivos. Fiquei particularmente próximo de uma dessas pessoas, que chamarei aqui de Flávio Almeida. Outrora uma liderança ativa na comunidade, terminara caindo no ostracismo por disputas internas com o pessoal da UPMMR. Ficara famoso durante o período das obras do PAC-2, por consolidar pontes de comunicação entre os planejadores das obras, as empresas responsáveis pela execução, o poder público, os beneficiários da comunidade e os traficantes que dominavam o lugar. Fora um trabalho difícil, que lhe rendera problemas de diversas ordens, incluindo os de saúde. Ainda que tivesse dificuldades sérias de locomoção, Flávio demonstrava interesse em continuar influenciando o processo político da Rocinha. Desde o início da nossa chegada, sempre se mostrou solícito para fornecer informações privilegiadas e opinar sobre os projetos da UPP Social para o lugar.

Após alguns meses de trabalho na Rocinha, acabei me tornando amigo pessoal de Flávio, que também funcionou como uma espécie de conselheiro em inúmeros momentos. Visitava sua casa regularmente após o expediente. Tomávamos café juntos, jantávamos. Conheci sua família e boa parte dos problemas sociais e políticos da Rocinha, pelo menos na sua visão dos fatos. Um dia, Flávio me mostrou um material que guardava com todo o cuidado, da época que teve atuação mais direta na política local. Tratava-se de um calhamaço que continha o nome de mais de duas mil pessoas na comunidade, com endereço e telefone, que alegava conhecer pessoalmente. Era uma mala direta, uma lista de contatos que utilizava para negociar apoio político. Flávio queria saber se eu não conhecia algum candidato ou pessoa da prefeitura que estivesse interessado em estabelecer negociação, já que haveria eleições municipais no ano que vem.

— Com isso aqui, o cara pode fazer uma rede boa aqui na Rocinha. Pode mandar uma cartinha semanal, visitar as pessoas, distribuir algum benefício. Eu não tenho mais pé para visitar todas elas, mas conheço cada uma. É só falar no meu nome, que vai ter uma relação de confiança. Acho que agora é um bom momento para ativar essa rede.

Educadamente, recusei, sob a desculpa de não ter contatos políticos efetivos no Rio, por ser de fora da cidade. Flávio não pareceu abalado e se pôs a falar sobre a ideia de negociar com algumas figuras aquele material (...) O importante era não ficar para trás durante as eleições, já que muitas lideranças de fora e de dentro da comunidade estavam querendo se aproveitar do novo momento político para angariar votos e se legitimar junto aos moradores. Não demorou muito tempo até que eu fosse descobrindo as outras personagens com pretensão política na comunidade. Do responsável pela região administrativa municipal, comerciante muito conhecido por todos, até um autointitulado representante dos nordestinos da Rocinha, boa parte das lideranças do lugar pareciam ter pretensões políticas.

Claro que poucos deles acreditavam de verdade na possibilidade de serem eleitos. Na forma que o sistema político brasileiro funciona na atualidade, gente assim costuma servir como puxador de votos para a chapa de algum político de maior cacife, principalmente em se tratando de pessoas pobres, de um território isolado no Rio de Janeiro, fora do qual os nomes dificilmente se fariam conhecidos. Qualquer um que conseguisse uma margem razoável de votos ali dentro, digamos, na casa de mais de 2.000, poderia contar com um emprego ou cargo público na prefeitura, no governo estadual ou no gabinete de algum político do legislativo. Era uma forma de iniciar a carreira política e possivelmente garantir o sustento da família e de alguns amigos por um bom tempo.

Eu mesmo cheguei a receber uma proposta de entrada nesse sistema, ainda que numa posição bem mais tímida. Uma das pessoas com quem mantive mais contato durante o período de trabalho da Rocinha (...) diversas vezes havia contado com minha ajuda para realizar mobilizações para atendimento ao público e cadastramento do Bolsa Família na comunidade. Depois de muitas conversas sobre os grupos e personagens políticos da Rocinha, essa pessoa me surpreendeu com um convite para uma reunião com o então Secretário de Assistência Social (...). Autorizado pelos meus superiores, compareci ao encontro, que se resumiu a um pedido do Secretário para que apresentasse o que eu entendia como o mapa político da Rocinha — quem tinha influência em qual área, quem estava ligado a quem etc. Fiz o que me era pedido, na esperança de que aquilo resultasse em ações mais concretas da secretaria no território, mas fui dispensado cordialmente sem mais informações. Enquanto entrava no ônibus, entretanto, recebi um telefonema da moça que me convidara para a reunião.

— Você não teria seis pessoas para a gente empregar na Rocinha?

A pergunta era capciosa. Depois de quase um ano trabalhando numa favela com milhares de pessoas em situação de privação extrema, alguém como eu teria muito mais do que seis pessoas, evidentemente. E, considerando que a UPP Social cada vez mais se mostrava incapaz de atender às expectativas em torno do programa, a tentação de fazer valer de alguma forma meu esforço para aquelas pessoas não era pequena. No entanto, o convite nada tinha a ver com o programa, era pessoal. O cálculo era óbvio: caso eu arrumasse os seis nomes, ficaria estabelecido um outro nível de relacionamento, tanto para dentro da comunidade, quanto para fora, no nível da política partidária. Os beneficiados se sentiriam em dívida pessoal para comigo. Os preteridos inevitavelmente saberiam da indicação, mais cedo ou mais tarde. Poderiam expressar ressentimento ou expectativa quanto ao futuro. Ao mesmo tempo, a minha influência cresceria um pouco mais. Eu começaria a jogar um outro jogo que nada tinha que ver com política pública. Era a passagem discreta para o nível de ator político efetivo dentro de uma das comunidades mais badaladas do Rio de Janeiro. Evidentemente, recusei a oportunidade.[15]

A pessoa citada recusou a oportunidade, o que é perfeitamente defensável e compreensível. Outra pessoa, porém, com certeza deve ter aceitado. Encontrar a maneira de conciliar a defesa dos ideais corretos de moralidade e espírito público que devem pautar a ação de um homem público ou candidato a algum cargo com as agruras da disputa do voto, do modo como esse processo é feito no Brasil, é um dos maiores desafios de nossa democracia. Ainda não resolvido.

Tratamento de choque *versus* gradualismo: além da economia

Frequentemente, as autoridades — especialmente em um começo de governo, depois de um *grand finale* da gestão anterior — encontram-se às voltas com um desequilíbrio expressivo das contas públicas. A primeira reação da equipe econômica tende a ser, nesse caso, a proposta de adotar um "tratamento de choque", que rapidamente se revela difícil de implantar devido aos compromissos políticos do presidente da República ou do primeiro-ministro com seus apoiadores.

Para não abordar unicamente o caso brasileiro, é interessante explicar duas situações concretamente colocadas para as autoridades nacionais que conduziam a gestão da economia em outros países.

O primeiro caso é o da Espanha. Sob o governo de Rajoy, seu grupamento político, o Partido Popular (PP), foi levado a adotar um rigoroso

---

[15] Alencar, Eduardo Matos de. Onde os fracos não têm vez. *Revista Amálgama*, 3 jan. 2018. Disponível em: <https://www.revistaamalgama.com.br/01/2018/eleicao-2018-jair-bolsonaro-os-fracos-nao-tem-vez/>.

plano de ajustamento fiscal. O problema é que parte da base de sustentação do governo, a "Espanha profunda", era composta de políticos locais que estabeleciam com parte de seus votantes uma relação de clientela. Os conflitos, aqui e acolá, acabaram aflorando e, embora não tenham impedido o ajuste, obrigaram a mitigá-lo um pouco a fim de conservar a viabilidade. Nesse contexto de austeridade fiscal, o país foi impactado em 2014 pelo assassinato de Isabel Carrasco. Ele foi perpetrado como vingança, pela mãe de uma moça que fora demitida da administração local, algo fruto do esforço de contenção fiscal da ocasião. Juan Carlos Fernández, político espanhol, definiu assim o caso: "Foi uma questão de fisiologismo, envolvendo a carreira da filha." A "questão de fisiologismo envolvendo a carreira da filha" foi nada mais, nada menos, que o assassinato da responsável pela demissão da máquina pública da filha da assassina! Nessas ocasiões, não está fácil para ninguém...

O segundo caso, mais próximo, é o da Argentina de Mauricio Macri. Quando assumiu, no final de 2015, o novo presidente estava em minoria em ambas as casas legislativas e enfrentava forte oposição dos sindicatos. Embora fosse premido por muitos de seus aliados a adotar um tratamento de choque, Macri, privilegiando a política, fez uma opção pelo gradualismo, reduzindo a inflação lentamente ano após ano, após a inevitável alta inicial provocada pela descompressão dos preços reprimidos — tarifas públicas e dólar. O mesmo gradualismo foi observado no caso fiscal, com metas bastante folgadas, que evitavam a necessidade de um grande "arrocho" para não causar uma tensão política maior ainda que a existente. Em outras palavras, ele viabilizou a governabilidade mediante financiamento, algo que de certa maneira FHC também fez aqui nos anos 1990 para compor com o Congresso e com os governadores, em um contexto no qual o gasto público, em linhas gerais, aumentou como proporção do PIB.

Compreendendo todas as nuanças envolvidas no processo legislativo que leva de uma ideia a sua aprovação nas duas casas do Congresso, Edward Luce, colunista do *Financial Times*, concluiu certa vez que "a aprovação de projetos de lei sérios exige a clareza de Ronald Reagan, a perseverança de Lyndon Johnson e a paciência de Jó". Na ausência dessa combinação de talentos, o que o país tende a assistir é a uma sucessão de soluções paliativas, de projetos pouco sérios ou de ideias que se frustram. Aprovar boas leis é outra tarefa para estadistas.

Como é que nesse esquema de diferentes estratégias possíveis podemos avaliar alguns casos concretos observados no Brasil? Na prática, no mundo real raramente temos experiências plenamente "puras", ou seja, 100% de "choque" ou 100% "gradualistas". Em uma democracia, por mais "durão" que seja o presidente da República ou o ministro da Fazenda, mesmo gestões muito ortodoxas acabam tendo que fazer suas concessões políticas, da mesma maneira que governos caracterizados pelo gradualismo precisam, por vezes, ser inflexíveis em determinadas áreas. Feita essa ressalva, podemos definir uma espécie de taxonomia de situações possíveis e depois pensar em que tipo de experiências efetivamente observadas no Brasil se encaixam nessa categoria:

a) Política gradualista que deu certo.
b) Política gradualista que deu errado.
c) Política de choque que deu certo.
d) Política de choque que deu errado.

O Plano Real, implementado em 1994, é um bom caso de reflexão. Curiosamente, ele se encaixa tanto no caso "a" quanto no caso "b". Cabe explicar isso que, aparentemente, soa ilógico. Por que o plano foi gradualista? Pela trajetória da inflação. Se olharmos para o IPCA nos primeiros doze meses completados em junho de 1995 — quando a inflação do primeiro mês do Real é a comparação de preços em reais *versus* preços em unidades reais de valor (URV) —, a inflação foi de nada menos que 33%. Ou seja, a batalha contra a hiperinflação não gerou imediatamente uma inflação comparável à dos países desenvolvidos. Uma política de choque destinada a gerar de cara uma inflação anual de 3 ou 4% teria exigido sacrifícios que provavelmente seriam inviáveis naquelas circunstâncias. Cabem agora duas perguntas: em que sentido a estratégia "deu certo" e em que sentido "deu errado"?

Ela deu certo, fundamentalmente, porque *grosso modo* o Plano Real foi um divisor de águas na história do país: quando se plota em um gráfico a taxa de inflação, percebe-se imediatamente que em junho de 1994 ocorreu algo, porque depois disso a inflação despencou. Foi, nesse sentido, uma história de sucesso, em claro contraste com os fracassos estrondosos dos cinco planos de estabilização anteriores: Cruzado de 1986; Bresser de 1987; Verão de 1989; Collor I de 1990; e Collor II de 1991.

Por outro lado, a estratégia deu errado no sentido de que era um plano baseado na proposta de usar o câmbio como âncora e, na cabeça de seus formuladores, estava a ideia de, "lá na frente", poder "soltar" o câmbio em um momento favorável, quando não houvesse impacto sobre a cotação do dólar e, portanto, não se verificassem maiores pressões inflacionárias, completando assim a tarefa da estabilização. Isso, porém, pressupunha que o país continuasse a contar com financiamento externo. Após a crise russa de 1998, o crédito externo "secou", as reservas começaram a cair, houve uma corrida especulativa contra o Real e, em janeiro de 1999, o presidente do Banco Central caiu, desvalorizando o câmbio em circunstâncias muito adversas. Houve então uma forte depreciação da moeda nacional e, na esteira disso, a inflação, que tinha sido de menos de 2% em 1998, aproximou-se do perigoso número de 10% — ficou em 9%, no final — em 1999, o que prejudicou bastante a popularidade do governo na época.

O caso "c", de política de choque que deu certo, pode ser exemplificado justamente com a experiência que sucedeu a essa crise: em 1999, o governo brasileiro se viu às voltas com um grande problema, representado pela ameaça de que a inflação fugisse ao controle. Para evitar isso, foram acionados os recursos clássicos, a fim de gerar uma política contencionista que, por meio de um aumento das taxas de juros e de ajuste fiscal severo, tornasse possível combater a inflação. Foram aprovadas medidas duras de contenção do gasto e especialmente de aumento da carga tributária, e o resultado primário do setor público consolidado deu um salto de melhora de quase três pontos percentuais do PIB em apenas um ano, entre 1998 e 1999. Isso é algo pouco comum, especialmente em um contexto de crescimento baixo como o daquele ano, no qual a renda *per capita* sofreu uma pequena contração. As medidas trouxeram uma impopularidade temporária ao governo, mas elas se revelaram bem-sucedidas — o governo recuperou a credibilidade do Banco Central, o câmbio se estabilizou, e no ano seguinte a inflação cedeu para 6% e o crescimento da economia foi de quase 4,5%. Foi um caso clássico de terapia de choque que deu certo.

Não é simples identificar um exemplo "d" de política de choque que deu errado, mas considerando as inter-relações existentes entre a economia e a política e com a ressalva de que, mais do que um choque propriamente dito, tratou-se de uma tentativa de choque apenas parcialmente executado, podemos considerar o que aconteceu em 2015. No final de 2014, a situação da economia era muito séria: avolumavam-se os sinais de deterioração; havia pressões inflacionárias; era necessário deixar o câmbio desvalorizar; algumas tarifas estavam completamente defasadas em termos reais; a situação do balanço de pagamentos era muito preocupante; o desemprego estava, no mínimo, com consequente pressão salarial etc. Era uma situação de crise típica de livro-texto e que clamava por um ajuste. Foi nesse contexto que Dilma Rousseff, recentemente reeleita com a proposta de manter a economia no modo "mais do mesmo", quis dar uma guinada de 180 graus na política econômica: exonerou o ministro Guido Mantega e chamou para seu lugar Joaquim Levy, com fama de ser um economista "linha dura". Levy montou uma equipe ortodoxa e anunciou medidas típicas de contenção, além de determinar um verdadeiro choque tarifário que promoveu um ajuste de preços relativos, levando a inflação naquele ano de 6% para 11%. Era o que precisava ser feito, em linhas gerais. O problema é que a péssima gestão política por parte do Executivo e a total falta de respaldo ao ministro levaram a estratégia ao fracasso, e Levy pediu demissão em torno de um ano depois de ter sido nomeado, sem implementar o conjunto de suas medidas. Na esteira disso, as crises econômica e política se agravaram, e foi nesse contexto que o *impeachment* foi aprovado, levando o então vice-presidente Michel Temer a ascender à Presidência da República.

PARTE II

DEMOGRAFIA, ORÇAMENTO, PREVIDÊNCIA E OS LIMITES INCÔMODOS

Apresentado ao leitor o pano de fundo das decisões que terão que ser tomadas, é chegado o momento de adentrar o terreno da economia. E faremos isso com foco no que é, atualmente, o principal problema econômico do país: a questão fiscal. Com a inflação dominada e, após alguns anos tremendamente difíceis, um lento recomeço da trajetória de queda do desemprego e uma recuperação incipiente do ritmo de atividade, sem qualquer problema no radar no *front* externo, evitar que a dívida pública continue aumentando a passos largos precisa se tornar uma obsessão. Enfrentar esse problema é a melhor maneira de impedir que esse processo de aumento contínuo da dívida pública leve o país a repetir antigos dramas tão conhecidos dos brasileiros mais velhos, como o retorno à alta inflação ou alguma forma de "calote" da dívida.

No caso brasileiro, o problema fiscal está intrinsecamente ligado à discussão previdenciária. Por isso, esta parte do livro tem quatro capítulos. No capítulo 5, apresenta-se um conjunto de dados relevantes da demografia, evidenciando como o país perdeu uma chance rara de aproveitar a melhor fase das tendências populacionais para crescer mais fortemente e como agora depara com a necessidade de "pisar no acelerador" do crescimento, justamente quando a demografia deixa de ser favorável. O capítulo 6 discute a questão dos privilégios e apresenta ao leitor uma série de informações relevantes para que possa formar sua opinião acerca do tema e das suas inter-relações com os temas tratados nos dois capítulos seguintes. O capítulo 7 traz um exaustivo conjunto de dados sobre a realidade fiscal brasileira. Por último, o capítulo 8 ajusta o foco no tema previdenciário e explica as principais variáveis envolvidas na discussão sobre a reforma da Previdência Social brasileira.

O que se deseja é que, ao fim da leitura desta parte, o leitor tenha um grau de informação significativamente maior acerca dos principais números envolvidos na discussão dos temas abordados aqui e forme seu próprio julgamento, com melhor conhecimento de causa em relação a controvérsias importantes, tais como se é preciso ou não mudar a regra de aposentadoria; qual é a dimensão da "gastança"; e se o próximo governo deve ou não dar continuidade à política de contenção fiscal adotada desde meados da década atual, particularmente a partir de 2016.

5. O bilhete de loteria jogado fora

> "As oportunidades são como o nascer do Sol:
> se você esperar demais, vai perdê-las."
>
> William Arthur Ward, escritor norte-americano

Vamos agora tratar da economia. Antes, porém, iniciaremos por uma reflexão sobre demografia e oportunidades perdidas. No processo de evolução dos países, há uma "etapa fácil" do desenvolvimento. Nela, uma série de elementos se conjuga para "empurrar" o país. No caso do Brasil, em épocas mais antigas, a imigração externa em um primeiro momento e a migração do campo para a cidade, posteriormente, funcionaram como alavancas naturais do progresso: gente chegando da Europa para "fazer a América" no século XIX e primeiras décadas do século XX e grandes levas de camponeses praticamente analfabetos vindo para as cidades, depois. Para estes, qualquer treinamento, por mínimo que fosse, elevava enormemente sua produtividade. Tais fenômenos estiveram na base da expansão brasileira durante um bom tempo.

Nessas circunstâncias, é possível crescer sem muito esforço. O jurista Silvio Romero, opinando acerca do que ele qualificava como "excesso de bacharéis à procura de emprego público fácil" na formação da burocracia brasileira do século XIX — mas descrevendo uma postura que transcendia os limites do serviço público — é inclemente no relato acerca daqueles anos: "Eram um grupo sempre mendigando algum emprego, de preferência um de fachada, que não requeresse empenho pessoal. Eram os advogados sem clientes, os médicos sem clínicas, os escritores sem leitores, os magistrados sem juizados."

A esses antecedentes mais longínquos, que juntamente com os elementos históricos que trouxeram a Corte portuguesa ao Brasil em 1808, com seus desdobramentos, ajudam a explicar as transformações do país no século XIX, somou-se no século XX uma dinâmica etária favorável ao crescimento. Tal dinâmica explica por que o Brasil foi um dos países com melhor desempenho no mundo entre a crise de 1930 e 1980. E isso, em que pese não ter tido uma série de condições modernamente entendidas como ingredientes importantes de uma política de desenvolvimento, como instituições adequadas ou boa educação. Já em um contexto mais difícil, porém, como o enfrentado pelo país depois dos "anos dourados", nos anos 1980 o Brasil, de algum modo, se perdeu.

É essa a história a ser explicada sucintamente neste capítulo: como desperdiçamos o "bilhete premiado" de uma demografia favorável — e como isso aumentará as dificuldades de nosso futuro. Em poucas palavras, o mundo mudou e o sistema previdenciário, da maneira em que foi estruturado, faliu. Veremos em que consiste o "bônus demográfico", como o perfil etário dos países vai mudando com o passar do tempo, como isso está começando a nos afetar e como moldará as próximas décadas, podendo nos tornar uma espécie de "Japão tropical" — um país de idosos, mas sem a tecnologia japonesa.

O bônus demográfico

Quem der uma busca para entender o conceito de "bônus demográfico" encontrará na web a definição de que é o "momento em que a estrutura etária da população atua no sentido de facilitar o crescimento econômico, o que acontece quando há um grande contingente da população em idade produtiva e um menor número de idosos e crianças". A definição é um pouco imprecisa, uma vez que o conceito de "momento" costuma estar associado a um instante de tempo, enquanto, no caso do bônus demográfico, estamos falando de processos de longa duração — décadas, na realidade. Não precisamos discorrer muito para ilustrar o conceito. Basta olhar a Figura 1 para entender o processo. Resumidamente, esse bônus pode ser representado como o período da evolução de uma sociedade no qual a taxa de crescimento da população em idade ativa é maior que a da população como um todo. Isso significa que o número de braços e cérebros para "tocar o país" cresce a taxas superiores às do grupo sociodemográfico que não é responsável pela produção e que inclui os dois extremos da distribuição da população: quem ainda não ingressou no mercado de trabalho — bebês, crianças e adolescentes — e quem já saiu dele — os idosos. Na prática e de modo esquemático, o leitor pode considerar que o bônus demográfico é quando a população tem a maioria da população jovem e poucos idosos.

Figura 1
Brasil: pirâmides etárias (em milhões de pessoas)

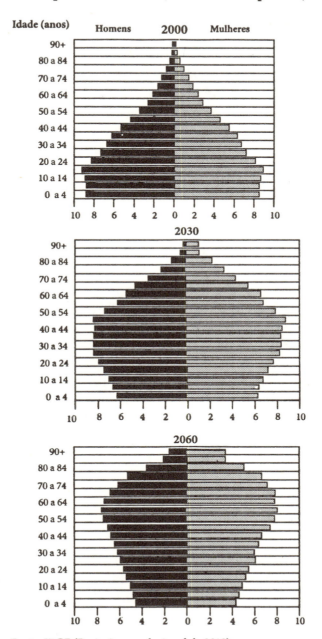

Fonte: IBGE (Projeção populacional de 2013).

A Figura 1 é eloquente a respeito. Ela mostra a pirâmide etária do Brasil nos anos 2000, 2030 e 2060, conforme as projeções do IBGE. Nota-se que, à medida que os anos passam, o contingente de jovens vai "emagrecendo", enquanto a parte superior da "pirâmide" vai progressivamente "engordando". Aos poucos, o bônus vira ônus demográfico e, em vez de sermos um país com muitos indivíduos trabalhando e poucos aposentados e pensionistas, a pirâmide vai se "invertendo" e um contingente cada vez maior de pessoas acima de 60 ou 65 anos passa a conviver com um grupo etário em idade de trabalhar que progressivamente começa a declinar.

A Figura 2 complementa esse panorama com a visão das pirâmides etárias no mesmo momento — 2018 — para duas realidades contemporâneas, mas associadas a situações díspares. Por um lado, a África, com uma elevada população jovem e poucos idosos, e por outro, a Europa, que apresenta uma pirâmide completamente diferente, com jovens já pesando menos que os adultos e um conjunto numeroso da população com 60 anos de idade ou mais.

O Brasil ainda está na etapa do bônus demográfico? A resposta é sim, no sentido de que a participação do grupo de 15 a 59 anos no total da população ainda está aumentando na década atual. Entretanto, i) a velocidade disso é muito menor do que no passado; e ii) esse processo começará a se reverter em um futuro relativamente próximo. Era para termos aproveitado esse período para nos prepararmos para o envelhecimento, como se fosse o "bilhete premiado" que a demografia nos permitia. E foi justamente nesse período que a macroeconomia falhou. Como já dissemos, jogamos o bilhete premiado pela janela.

Demografia: algumas comparações

A dinâmica associada à evolução da demografia tem uma parcela de responsabilidade na evolução dos países (ver Gráfico 1). Tomemos três exemplos: Japão, China e Índia. O Japão era o grande "milagre" das décadas de 1960 e 1970, a ponto de inspirar a famosa frase do igualmente famoso economista Simon Kuznetz de que haveria "quatro tipos de países: desenvolvidos, subdesenvolvidos, Japão e Argentina". A Argentina era o país com tudo para dar certo e que dera errado, enquanto o Japão era um país destruído na Segunda Guerra Mundial e que se transformou em uma das principais potências econômicas do mundo. Já a partir dos anos 1990, o Japão tornou-se o sinônimo por excelência de economia madura que não consegue mais

Figura 2
África e Europa: pirâmides etárias, 2018 (em milhões de pessoas)

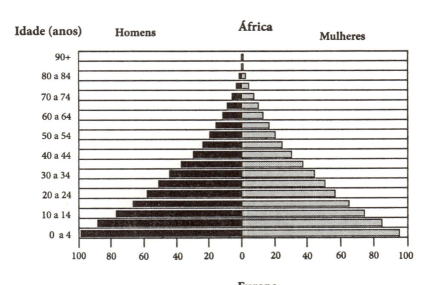

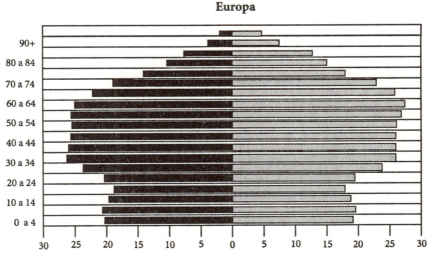

Fonte: PopulationPyramid.net.

crescer. O peso de sua população ativa aumentou fortemente até a década de 1970 e se manteve muito elevado até a década de 1990, quando então começou a declinar rapidamente. Em termos de taxas de crescimento na faixa etária chave, os números indicam que entre 1950 e 1970, a população com idade entre 15 e 59 anos cresceu a uma média anual de 1,9%, muito acima da população total. Já no século XXI, por contraste, esse grupo específico tem encolhido em termos absolutos a uma taxa média de 0,9% a.a.[16]

Gráfico 1
População de 15 a 59 anos (% população total) - China, Índia e Japão

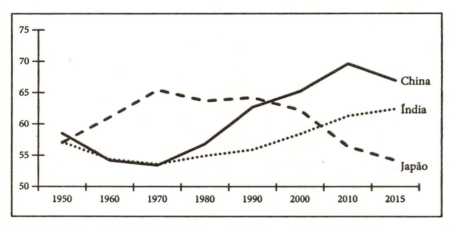

Fonte: Organização das Nações Unidas — ONU (Population Division/Department of Economic and Social Affairs).

Na China houve um fenômeno similar, mas que começou depois, foi mais forte e se prolongou mais, com pico em termos de participação apenas recentemente. Nas três décadas entre 1970 e 2000, a população entre 15 e 59 anos cresceu 2,2% a.a., e de 2000 a 2015 esse ritmo anual caiu para 0,7%.

Já na Índia, o fenômeno é ainda mais recente e mais intenso, e o peso relativo da população em idade de trabalhar continua aumentando. De fato, entre as décadas de 1990 a 2000 o crescimento médio anual do grupo de 15 a 59 anos já era negativo no Japão e havia cedido para 1,3% na China. Enquanto

---

[16] Os dados aqui citados são da Divisão de População da ONU.

isso, na Índia, com sua demografia diferenciada, ele era ainda de espantosos — para a época — 2,4%, e de 2000 a 2015 ainda foi de elevado 1,9% a.a.

Evidentemente, há inúmeros fatores que explicam a trajetória da evolução econômica dos países, mas a demografia é um deles. Ter uma população em idade de trabalhar que cresce acima da população como um todo e aumenta seu peso na composição da população total contribui para aumentar a renda *per capita* de um país. Ao mesmo tempo, em uma fase na qual o número de idosos cresce fortemente e o grupo em idade de trabalhar começa a perder força, o objetivo de alcançar certo ritmo de crescimento se torna mais difícil.

Isso não nos pertence mais

Em um programa humorístico da televisão brasileira de anos atrás, havia um quadro onde um participante do *sketch* discorria sobre hábitos de consumo associados a uma situação financeira pessoal que, porém, havia piorado. Diante disso, a interlocutora, com muita graça, o interrompia e ironicamente dizia, exclamando: "Isso não te pertence mais!"

O Brasil se desenvolveu durante décadas, mesmo carregando uma série de vícios de todo tipo, tanto no setor privado quanto — especialmente — no setor público. Na excelente biografia *Getúlio*, de Lira Neto, há um episódio insólito relatado pelo autor com o notório Ademar de Barros, então governador de São Paulo, em conversa com seu secretário da Saúde, a quem havia entregue um bolo de cédulas de dinheiro que ele próprio retirara de um baú para concluir as obras de um hospital. O secretário, perplexo, indaga: "Governador, como é que eu vou contabilizar isso?", diante do que Ademar, não sem certa irritação, responde: "O senhor pode entender muito de saúde, mas de governo não entende nada!"

Aquela época, porém, não nos pertence mais. Nem a nós, nem aos governantes. Um tempo em que era possível crescer com um enorme grau de desperdício, com baixa produtividade etc. porque o mercado de trabalho abastecia o país a cada ano com novos jovens (braços, na época, uma vez que o que se demandava era mais esforço físico, essencialmente) aos borbotões.

Assim, o país foi indo. Na seção anterior, tratamos de como o crescimento do Japão, da China e da Índia foi alavancado pelo aumento da população de 15 a 59 anos em torno de 2% a.a. durante certa época. Pois bem, no Brasil esse crescimento foi da ordem de quase 3% a.a. durante quarenta anos, até 1980. Mesmo que a população idosa crescesse até mais, como de fato aconteceu, tal crescimento se dava a partir de um contingente populacional acima de 60 anos de idade muito pequeno, de modo que não chegava a impactar a demanda por recursos fiscais para o pagamento de aposentadorias e pensões (Gráfico 2).

Gráfico 2
Brasil: taxas de crescimento populacional (% a.a.)

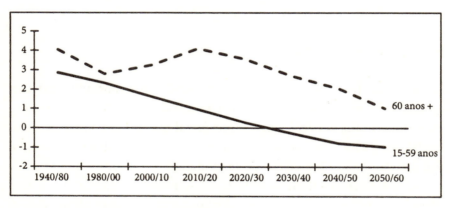

Fonte: IBGE (Revisão populacional 2013).

Nas últimas décadas esse quadro foi mudando. A população em idade de trabalhar passou a crescer menos, e na década de 2030, pelas projeções do IBGE, essa faixa etária declinará inclusive em termos absolutos. Já a diferença entre as taxas anuais de crescimento da população com 60 anos ou mais e de 15 a 59 anos — indicação do impacto por demanda de recursos fiscais comparativamente à capacidade de geração de recursos — aumentou de menos de 0,5% entre 1980 e 2000 para 1,6% na primeira década do século XXI e 3,2% na atual. A partir da década de 2020, a taxa de crescimento da população com 60 anos e mais irá diminuir, mas isso se dará a partir de uma base muito mais elevada que no passado. Qual é a importância disso? Uma diferença de 1% entre o crescimento da despesa do INSS e do PIB significa um adicional de 0,03% do PIB quando a despesa do INSS é de 3% do PIB, mas de 0,09% do PIB se ela é da ordem de 9% do PIB!

O Gráfico 3 mostra que, nos quarenta anos entre 1980 e 2020, a população de 15 a 59 anos de idade no Brasil terá passado de 55% para 65% da população total. A partir da próxima década, esse processo sofrerá uma reversão, e daqui a quarenta anos, voltaremos a ter uma proporção nessa faixa etária parecida com a de quarenta anos atrás. Com uma diferença: proporcionalmente, teremos muito mais idosos que no passado. E isso faz muita diferença para as finanças públicas, porque enquanto quem arca com a responsabilidade de cuidar das crianças e dos adolescentes — grupo etário muito forte no passado — é a família, quem suporta o peso econômico de prover a sustentação dos idosos é o sistema previdenciário, com impacto direto no gasto público. Voltaremos a tratar disso em breve.

Gráfico 3
Brasil: população de 15 a 59 anos (% população total)

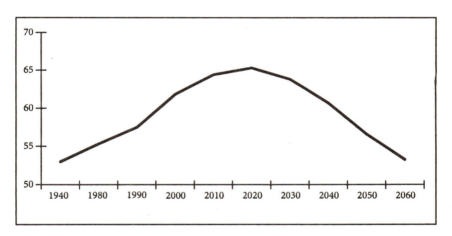

Fonte: IBGE (Revisão populacional 2013).

Remar contra a maré

De agora em diante, tudo será mais difícil. Algumas informações das projeções do IBGE são particularmente impactantes. Vale a pena citar duas delas:

- Se para cada cem pessoas no Brasil, na faixa de 15 a 59 anos, havia no ano 2000 apenas treze indivíduos com 60 anos ou mais de idade, esse número aumentará para 21 em 2020, para 52 em 2050 e para 63 em 2060. O Japão — hoje um país de idosos — vai ser aqui.

- A queda absoluta da população de crianças e adolescentes irá se refletir na dinâmica do grupo superior, de modo que a faixa etária de 15 a 59 anos em 2040 será praticamente igual à de 2020, em torno de 139 milhões de pessoas. Esse contingente aumentará ainda alguns anos e depois começará a declinar. Ou seja, todo — não a maior parte, mas todo — o crescimento do país nesse período terá que vir do aumento da produtividade de quem está empregado.[17]

Ter uma boa história para contar olhando para o passado ainda poderá ser possível no Brasil das próximas décadas, mas as coisas serão bem mais complicadas do que se tivéssemos começado a fazer o certo trinta ou quarenta anos antes. Se a demografia até agora jogava a favor do crescimento, no futuro jogará contra. É como jogar futebol em um campo onde o vento sopra forte em uma direção durante os noventa minutos. Um time pode perder de 1 a 0 no primeiro tempo quando o vento está a favor e depois ganhar de 2 a 1 mesmo enfrentando a força do vento contra ao chutar para a frente, mas terá sido por aprimorar a qualidade do jogo entre os primeiros e os segundos 45 minutos.

Outro dado indica a relevância do desafio que o país tem pela frente. Não precisamos ir muito longe. Pensemos nos próximos 10 a 15 anos, aproximadamente, e miremos na situação prevista em 2030. Tomemos como referência uma população que comece a trabalhar mais tarde — por estudar mais — e estique sua permanência no mercado de trabalho, digamos na faixa de 19 a 64 anos. Em 2018, por definição, quem tem mais de 18 anos e menos de 65 compõe 100% desse grupo. Até 2030, a cada ano, a relação entre essas pessoas que em 2018 tinham pelo menos 19 anos e menos de 65 e o contingente de 19 a 64 anos em 2019, em 2020 etc. será afetado por duas forças: por um lado, um pequeno — porém maior com o passar dos anos — subgrupo desse contingente de, inicialmente, 132 milhões de pessoas, irá falecer; por outro lado, o grupo de 19 a 64 anos será engordado pelo ingresso de novos jovens no mercado. Em 2030, dos 132 milhões de pessoas do grupo original, pelas projeções do IBGE, 104

---

[17] Em capítulo posterior, iremos nos aprofundar mais acerca da dimensão econômica das questões sobre demografia abordadas neste capítulo.

milhões ainda estarão vivas e com idade inferior a 65 anos, enquanto a faixa de 19 a 64 anos terá aumentado para 142 milhões de pessoas. O resumo da ópera é que em 2030, da mão de obra disponível na época, 73% já terá saído da escola em 2018. Ou seja, a dimensão da tarefa é enorme: teremos que construir o país para nossos filhos, com uma mão de obra em boa parte deficiente. "Retreinamento de mão de obra", portanto, terá que ser uma expressão de uso corrente na próxima década.

Um país grisalho

Como fazer para lidar com as questões abordadas nas seções anteriores? O problema que temos pela frente não é apenas de mudança da composição entre os grandes grupos de i) crianças e jovens, ii) adultos e iii) idosos. Também na composição do grupo etário que "tocará" o país no dia a dia do mercado de trabalho haverá mudanças que conspiram contra o dinamismo. Em outras palavras, o Brasil está deixando de ser um país de adultos jovens e virando um país de adultos mais velhos.

É uma simples constatação. Os próprios autores já mudaram de categoria e viraram "seniores" — ou "master", nos jogos de futebol —, estando um no grupo dos "quarentões" e outro no dos "cinquentões". Do mesmo modo que o talento de ambos com a bola já se foi há muito tempo, em matéria de agilidade mental qualquer um dos dois perde de goleada diante desses jovens capazes de processar qualquer coisa no celular a uma velocidade estonteante. É preciso ser francos: um garoto de 25 anos faz as coisas mais rapidamente que qualquer de nós.

Como isso se reflete na demografia específica da faixa de 15 a 59 anos? Olhemos os números da Tabela 2, que resultam da última projeção demográfica do IBGE. No universo das pessoas que tinham entre 15 e 59 anos no Brasil, em 1980 mais da metade (52%) localizava-se na faixa de 15 a 29 anos e apenas 27% no grupo de 40 a 59 anos. Em 2020, o peso desses dois grupos é parecido, na faixa de 37 a 38%, *grosso modo* e, daqui a outros quarenta anos, o peso irá se inverter, praticamente, em relação a 1980: serão apenas 29% no primeiro grupo e 50% no dos "adultos seniores".

Tabela 2
Brasil: composição da população de 15 a 59 anos (%)

Composição	1980	2020	2060
15 a 29	51,8	36,7	28,7
30 a 39	21,5	24,9	21,5
40 a 59	26,7	38,4	49,8
Total	100	100	100

Fonte: IBGE (Revisão populacional 2013).

Imaginemos o seguinte, para ficar claro o que isso significa. Digamos que o grupo de 15 a 29 anos de idade tenha uma produtividade de índice 100; o de 30 a 39, de 75; e o de 40 a 59 anos, uma produtividade de índice 50. Qual será a produtividade média do conjunto de pessoas de 15 a 59 anos em 2020, com esses dados hipotéticos, à luz da Tabela 2? A conta para 2020 é:

$$0,367 \times 100 + 0,249 \times 75 + 0,384 \times 50 = 74,575.$$

Portanto, como vimos, isso gera um índice médio de 74,575. Agora imaginemos que a produtividade de cada grupo, por hipótese, será a mesma em 2060. O que aconteceria com os novos pesos? A conta passaria a ser:

$$0,287 \times 100 + 0,215 \times 75 + 0,498 \times 50 = 69,725.$$

A média ponderada disso resulta em um índice médio de 69,725, ou seja, com queda acumulada de 6,5% em relação ao caso anterior.

Isso implica o seguinte: tudo o mais constante, a produção cairia. É claro que tal queda provavelmente não vai acontecer na prática, porque os avanços tecnológicos irão se encarregar de produzir um fenômeno: em cada faixa etária, quem trabalhar em 2060 será, certamente, muito mais produtivo do que quem se localizar nessa faixa etária em 2020.

O fato, porém, é que os avanços terão que ser expressivos porque, como dito antes, teremos que "remar contra a maré" da demografia desfavorável. É como se alguém, depois de ter perdido os melhores anos de sua vida, começasse a estudar para passar no vestibular para ingressar na universidade aos 40 anos. Poderá passar e se formar, mas muito provavelmente terá um desempenho inferior ao que teria se tivesse vinte anos a menos.

6. Privilégios: sim, mas...

> "Cada um por si e o Estado por todos."
>
> Pietr Kropotkin, anarquista russo

As frases soavam cortantes, estrondosas, no debate parlamentar de meados desta década acerca da situação do estado (província) por ela representado e saqueado por uma família de políticos locais que se revezou no governo ao longo de quase três décadas. Como *grand finale* de seu discurso, a deputada argentina Mariana Zuvic sintetizou então seu argumento na sentença lapidária: "O problema da província não é que falta dinheiro, e sim que sobram ladrões!" O plenário desabou em aplausos. Cristalizava-se a percepção de que o grande problema argentino era a corrupção.

Mesmo quando práticas mantidas durante muito tempo começam a ser severamente combatidas, a ideia de que o cidadão comum paga o preço pela apropriação de recursos por parte de terceiros, legalmente ou não, é muito difundida. O senador Cristóvam Buarque sintetizou esse espírito em uma frase que tem um quê de resignação diante da força do que se poderia denominar "interesses poderosos", quando declarou que "o Brasil é a República das corporações".

Não resta a menor dúvida de que a corrupção fez estragos no país, da mesma maneira que é inegável que há grupos de privilegiados incrustados no setor público. O grande problema fiscal do Brasil, porém, é que tudo aquilo que consta do contrato social não cabe mais no orçamento. Daí por que talvez tenha chegado a hora de renegociar esse contrato, como se constata com qualquer acordo que não pode mais ser cumprido. A ideia de que uma ampla camada de grupos e atividades poderá ser amparada sob o cobertor do Estado pertence a um Brasil que ficou para trás. O cobertor ficou curto diante de tanto e de tantos a cobrir.

Este capítulo abordará essa questão, mostrando como de fato há privilégios, mas que a ideia de que os problemas fiscais do país podem ser resolvidos apenas mediante o combate a eles é algo simplista. Faremos uma espécie de raios x sumário da situação fiscal a fim de mostrar alguns números-chave desse debate, que será posteriormente retomado com mais detalhes em capítulo posterior. Discutiremos que sim, tradicionalmente o Estado brasileiro agiu em favor de poucos, mas esse panorama se modificou após a redemocratização dos anos 1980. O país não teve a sabedoria de conciliar o atendimento das demandas sociais com o equilíbrio macroeconômico. Procuraremos expor de forma nua e crua alguns dilemas com os quais depara o administrador público na hora de fazer escolhas de política. O resultado da avaliação precisa ser um novo processo orçamentário que combine melhor a eficiência da máquina pública com a justiça distributiva.

Sem culpados, sem heróis

O estilo de divulgação das matérias jornalísticas envolvendo as contas públicas tende muitas vezes a dar um tom de disputa entre "mocinhos" e "bandidos". Trata-se sempre de identificar de quem é a "culpa" pelo déficit público. Seguidamente, compara-se uma rubrica com o déficit e conclui-se que este está associado a essa rubrica de gasto.

Entretanto, exceção feita de alguns casos escabrosos — corrupção, pagamentos milionários, contratação de amigos etc. —, em geral trata-se de situações em que não há culpados nem heróis. Se a aposentadoria precoce dos professores está gerando um ônus crescente para as finanças do estado X, não se trata obviamente de demonizar a atividade docente — um dos trabalhos mais nobres que um ser humano pode ter —, mas de diagnosticar a origem do problema de maneira adulta e tentar encontrar uma solução.

Se uma categoria de servidores tem salários no início de carreira de R$ 20 mil ou mais, não é o caso de tratar tal categoria como um bando de aproveitadores por culpa dos quais faltam recursos nos hospitais, mas de indagar se isso necessariamente se justifica, à luz das características do mercado de trabalho desse tipo de profissional na esfera privada.

Se as aposentadorias e pensões pagas no meio rural pesam muito nas contas, não faz sentido dar um tratamento de "privilegiados" aos campone-

APELO À RAZÃO

ses, mas colocar em debate até que ponto, na margem, de agora em diante as condições de elegibilidade para quem vier a se aposentar no meio rural devem ser mantidas intactas ou não.

Em suma, há que se ter um debate maduro sobre a realidade fiscal do país, partindo do duplo pressuposto de que:

i) As demandas não cabem no orçamento; e
ii) O financiamento mediante o recurso ao aumento da dívida pública está fazendo a dívida crescer em uma dinâmica tipo "bola de neve".

Business as usual

Por muitos anos, historicamente, o processo orçamentário brasileiro foi dominado pela força dos grupos de interesse. Na despesa com pessoal, destacavam-se as categorias com maiores salários, pesando na composição do total pago com a folha de pagamentos. Na realização de convênios com os governos subnacionais, destacavam-se aqueles assinados com os governadores politicamente mais poderosos. Nos subsídios, brilhavam aqueles associados às grandes empresas que recebiam os chamados "polpudos empréstimos", no linguajar jornalístico com que costumam ser citados. E assim sucessivamente.

Desse modo, muitos indivíduos passaram anos fazendo carreira na administração pública ganhando excelentes salários e, caso se tratasse de empresas estatais, eventualmente também ajudados por transferências generosas feitas pelo patrocinador aos respectivos fundos de pensão de seus empregados. Muitas carreiras políticas foram alavancadas à mercê desses convênios com estados ou municípios, apoiados na proximidade entre os governantes estaduais ou locais e a mão não exatamente invisível do Governo Federal. Muitos galpões foram construídos e muitas máquinas foram compradas nos anos 1970 com recursos emanados de financiamentos oficiais a juros favorecidos.

A ideia de que o Estado governa para os "poderosos de sempre" cristalizou-se no imaginário popular com o passar do tempo. Não seria demais concluir que, em sua origem, Lula deve muito de seu sucesso inicial a tal percepção. A combinação de condições iniciais favoráveis ao crescimento, uma conjuntura mundial única e a grande habilidade de comunicador do ex-presidente se encarregaram depois de instalar em milhões de corações e mentes a noção de que "finalmente alguém como nós olha pela gente".

Com o passar dos anos, o uso e abuso de recursos públicos para financiar um padrão de desenvolvimento escassamente preocupado com as condições de sustentabilidade do processo e a melhoria da produtividade cobraram seu preço. O aumento do gasto público resultante de um tipo de modelo acabou exaurindo as possibilidades de manutenção do mesmo arranjo. Depois da euforia da primeira década do século XXI, o Brasil experimentou uma ressaca amarga — e as dificuldades para continuar a crescer e a desenvolver o país se mostraram em toda sua crueza.

New kids on the block

Nossa colega Mônica de Bolle tem uma frase muito apropriada para o modo "carnavalesco" com que muitas coisas costumam ser tratadas no país. Ela diz que "o Brasil é um país que tem muito barulho e pouca informação". E está certa. Algo assim ocorre no processo de discussão do orçamento e das questões referentes à alocação de recursos públicos. Não há dúvida de que existem privilégios. Porém, é um equívoco considerar que, no Brasil de hoje, os interesses da grande maioria da população continuam sendo solenemente ignorados como no passado.

Um dos problemas que apresentam nossas finanças públicas é que não contamos com longas séries de dados como nos EUA, que têm estatísticas retrospectivas de 100 ou 150 anos a respeito de muitas coisas. Temos um sistema de estatísticas fiscais que é muito bom, mas historicamente recente, uma vez que remonta apenas aos anos 1990. Mesmo assim, combinando com séries mais antigas e posteriormente descontinuadas, é possível inferir que há um ciclo de expansionismo fiscal voltado para o aumento do gasto público nos chamados "setores sociais" e que ele se inicia em meados da década de 1980, justamente — e não por acaso — com a redemocratização do país.

Com a abertura política, novas demandas passaram a incidir sobre as decisões alocativas de gasto, o que é inteiramente legítimo. O problema do Brasil, em contraste com o caso chileno, por exemplo, é que como país nós não fomos capazes de dar respostas eficazes a essas pressões, nos limites da

APELO À RAZÃO

manutenção do equilíbrio macroeconômico. A inflação elevada, a explosão do endividamento *y otras cositas más* foram o corolário dessa expansão desordenada do gasto.

Ricardo Varsano escreveu um artigo que é referência importante da literatura brasileira sobre finanças públicas, denominado "De ônus a bônus: política governamental e reformas fiscais na transformação do Estado brasileiro". Foi publicado pelo IPEA no volume *A economia brasileira em perspectiva — 1996* e mostra que, nas Contas Nacionais, a despesa primária corrente — ou seja, sem juros nem investimento — das três esferas de governo nos primeiros anos da redemocratização (entre 1984 e 1990) aumentou simplesmente oito pontos do PIB, passando de 19,6% para 27,7% do produto. Desse salto, 5,0% do PIB foi o "delta" em proporção do PIB do item "salários e encargos" da União, estados e municípios, e 2,7% do PIB foi o gasto a mais nas despesas gerais de bens e serviços. Nas duas décadas e meia posteriores, esse processo se intensificaria, como veremos ainda neste livro.

Na base da ideia de que "sempre cabe mais um", fomos enchendo o "ônibus" do Estado brasileiro com novos ocupantes, que com o passar do tempo tornaram o "veículo" demasiadamente pesado para o tipo de sociedade moderna. É um Estado incapaz de dar conta dos desafios dos novos tempos, que devem privilegiar mais temas como educação, inovação, pesquisa e ciência e tecnologia, e despesas que aliviem a situação dos mais pobres, com espaço reduzido na atual configuração das despesas.

Marcos Mendes fez uma análise minuciosa desse processo. Seu diagnóstico é preciso:

Criou-se no Brasil um forte estímulo ao comportamento *rent seeeking*, no qual cada grupo tenta extrair o máximo possível de benefícios para si, ao mesmo tempo que procura empurrar o custo das políticas públicas para outros, fugindo à tributação. A resposta do setor público foi tentar atender a todas as pressões, de todos os grupos sociais. Em primeiro lugar, porque a frágil e jovem democracia brasileira, em seus primeiros anos, não dispunha de mecanismos para impor disciplina fiscal. Em segundo lugar, porque se temia que não contemplar um ou mais grupos sociais poderia gerar movimentação política no sentido de derrubar a democracia (...). Ou seja, fazia-se tudo o que a "sociedade" demandava. Passados alguns anos de democracia e tendo o país enfrentado uma hiperinflação, decorrente justamente do excesso de demandas feitas ao Estado, foram criadas instituições de controle fiscal. Isso, contudo, não limitou a pressão por gastos, que continua intensa. O que mudou foi que, sob a obrigação de manter contas equilibradas, o Governo passou a elevar fortemente a tributação. Isso aguçou o conflito distributivo. Do ponto de vista individual, cada grupo não se sente capaz de impor uma política que corte os gastos que favorecem os outros grupos, de modo a viabilizar a queda da carga tributária. Assim, a estratégia ótima de cada grupo é tentar obter o máximo possível de benefícios vindos do Governo, tentando fugir da tributação que paga tais benefícios.[18]

Um claro exemplo da presença de novas forças políticas e sociais presentes na distribuição dos recursos públicos e do erro da ideia de que o orçamento atende apenas a poucos grupos de "privilegiados" é o que aconteceu com os benefícios da Lei Orgânica da Assistência Social (LOAS) de valor de um salário mínimo. Esse é um benefício concedido no lugar da aposentadoria por invalidez ou idade para quem não é contribuinte previdenciário ou não alcançou o mínimo de anos para adquirir as condições de elegibilidade.

Um dos problemas de nosso arranjo institucional atual é a confusão de objetivos que se estabelece entre a Previdência e a Assistência Social. A Previdência não deveria ser o *locus* institucional para a prática de políticas distributivas — que, é importante enfatizar, são parte inerente ao pacto social de uma sociedade civilizada. Isso deve ser feito mediante políticas pertinentes. Do ponto de vista da concepção de uma política assistencial abrangente, o mais adequado, considerando a importância da pobreza infantil em nosso país, seria que os idosos desamparados fossem atendidos sob as mesmas rubricas que pessoas de todas as idades e que o Bolsa Família e o LOAS fossem integrados em um programa comum de ataque à pobreza.

Como lembra o próprio Mendes, quando aprovada a medida legal original sobre o assunto, Lei nº 8.742 de 1993, o requisito de acesso ao LOAS era ter 70 anos de idade. Posteriormente, ainda no governo FHC, a Lei nº 9.720 de 1998 reduziu a exigência para 67 anos. Finalmente, já no governo Lula, o

---

[18] Mendes, Marcos. *Por que o Brasil cresce pouco?* Desigualdade, democracia e baixo crescimento no país do futuro. Rio de Janeiro: Elsevier Brasil, 2017. p. 76–77.

APELO À RAZÃO

Estatuto do Idoso, representado pela Lei nº 10.741 de 2003, diminuiu a idade ainda mais, para apenas 65 anos — a mesma exigida de homens que se aposentam por idade no INSS, após no mínimo 15 anos de contribuição. Resta saber qual seria o incentivo para que quem ganha em torno de um salário mínimo contribuir para o sistema durante pelo menos 15 anos, quando o que ele vai receber aos 65 anos é o mesmo valor que receberia sem nunca ter contribuído. A relevância do argumento fica clara quando se considera o peso das despesas de valor unitário idêntico a um salário mínimo, que será discutido em outro capítulo.

A reforma que virou salame

Em poucas questões se cristaliza mais a luta distributiva pela apropriação de uma parcela maior de recursos públicos do que na definição das regras de aposentadoria. Até porque nesse debate é muito comum o descompasso entre a percepção individual dos grupos e o resultado coletivo. Quando uma categoria específica luta no Congresso por conquistar uma regra mais favorável de aposentadoria, a ideia que todos têm é que isso é uma gota no oceano das despesas. Se um grupo quer se aposentar cinco anos antes que outros, por razões X, Y ou Z, sempre apresentará as contas aos parlamentares mostrando que essa rubrica é apenas uma fração modesta de tudo o que se paga com benefícios a aposentados e pensionistas. Tem-se então o que a literatura denomina "falácia de composição". Ela surge quando o somatório de argumentos que podem fazer sentido individualmente gera um resultado agregado diverso no conjunto. Em outras palavras, se para uma categoria a melhora das condições de aposentadoria pesa pouco no agregado, o somatório dessas demandas múltiplas naturalmente vai gerar um efeito importante sobre o gasto total com benefícios. Discutiremos esses pontos mais detalhadamente no capítulo específico sobre o perfil de nossas finanças públicas.

É esse, resumidamente, o enredo que explica por que reformas previdenciárias são tão difíceis de tratar no Congresso. É porque, quando todas as questões são tratadas em conjunto, seus efeitos se tornam evidentes. Ao mesmo tempo, qualquer técnico que tenha pretendido defender alguma vez "uma grande reforma" da Previdência com n mudanças de regras aprende rapidamente, lidando com os *constraints* da política, as vantagens de aprovar mudanças pontuais em vez de reformas do tipo "Big Bang", que gerem uma transformação completa e radical do sistema. Por quê? Por causa dos "vetos cruzados".

O que significa isso? Imagine o leitor dois pontos, por exemplo, mudança das condições de aposentadoria dos empregados rurais (A) e dos professores (B). E imaginemos dois grupos, empregados rurais (X) e professores (Y). Se cada um desses grupos tiver sua bancada no Parlamento e as duas questões forem tratadas ao mesmo tempo, a aliança é óbvia: X se alia com Y para barrar a iniciativa B e Y se alia com X para barrar a iniciativa A. São, justamente, os tais "vetos cruzados", ou "me ajuda aqui que eu te ajudo ali". Onde "ajuda" deve ser entendida não como apoio para construir um sistema de aposentadoria sustentável, mas pura e simplesmente como uma atividade reativa para vetar uma modificação. Repetido *ad nauseam*, o processo leva à paralisia permanente.

É por esse tipo de questões que a Previdência virou objeto da "teoria do salame", que é cortado em fatias. Pois algo parecido ocorreu ao longo do tempo com a reforma da Previdência. Quando se começou a pensar no tema, ainda nos anos 1980, falava-se de uma reforma geral do sistema. Com o passar do tempo e as pressões resultantes, as reformas aprovadas foram parciais e referentes a partes do sistema e se deram ao ritmo de uma por governo. Ou seja, foi uma reforma fatiada.

A mudança constitucional de FHC de 1998 serviu para, como perdão pelo palavrão, "desconstitucionalizar" a fórmula de cálculo do benefício. A reforma do segundo governo FHC consistiu na aprovação do chamado "fator previdenciário", que afeta essencialmente quem se aposenta por tempo de contribuição pelo INSS. A de Lula, em 2003, afetou fundamentalmente apenas os funcionários públicos. Em 2007, ele optou por não fazer reforma nenhuma para não se desgastar. A reforma de Dilma em seu primeiro governo criou o fundo de pensão dos servidores da União, que foi uma boa iniciativa, na direção correta. Já em seu segundo governo, tivemos a crise política que todos vivenciamos. E todas essas reformas foram insuficientes diante do tamanho do desafio previdenciário, o que está levando o país à necessidade de encarar uma reforma mais profunda. Este é um tema do qual trataremos em breve.

O Estado somos todos

Se na França o rei podia dizer *L'État c'est moi* ("O Estado sou eu"), aqui no Brasil bem caberia a expressão *L'État sommes nous* ("O Estado somos nós"). De fato, a maioria dos agentes vê a instituição "governo" como uma entidade que tem interesses específicos em se apropriar de recursos para si ou para distribuir aos "amigos do Rei". A realidade, porém, é que, mesmo reconhecendo que funcionários públicos tendem a ter interesses concretos quando se trata de discutir o tamanho ideal do Estado, este é apenas uma entidade que gerencia e transfere recursos de alguns grupos para outros. E, frequentemente, o cidadão está nas duas pontas desse processo.

Expliquemos isso. Pense no funcionário público: ele, por definição, recebe recursos públicos, mas também paga impostos na outra ponta. Quem pertence ao setor privado também paga impostos, mas pode receber recursos — por exemplo, se for aposentado, pago pelo INSS. "O INSS paga porque a pessoa fez jus a isso por ter contribuído durante 35 anos" é, certamente, um argumento válido. A questão, porém, no orçamento, é que o aposentado ou pensionista está na ponta que, no exercício fiscal anual, recebe recursos pagos pelo governo.

Governar consiste em lidar com essas duas pontas — a que paga e a que recolhe — com sabedoria e equilíbrio. O governo deve procurar tentar conciliar o atendimento às demandas com a preservação das condições para que a macroeconomia seja mantida sob controle, com crescimento econômico a um bom ritmo, inflação baixa e expansão do emprego. O drama, no Brasil, é que esse balanceamento foi se perdendo com os anos — se é que se pode dizer que ele tenha existido, diria um cético...

À medida que o orçamento foi incorporando cada vez mais itens e ampliando os recursos para as rubricas já existentes, o fluxo de financiamento dessas despesas começou a se tornar comparativamente escasso. Do mesmo modo que o cidadão incorporou a seus hábitos de consumo contas de itens que no passado não existiam — TV a cabo e provedor de internet são os casos mais óbvios —, no orçamento há linhas que não estavam presentes décadas atrás — e as que estavam presentes custam hoje muito mais. Com o passar do tempo, essas contas somadas foram ficando muito pesadas.

"Impostos sem nada em troca" — será?

O leitor ou, se não ele, com certeza algum amigo ou parente, já deve ter feito uma observação como a que se segue, que os autores escutaram tantas vezes nos debates domésticos sobre economia: "Se eu recebesse bons serviços em troca, até seria justo pagar tantos tributos, mas o fato é que pagamos impostos exorbitantes para não receber nada em troca." Será que isso é procedente?

Em nossa opinião, não. Há dois tipos de pessoas em uma sociedade: contribuidor líquido e recebedor líquido. Como temos uma das piores distribuições de renda do mundo, deveríamos ter poucos contribuidores líquidos para uma grande massa de recebedores líquidos. É natural. Viver em uma sociedade desigual requer que algumas pessoas recebam pouco por seus impostos e que outras paguem pouco e recebam muito. Ambos os autores já se defrontaram muitas vezes com esse tipo de questionamento por ocasião de conversas em família ou entre amigos ou conhecidos. Quando indagamos com maior profundidade acerca do perfil e das origens da pessoa, muitas vezes constatam-se situações do seguinte tipo (demos nomes fictícios às pessoas):

1. Marcos. Diz que "não recebe nada do governo". A rigor, porém, ele estudou na Universidade de São Paulo (USP), onde cursou Medicina, sem pagar a faculdade ao longo dos seis anos do curso, pelo fato de ser pública.
2. Maria Lúcia. Igualmente, queixa-se que "o governo não dá nada em troca". Embora sua faculdade tenha sido paga, o filho estuda Direito na UFRJ, o que significa que ela poupa em torno de R$ 2.500 a R$ 3.000 por mês em relação ao que pagaria se ele estudasse, por exemplo, na PUC-Rio.
3. Júlia. Aos 20 anos de idade, descobrindo o mundo, típica jovem de classe média, estudou em colégios privados de Recife, onde atualmente cursa economia em uma faculdade privada. Considera-se economicamente liberal. Recebe uma bolsa de iniciação científica.
4. Sr. Raimundo. Furiosamente contrário ao governo, gaba-se de ter aposentadoria complementar privada e que contribuiu para o INSS "só pelo mínimo". O valor real que recebe por mês, porém, é 60% superior ao de quando se aposentou, uma vez que o salário mínimo, que indexa sua aposentadoria, experimentou aumentos expressivos nos 21 anos desde que está aposentado.

APELO À RAZÃO

5. Dona Mirta. Viúva e casada pela segunda vez, contadora, ao fazer o imposto de renda do marido todos os meses de março reclama dos impostos que ele tem que pagar. Como os pais começaram a pagar o carnê dela do INSS quando tinha 16 anos, em dezembro, aos 76 anos, Dona Mirta completará trinta anos de recebimento da aposentadoria do INSS, já que se aposentou aos 46 anos de idade. Tendo contribuído com 31% do salário sobre um valor elevado, recebe 100% de seu salário de contribuição como aposentadoria, pois se aposentou antes da vigência do fator previdenciário. Pagou 31% do salário durante trina anos e recebe 100% do valor há outros trinta. Considera-se, porém, injustiçada pelo governo.

6. Jorge. Outro que reclama dos impostos. É funcionário de carreira de uma agência reguladora, com salário de aproximadamente R$ 26.000. Reclama do governo, embora ganhe o dobro do que profissionais com a mesma qualificação empregados no setor privado.

7. Mário Jorge. Médico, fica revoltado por ter que pagar impostos. Diz que "tudo o que conseguiu foi com base no esforço pessoal". Ele de fato estudou muito e tem enormes méritos. Por outro lado, aos 50 anos, é filho único e tanto seu pai quanto sua mãe já faleceram. Como ambos eram funcionários públicos e ocuparam altos cargos na estrutura hierárquica da Justiça Federal, ambos ganhavam salários correspondentes ao teto, tendo se aposentado com esse valor — o pai aos 58 e a mãe aos 54 anos de idade. Com a morte dos pais, Mário Jorge herdou imóveis que, somados, alcançam um valor avaliado em mais de R$ 6 milhões.

8. Jair. Reclama das transferências de renda do Bolsa Família. Desconhece que é o programa de maior sucesso em termos de justiça distributiva do país, algo que diversos artigos acadêmicos já mostraram à exaustão. Trabalha como gerente em uma empresa privada de engenharia, que vive de contratos com uma empresa estadual de saneamento.

9. Vinícius. Empresário. Tem um sítio no interior do estado. Reclama seguidamente dos impostos que tem que pagar sobre a folha de pagamentos da empresa. Em seu sítio, porém, a eletricidade chegou apenas depois do programa Luz para Todos, do Governo Federal, que contemplou sua propriedade e as comunidades no entorno.

O elenco desse tipo de situações corresponde a variações referentes a casos parecidos dos quais os autores tomaram conhecimento ao longo da vida e não visam desmerecer ninguém, em absoluto. O intuito foi apenas mostrar que, ainda que muitas vezes não se tenha essa percepção, os vínculos que unem as pessoas ao governo são múltiplos. Mesmo em atividades estritamente privadas, como em um laboratório, possivelmente na origem do que a pessoa faz, quinze ou vinte anos atrás, houve alguma pesquisa pioneira que pode ter sido financiada com recursos da FINEP ou algum recurso não reembolsável das atividades de fomento do BNDES. Em resumo, o papel do Estado vai muito além do que normalmente a pessoa tende a julgar, ignorando ou esquecendo fatores que deveriam ser levados em conta.

Cabe, finalmente, uma indagação que retoma o raciocínio feito no início desta seção. Sociedades humanas precisam se constituir com base em laços mínimos de solidariedade. Mesmo se alguém de fato nunca usou recursos públicos e sua educação foi custeada pela própria família, seus gastos com saúde são privados etc., essa pessoa anda na rua e pertence a um mundo. Já pensou o que seria de sua vida se na cidade onde vive não houvesse policiais, os cidadãos não tivessem estudado e quem fosse aos hospitais públicos esbarrasse na porta fechada se não tivesse recursos para pagar? A vida seria selvagem. Pode-se alegar que, em muitos aspectos, o cotidiano brasileiro é muito mais duro que em sociedades avançadas, o que é um fato. Entretanto, a quem julga que estamos vivendo uma situação de barbárie, recomenda-se procurar no Google como é a vida no Sudão, no Haiti ou em outros lugares típicos de um Estado falido.

A hora da verdade

No fundo, neste capítulo estamos tratando de algo que é um problema há muitos anos, mas que foi aumentando de tamanho e, mais, que viu se esgotarem as formas tradicionais de o país lidar com isso. Até 1994, de um modo ou de outro, o Brasil "acomodou" esses desequilíbrios mediante a inflação. Quando esta se tornou insuportável, ameaçando o precário equilíbrio social que havia naqueles tempos de inflação maluca de 500% ou 1.000% a.a., FHC lançou o Plano Real, estabilizando a economia. Em seu primeiro governo, no qual a política fiscal deixou muito a desejar, "driblamos" o problema de um jeito simples: mediante o aumento da dívida pública. Quando ficamos "à beira do calote", em seu segundo governo, a partir de 1999, FHC adotou um plano de ajuste fiscal que basicamente outra vez acomodou mais gastos por meio de um forte aumento da tributação. Nos anos Lula, o crescimento maior e o *boom* da receita permitiram deixar as contas públicas mais ou menos sob controle, mas o gasto continuou "muito bem, obrigado". Quando a bonança acabou, já no governo Dilma, veio o desastre. FHC também teve que administrar uma situação difícil, fazendo concessões e aprovando medidas difíceis em 1999, com grande habilidade. Dilma, um tipo de personagem muito diferente, lidando com outra situação difícil do país, mas sem a habilidade de FHC, enfrentou uma situação de guerra suicida com o Congresso, que desandou a propor medidas que compuseram a chamada "pauta bomba", alegremente aprovadas no que se poderia denominar uma fase de "privação de sentidos" da vida nacional. O corolário disso foi um novo aumento violento do endividamento público. Agora, a conta não fecha.

Recentemente, então, o país teve que encarar sua "hora da verdade" e aprender a enfrentar seus demônios. Sem que ninguém queira voltar aos tempos da inflação pré-1994, com a dívida tendo alcançado níveis já muito elevados e sem maior predisposição da sociedade a que a carga tributária aumente, é preciso então, de uma vez por todas, aprender a colocar um freio no gasto público.

Há uma tentação, em muitas pessoas, de entender que o grande problema fiscal da Previdência está na aposentadoria dos servidores. A Tabela 3 explica claramente a razão dessa percepção. Embora contenha uma pequena impropriedade metodológica, uma vez que os dados dos servidores estão a preços médios de 2016 — já que não há dados *per capita* consistentes para 2017 —, e os do INSS, a preços de dezembro de 2017, considerando que a discrepância de valores é muito grande e que a inflação de 2017 foi pequena, tal diferença é uma questão de terceira ordem, na prática. À luz dos valores da tabela, tem-se que na administração direta a média das remunerações de aposentadoria está na faixa de R$ 7 mil a R$ 10 mil, enquanto no âmbito do Ministério Público da União e do Legislativo e Judiciário estamos lidando com uma faixa bem mais elevada, no intervalo, aproximadamente, de R$ 20 mil a R$ 30 mil. O contraste com as remunerações pagas pelo INSS, que de modo geral se situam, em média, entre R$ 1 mil e R$ 2 mil, é significativo.

Se olhando essa "fotografia" instantânea, em termos jornalísticos, o "vilão" é representado pela figura das aposentadorias e pensões da administração direta, quando se observa o "filme" do que aconteceu ao longo do tempo, a percepção muda bastante. De fato, nos últimos trinta anos a despesa do INSS passou de 2,5% para 8,5% do PIB, ao passo que a dos servidores da União, que cresceu em torno de 1% do PIB entre o final dos anos

1980 e meados da década de 1990, estacionou desde então em uma faixa de aproximadamente 2% do PIB, como pode ser visto no Gráfico 4. Ressalte-se que isso ocorreu em uma fase da evolução do país na qual o processo de envelhecimento demográfico da população mal havia iniciado, uma vez que é de agora em diante que se tornará mais agudo.

Tabela 3
Comparação: benefícios servidores federais *versus* INSS*

Categoria	R$
GOVERNO FEDERAL (APOSENTADORIAS)	
Executivo (administração direta)	7.248
Ministério Público da União	19.128
Militares	9.693
Legislativo	28.882
Judiciário	22.336
GOVERNO FEDERAL (PENSÕES)	
Executivo (administração direta)	5.720
Ministério Público da União	17.175
Militares	8.962
Legislativo	21.593
Judiciário	19.526
INSS (APOSENTADORIAS)	1.290
Idade	950
Invalidez	1.167
Tempo de contribuição	1.946
INSS (PENSÕES)	1.143

* Para os servidores, valores médios de 2016. Para o INSS, dezembro de 2017.
Fontes: Para os servidores, Boletim Estatístico de Pessoal, Ministério do Planejamento, janeiro de 2017; para o INSS, Boletim Estatístico da Previdência Social.

O fato é que, se o cidadão comum pensa que o problema da "gastança" se relaciona com as altas aposentadorias, por exemplo, do Legislativo e do Judiciário, o Gráfico 5 fala por si. Enquanto a soma de todas as despesas feitas com todos os benefícios (aposentadorias, pensões e outros) para inativos do Legislativo e do Judiciário em 2017 foi de apenas 0,2% do PIB, a do INSS no mesmo ano foi de 8,5% do PIB. Precisamente, para sermos exatos, 39 vezes mais. Não é que as aposentadorias do Legislativo e do Judiciário não sejam muito elevadas. Elas são, e precisam se adequar ao padrão da remuneração de mercado para situações com alguma analogia, mas o ponto a ressaltar aqui é que essa é apenas uma fração do problema fiscal como um todo.

Será que esse quadro mudou ao longo do tempo? A Tabela 4 sugere que sim, mas para entendermos a dimensão temos que usar uma lupa e ir para a segunda casa decimal das contas. Desde o começo da estabilização, em 1995, até 2017, a despesa com inativos do Governo Federal dos poderes Legislativo e Judiciário passou de 0,14% para 0,22% do PIB — um aumento de 0,08% do PIB. Entre esses anos, o gasto com benefícios do INSS passou de 4,61% a 8,49% do PIB, um aumento de quase quatro pontos percentuais do PIB. E, além disso, o peso dos militares e dos funcionários civis inativos do Executivo caiu como proporção do PIB. Vale, portanto, a velha reflexão shakespeariana: há mais coisas entre o céu e a terra do que supõe a vã filosofia...

Gráfico 4
Despesa com benefícios previdenciários (% PIB)

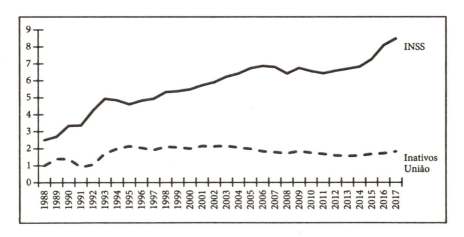

Fonte: Elaboração dos autores com base em dados do Ministério da Previdência Social, da Secretaria de Política Econômica e da Secretaria do Tesouro Nacional.

Gráfico 5
Despesa 2017 (% PIB)

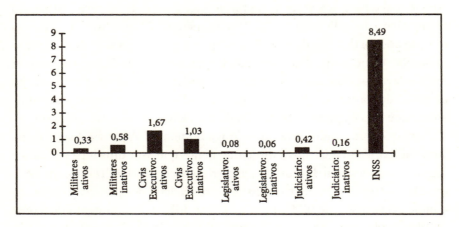

Obs.: Composição despesa com pessoal em % do PIB: ativos, 2,50%; inativos, 1,83%; total: 4,33%.
Fontes: Painel Estatístico de Pesssoal (Ministério do Planejamento) e Secretaria do Tesouro Nacional.

Tabela 4
Despesa com servidores inativos da União (% PIB)

Composição	1995	2017
Aposentados	1,46	1,21
Pensionistas	0,68	0,62
Total	**2,14**	**1,83**
Militares	0,65	0,58
Civis	1,49	1,25
Executivo	1,35	1,03
Legislativo	0,05	0,06
Judiciário	0,09	0,16

Fonte: Ministério do Planejamento, Orçamento e Gestão.

7. Tudo o que você sempre quis saber sobre...

> "Minha primeira coluna na *Folha de S.Paulo*, em 2006, tinha por título 'Ajuste fiscal ou morte'. Os desenvolvimentos posteriores mostraram que optamos pela segunda alternativa."
>
> Alexandre Schwartsman

O músico Jorge Mautner diz que "não existe abismo em que o Brasil não caiba". Adotamos políticas equivocadas, caminhamos para o abismo e sempre, de algum modo, nos acomodamos. Flertamos com o perigo e, eventualmente, caímos nele. Houve um tempo em que nossa incapacidade de lidar com o descompasso entre nossas ambições e nossa disposição de pagar por elas nos levou à hiperinflação. Vez por outra, praticamos alguma forma de "calote" ou "calotezinho" na dívida. Driblamos as dificuldades com uma carga tributária elevada, mas mesmo ela não nos livrou de vermos a dívida pública subir rapidamente na década atual. Onde tudo isso vai parar?

O Brasil tem três grandes problemas a encarar: a crise fiscal, a batalha cultural e a segurança pública. Este livro não aborda o último problema por duas razões. A primeira é a falta de *expertise* específica dos autores sobre a matéria. A segunda é que, vencidos os dois primeiros problemas, o país encontrará uma solução para o terceiro. A batalha fiscal implica reordenar as finanças públicas e, com esse *front* resguardado, a segurança deixará de padecer os problemas orçamentários dramáticos que hoje enfrenta. A batalha cultural implica aprender a jogar com as regras do jogo da eficiência, da qualidade, do zelo com as entregas e do profissionalismo. Entendido isso, a segurança também será afetada, porque tal mudança de mentalidade também se voltará para uma abordagem mais inteligente da questão, com a adoção da tecnologia, do planejamento e da integração como elementos-chave para o êxito.

Aqui, trataremos das finanças públicas. Nos anos 1970, foi lançada uma comédia cujo título era *Tudo o que você sempre quis saber sobre sexo e nunca teve coragem de perguntar*. Encare o leitor o capítulo como algo do gênero "Tudo o que você sempre quis saber sobre as contas públicas no Brasil e nunca teve coragem de perguntar". Ele não será divertido como aquela comédia, mas, da mesma maneira que ela, talvez faça o leitor pensar sobre questões que estavam escondidas na mente, sem serem provocadas.

Neste capítulo serão abordadas mais de três décadas de expansão fiscal, explicada em detalhe a evolução das principais contas e ressaltada a importância da mudança adotada em 2016 com a aprovação de um teto para as despesas entre 2017 e 2026. O capítulo conclui com uma explanação das escolhas difíceis que se apresentam para o administrador público.

Três décadas de expansionismo fiscal

Neste capítulo, tivemos o cuidado de procurar compatibilizar um conjunto de dados relativamente amplos para apresentar um panorama geral da evolução dos problemas fiscais brasileiros. O expansionismo fiscal se inicia ainda em meados da década de 1980. Nas décadas mais recentes, conforme os dados referentes ao Governo Federal — para os quais as estatísticas são melhores, mais abrangentes, confiáveis e longas —, a despesa primária, incluindo transferências a estados e municípios, passou de 13,7% do PIB em 1991 — não existem dados antes dessa data — para um pico de 23,6% do PIB em 2016 (Gráfico 6). Uma enormidade. Em 2017, ela cedeu em virtude da adoção do teto do gasto público.

Gráfico 6
Gasto primário (% PIB)

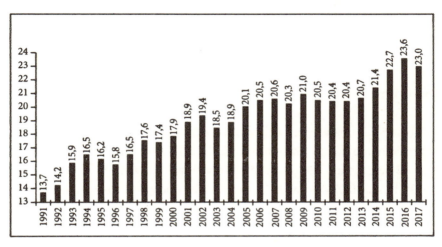

Fonte: Secretaria de Política Econômica/Secretaria do Tesouro Nacional.

Em outras palavras, até bem pouco tempo a sociedade brasileira não conseguiu encontrar, depois da redemocratização, um arranjo fiscal que não passasse pela expansão praticamente contínua do gasto público. O resultado foi a impossibilidade de a carga tributária acompanhar tamanho aumento do gasto público. No passado, vários governos financiavam déficits crescentes "colocando a maquininha para funcionar" — ou seja, se precisavam pagar o equivalente a R$1 bilhão, por exemplo, para construir a ponte Rio-Niterói, imprimia-se esse montante. O resultado era mais inflação. Hoje, felizmente, não aceitamos mais isso. Os déficits são financiados via emissão de dívida pública. Assim, geramos uma dívida pública expressiva, que chega atualmente, no conceito bruto, a um valor de 75% do PIB.

Em 2015, mais de trinta anos depois de iniciado esse processo histórico de expansão ao qual estamos nos referindo, o então líder do governo Dilma, deputado José Guimarães, disse a frase que ficou para os anais da Câmara: "Aumentar um pouquinho a dívida não tem problema, não. Não pode mais ficar esse casulo de segurar, segurar. Já segurou demais." O detalhe é que o aumento real médio do gasto primário nos doze anos em que o PT esteve no governo tinha sido de 4,4% a.a., com onze anos de expansão ininterrupta depois do "arrocho" inicial de 2003 — e tanto em 2013 quanto em 2014, o crescimento do gasto tinha sido o mesmo: 4,2% anuais.[19] É verdadeiramente incompreensível o que o líder entendia como "segurar demais o gasto".

Dando um *zoom*

A Tabela 5 dá uma espécie de *zoom* nos dados do Gráfico 6 e mostra como o agregado que ele retrata se decompunha no começo da série — em 1991 e no final de cada um dos governos Itamar Franco (1994), FHC (2002), Lula (2010), Dilma (2016) e em 2017. Observa-se que até 2016 cada governante concluía seu mandato com um gasto público que era maior, em termos do PIB, em relação ao final do período da gestão anterior. Dois dados chamam atenção. O primeiro é que, no final da série, todas as rubricas têm uma importância relativamente ao PIB maior do que no começo, em 1991. O segundo é o incremento relativo particularmente forte das rubricas de gasto "INSS" e "outras".

Tabela 5
Comparação das grandes rubricas de despesa (% PIB)

Composição	1991	1994	2002	2010	2016	2017
Transferências a estados e municípios	2,65	2,55	3,49	3,47	3,62	3,48
Pessoal	3,80	5,14	4,92	4,32	4,12	4,33
INSS	3,36	4,85	5,91	6,56	8,11	8,49
Outras	3,90	3,96	5,06	6,16	7,73	6,68
Total	13,71	16,50	19,38	20,51	23,58	22,98

Fontes: Secretaria de Política Econômica/Secretaria do Tesouro Nacional.

---

[19] Os cálculos reais foram feitos utilizando como indicador de inflação o deflator do PIB.

APELO À RAZÃO   117

No caso do INSS, a dinâmica desse gasto será analisada no próximo capítulo. No das outras despesas, tem-se o dado agregado desde 1991, mas uma abertura mais desagregada só existe desde 2005. Recordemos que estamos falando de algo que em 2002 era 5,06% do PIB — ou seja, em torno de dez vezes o peso relativo atual do Bolsa Família — e em 2016 alcançou 7,73% do PIB. Em 2005, primeiro ano da série detalhada, o total da rubrica "outros" foi de 5,35% do PIB. O que aconteceu no período? Falaremos depois do ano de 2017, especificamente. O fato é que em onze anos, entre 2005 e 2016, como mostra a Tabela 6, esse conjunto de despesas aumentou 2,38% do PIB, antes da queda registrada em 2017, já sob novas regras fiscais. Novamente, vale lembrar que isso significaria que essa rubrica aumentou o equivalente a cerca de cinco Bolsas Famílias.[20] É legítimo que o cidadão se pergunte: "Onde foram parar esses recursos?" A resposta aparece abaixo e se refere à diferença entre o peso no PIB de cada rubrica em 2016 e o peso que tinha em meados da década passada, ou, para sermos precisos, em 2005. Tal diferença se decompõe da seguinte maneira, em % do PIB:

PAC:	0,67
Abono e seguro-desemprego:	0,36
LOAS/RMV:	0,35
Compensações regime Previdência:	0,28
Ministério da Educação:	0,22
Ministério do Desenvolvimento Social:	0,21
FUNDEB:	0,20
Sentenças judiciais:	0,13
FIES:	0,11
Complementação FGTS:	0,09

A soma desses itens dá 2,62% do PIB. A diferença com os 2,38% do PIB citados se deve à queda relativa de algumas rubricas no período. Cabem aqui alguns esclarecimentos rápidos acerca de itens não necessariamente

---

[20] O Bolsa Família responde por praticamente a totalidade da despesa do Ministério do Desenvolvimento Social, na Tabela 6.

autoexplicativos. LOAS são os benefícios assistenciais de um salário mínimo determinados pela Lei Orgânica da Assistência Social para quem não tem histórico contributivo suficiente para obter o benefício pelo INSS. RMV são as antigas rendas mensais vitalícias, em extinção e na prática substituídas pelo LOAS, o que explica o tratamento conjunto. As compensações ao regime geral da Previdência Social são pagamentos feitos pelo Tesouro ao INSS para recompensá-lo pelas desonerações de tributos e contribuições. É um gasto *sui generis*, porque aparece como dispêndio na rubrica do Tesouro mas como receita na do INSS, com efeito líquido nulo no resultado fiscal consolidado. O FUNDEB é um complemento do Governo Federal para financiar a educação nas unidades subnacionais. As sentenças judiciais são decisões que geram uma despesa por determinação da Justiça. O gasto do FIES corresponde a um subsídio educacional para alunos bolsistas e que ainda terá um efeito importante no futuro, pois significa uma contratação por tempo muito mais longo do que já apareceu nas contas públicas. Finalmente, a complementação do FGTS é uma despesa paga por conta de uma multa que era arrecadada pelo Tesouro, que estava gerando uma contribuição indevida ao superávit primário deste e que de uns anos para cá passou a ser girada ao FGTS, também com efeito nulo de caixa pela arrecadação que se gera na outra ponta.

Cabe esclarecer também que como o Plano de Aceleração do Crescimento (PAC) não existia no começo da série, o aumento dessa linha em relação ao valor zerado de 2005 é em parte uma contrapartida da redução de 0,21% do PIB da despesa dos "Outros ministérios", pois parte dessas despesas hoje catalogadas como "PAC" no passado apareciam como investimento, ou seja, gastos, dos ministérios.

Resumidamente, portanto, se as "outras" despesas da Tabela 5 aumentaram muito, foi basicamente devido ao PAC, ao seguro-desemprego, às despesas assistenciais do LOAS/RMV, ao efeito colateral das desonerações tributárias do governo Dilma vigentes até agora e ao adicional de gastos associados à educação (FUNDEB, FIES e Ministério da Educação) e ao Bolsa Família (Ministério do Desenvolvimento Social).

Tabela 6
Outras despesas (% PIB)

Composição	2005	2006	2007	2008	2009	2010	2011	2012	2013	2014	2015	2016	2017
Abono e seguro-desemprego	0,53	0,61	0,66	0,66	0,81	0,77	0,78	0,81	0,83	0,93	0,79	0,89	0,83
LOAS/RMV	0,43	0,48	0,52	0,52	0,57	0,58	0,58	0,61	0,64	0,67	0,71	0,78	0,82
Subsídios	0,45	0,33	0,29	0,11	0,08	0,12	0,15	0,16	0,11	0,07	0,89	0,38	0,28
FUNDEB	0,02	0,01	0,07	0,10	0,15	0,14	0,21	0,22	0,17	0,19	0,22	0,22	0,20
Lei Kandir	0,22	0,18	0,14	0,17	0,12	0,10	0,09	0,08	0,04	0,07	0,07	0,09	0,06
Legislativo/Judiciário	0,18	0,19	0,18	0,17	0,16	0,17	0,16	0,17	0,17	0,18	0,16	0,16	0,15
Sentenças judiciais	0,03	0,04	0,04	0,05	0,05	0,06	0,05	0,06	0,06	0,08	0,16	0,16	0,16
Crédito extraordinário	0,10	0,22	0,29	0,14	0,08	0,22	0,12	0,06	0,11	0,07	0,10	0,06	0,01
Compensação RGPS	0,00	0,00	0,00	0,00	0,00	0,00	0,00	0,04	0,17	0,31	0,42	0,28	0,21
Fundo Distrito Federal	0,02	0,02	0,02	0,02	0,02	0,01	0,02	0,02	0,02	0,02	0,12	0,02	0,02
Complementação FGTS	0,00	0,00	0,00	0,00	0,00	0,00	0,00	0,00	0,00	0,02	0,28	0,09	0,08

Composição	2005	2006	2007	2008	2009	2010	2011	2012	2013	2014	2015	2016	2017
FIES	0,00	0,00	0,00	0,00	0,00	0,00	0,00	0,00	0,00	0,00	0,00	0,11	0,09
Apoio a estados e municípios	0,00	0,00	0,00	0,00	0,06	0,03	0,00	0,00	0,03	0,03	0,00	0,05	0,00
PAC	0,00	0,00	0,27	0,37	0,54	0,57	0,64	0,81	0,84	1,00	0,79	0,67	0,45
Ministério da Saúde	1,49	1,42	1,33	1,30	1,44	1,33	1,31	1,37	1,39	1,46	1,43	1,59	1,47
Ministério da Educação	0,33	0,31	0,29	0,35	0,40	0,48	0,51	0,52	0,59	0,63	0,54	0,55	0,50
Ministério do Desenvolvimento Social	0,30	0,39	0,41	0,42	0,42	0,43	0,46	0,50	0,52	0,54	0,51	0,51	0,53
Outros ministérios	1,21	1,22	1,15	1,06	1,02	1,07	0,98	0,87	0,75	0,81	0,77	1,00	0,71
Conta de desenvolvimento energético	0,00	0,00	0,00	0,00	0,00	0,00	0,00	0,00	0,15	0,16	0,02	0,00	0,00
Outras despesas	0,04	0,06	0,09	0,06	0,06	0,08	0,07	0,09	0,09	0,06	0,10	0,12	0,11
Total	5,35	5,48	5,75	5,50	5,98	6,16	6,13	6,39	6,68	7,30	8,08	7,73	6,68

Fonte: Secretaria do Tesouro Nacional.

O investimento do Governo Federal é a soma de dois elementos: o item "PAC" e os investimentos "não PAC" embutidos junto com despesas correntes nas despesas dos "outros ministérios" da Tabela 6. Essa rubrica do investimento subiu muito na década passada em relação aos níveis ínfimos registrados em 2003 — ano de forte ajuste — e tem sofrido uma contração desde meados da década atual, com algumas oscilações (Gráfico 7).

Gráfico 7
Investimento Governo Federal (% PIB)

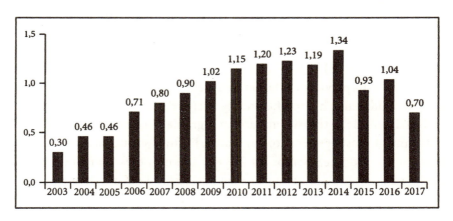

Fonte: Secretaria do Tesouro Nacional.

O teto: uma inflexão?

Em seu prefácio ao livro sobre a crise fiscal no governo Dilma Rousseff, *Anatomia de um desastre*, de Claudia Safatle, Ribamar Oliveira e João Borges, Armínio Fraga informa ao leitor que "se o texto em algum momento lhe parecer ficção, a culpa é dos fatos, não dos autores". A expansão do gasto público observada ao longo dos anos — iniciada, vale a pena insistir, na década de 1980 e cuja responsabilidade foi compartilhada por diversos governos — e, mais recentemente, as aberrações registradas na Petrobras e em outras empresas estatais na última década tiveram como preço uma crescente disfuncionalidade da política econômica. Isso levou a economia a uma situação de virtual colapso em 2015-2016, o que explica o comentário soturno de Armínio. Outro economista, George Santoro, secretário de Fazenda de Alagoas, concluiu em

2016 que "o caixa não mente jamais": quando a maré está boa, sobra dinheiro; quando está ruim, o governo não consegue mais fazer mágicas. Com o espaço para financiamento se fechando, as preocupações acerca da sustentabilidade fiscal de longo prazo voltaram a comandar os temores dos agentes econômicos no Brasil em 2015 e começo de 2016. Até então, os indicadores de taxa de câmbio e da dívida bruta andavam juntos: a dívida subia, o temor à perspectiva de "calote" — mesmo que distante no tempo — como resultado dos sucessivos déficits aumentava e isso pressionava a procura do dólar como reserva de valor e mecanismo de proteção. Delineia-se a possibilidade de troca de governo, no começo de 2016, e há uma mudança nítida. O dólar se acalma e, embora a dívida tenha continuado a aumentar, passou a haver confiança na contenção do gasto por parte do novo governo, particularmente com a nova equipe econômica que assumiu em meados de 2016. Além disso, a aprovação da "Proposta de Emenda Constitucional (PEC) do teto" no final daquele ano e a entrada em debate do tema da reforma previdenciária como algo que, cedo ou tarde, o país teria que encarar, mudaram o humor dos mercados em relação ao Brasil.

Nesse sentido, a transformação em regra da obediência a um teto real invariante do gasto público foi um marco. Definiu-se que uma variável que havia aumentado dez pontos do PIB em 25 anos, crescendo a uma taxa média real de 4,9% a.a., teria que se manter estável daí em diante durante dez anos. É um desafio hercúleo. A perspectiva de que o governo agisse em consonância com essa forte restrição gerou então uma mudança de percepção acerca dos rumos da economia, com o dólar se acalmando e, na esteira disso, tornando possível uma queda das taxas de inflação e, consequentemente, da taxa SELIC. Com efeito, o crescimento do gasto sujeito ao teto, em termos reais, cedeu para uma taxa negativa de 1,3% em 2017, ano de estreia do novo regime.[21] Houve, claramente, uma inflexão.

Escolhas de Sofia

"A política consiste em escolher entre o desagradável e o desastroso", ensinava o economista John Kenneth Galbraith. A Tabela 7 dá uma ideia do que significa isso na prática. Ela mostra como se decompôs em 2017 o gasto

---

[21] A Emenda Constitucional exclui da restrição do teto as transferências a estados e municípios e algumas poucas rubricas sujeitas a maior volatilidade ao longo dos anos.

sujeito ao teto, de 19,50% do PIB na Tabela 5, ou seja, sem considerar as transferências a estados e municípios. O que os economistas chamamos de *trade off*, ou seja, dilema, aparece aí em toda sua plenitude. Como a soma desse conjunto, por definição, tem que ser sempre igual a 100% do total e como na saída já se ficou muito próximo do teto, conforme explicou a secretária do Tesouro Nacional, Ana Paula Vescovi, ao se manifestar sobre as pressões que incidem sobre o Tesouro, "se alguém ganha, outro alguém perde". Em geral, tendem a ser aqueles com menor proteção na elaboração do orçamento. Observe-se que, por exemplo, um "pequeno" aumento real da despesa do INSS, de por exemplo 5%, caso o total seja mantido constante, elevaria a participação dessa rubrica de 43,6% para 45,8% do total (fixo, no caso). Esse aumento de 2,2% da despesa é ligeiramente superior à soma dos gastos com FUNDEB, FIES, Minha Casa Minha Vida e "outras despesas obrigatórias", o que dá uma ideia do potencial de "encolhimento" de outras atividades por conta do incremento das despesas previdenciárias.

Tabela 7

Composição da despesa sujeita ao teto de gastos em 2017 (%)

Item	%
Pessoal	**22,2**
Ativos	12,8
Militares	1,7
Civis Executivo	8,5
Civis Legislativo e Judiciário	2,6
Inativos	9,4
Militares	3,0
Civis Executivo	5,3
Civis Legislativo e Judiciário	1,1
INSS	**43,6**
Outras despesas de custeio e capital (OCC)	**34,2**
Abono e seguro-desemprego	4,3

Item	%
Abono salarial	1,3
Seguro-defeso	0,2
Seguro-desemprego	2,8
LOAS/RMV	4,2
Subsídios e subvenções	1,4
FUNDEB	1,0
Lei Kandir	0,3
OCC restrito	23,0
PAC	2,3
Minha Casa Minha Vida	0,3
PAC (Outros)	2,0
Legislativo	0,2
Judiciário	0,6
MPU	0,2
Sentenças judiciais	0,8
Compensações Reg. Geral P. Social	1,1
Fundo Constitucional DF	0,1
Complementação FGTS	0,4
Fabricação de cédulas e moedas	0,1
FIES	0,5
Outras despesas obrigatórias	0,3
Despesas por Ministério	16,4
Saúde	7,5
Educação	2,6
Desenvolvimento Social	2,7
Outros ministérios	3,6
Total	100,0

Fonte: Secretaria do Tesouro Nacional.

Ressalte-se que esse tipo de problemas já está começando a aparecer. Como a necessidade de adotar uma política fiscal mais dura já estava presente desde 2014, bem antes da aprovação da "regra do teto", o crescimento de algumas despesas — notadamente, as do INSS — já tem pressionado o restante do orçamento há alguns anos. O Gráfico 8 mostra o que tem acontecido, em termos reais, com os quatro itens da rubrica dos ministérios na Tabela 6, que na Tabela 7, somados em 2017, representaram em torno de 16% das despesas sujeitas ao teto, correspondentes na soma a 3,21% do PIB.

Simplesmente, no acumulado dos três anos de 2015 (inclusive) a 2017, houve uma contração acumulada nos quatro componentes, de 6% no Ministério da Saúde, 8% no Ministério do Desenvolvimento Social — devido em parte à falta de indexação adequada dos benefícios do Bolsa Família — e de nada menos que 25% na educação e 18% nos demais ministérios.

Gráfico 8
Gastos em saúde, educação, desenvolvimento social e outros ministérios: triênio 2015-2017 (% a.a.) — Crescimento real

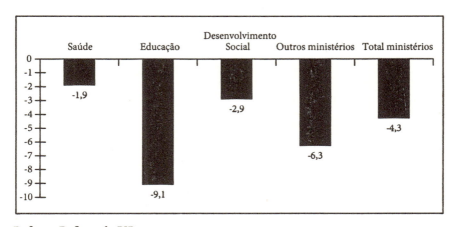

Deflator: Deflator do PIB.
Fonte: Secretaria do Tesouro Nacional.

O governo interino de 2016–2018 poderá fazer jus à frase de Ulysses Guimarães, que dizia que "político é como cozinheiro: quem faz o melhor bocado nem sempre o come". Às vezes, dependendo do *timing*, medidas tomadas em um governo amadurecem depois. Se o teto for seguido à risca, a dinâmica da economia brasileira nos próximos anos deverá ser substancialmente diferente em relação à observada nos últimos quase 25 anos desde a estabilização: em vez de ter um gasto público aumentando fortemente, dívida pública crescente e taxas de juros reais muito elevadas, poderemos ter um gasto contido, dívida controlada e taxas de juros baixas. Seria outro país.

8. A Previdência e o encontro (des)marcado

> "A burrice no Brasil tem um passado
> glorioso e um futuro promissor."
>
> Roberto Campos

Um dos autores do livro tem uma longa militância em favor da reforma da Previdência Social. Certa vez, depois de ter feito uma apresentação sobre o tema e as implicações fiscais do envelhecimento progressivo da população, o saudoso Regis Bonelli, de refinado senso de humor e a quem cabia a expressão que "perdia o amigo, mas não perdia a piada", aproximou-se no final de sua palestra. Em um canto, então, educadamente cochichou: "Fabio, gostei muito da palestra, mas acho que seria bom você começar sua fala lembrando que viver mais é bom! É porque às vezes a plateia olha para seus números e fica a dúvida, sabe?" Regis era um personagem delicioso, e Fabio tomou nota da observação, não sem antes dar uma boa gargalhada ante o sábio conselho.

O assunto deste capítulo é o efeito das mudanças demográficas sobre as contas fiscais, tema do qual o panorama apresentado no capítulo 7 serviu como *avant première*. Mónica Salomone, jornalista espanhola especializada em ciências, escreveu certa vez, provocativamente, que "no futuro, morreremos jovens — aos 140 anos". É claro que há um quê de exagero nessas estimativas. Até pelo fato de que, diante das novas questões sociais que essa perspectiva geraria, provavelmente a eutanásia seria um assunto que entraria na ordem do dia, em face das inúmeras pessoas que seriam afetadas pelo problema da vida sem qualidade aos 110 ou 120 anos de idade. De qualquer maneira, não há dúvida de que, como já vimos, a demografia está mudando e que isso pressiona a despesa com o pagamento de aposentadorias e pensões. O que fazer?

Este capítulo buscará mostrar ao leitor que o tratamento do tema, por mais complexo que seja, tem sido prejudicado no Brasil por uma ideologização realmente absurda do debate, gerando uma perpetuação do *status quo*. Isso tem "esmagado" despesas importantes do orçamento, devido à manutenção de regras incompatíveis com as tendências atuais da sociedade.

Tornaremos evidentes como a questão tem sido sucessivamente protelada por Brasília e explicaremos ao leitor quais são os principais números da Previdência Social brasileira, apontando em seguida as causas principais da deterioração fiscal relacionada com as contas previdenciárias. O capítulo mostrará como a abordagem emocional do tema tem levado a uma espécie de paralisia decisória e questionará os mitos sobre o tema, muitas vezes tratado como uma questão de fé — e não como um problema concreto que está colocado para o país, independentemente de quem for o governante.

O encontro marcado

Cora Rónai, colunista do jornal *O Globo*, tem uma frase ótima para o mundo de hoje: "*Likes* no Facebook não pagam o aluguel." Ela tem duas colunas no jornal, um diálogo intenso com seus leitores, é muito ativa no Facebook e quis fazer uma espécie de ironia ao afirmar que receber curtidas na rede social pode ser bom para o ego, mas que não se vive disso. No fim do dia, é preciso pagar as contas, e o que vale para isso é o velho dinheiro, sem o qual a vida se torna difícil. A macroeconomia é algo bem diferente da soma das economias das famílias, mas neste caso vale a analogia: cada um é livre para pensar o que quiser acerca do que o mercado e o governo devem ou não fazer, e todos têm o direito a ser idealista e a curtir *posts* nas redes sociais opinando que algo deveria ser assim ou assado, mas, ao final do dia, alguém tem que pagar a conta das aposentadorias — e ela, há muito tempo, não está fechando.

Em 2006, Fabio Giambiagi publicou o livro *Reforma da Previdência — O Encontro Marcado*. O sentido do subtítulo era duplo. Por um lado, a ideia de que, cedo ou tarde, independentemente de qual fosse nossa vontade, esse

APELO À RAZÃO 129

tema teria que entrar na ordem do dia. Por outro, a crença subliminar — *a posteriori*, de uma completa ingenuidade — de que Lula, provavelmente reeleito e com elevada popularidade, teria condições de colocar o tema na agenda nacional em 2007. Diante dos fatos posteriores, é inescapável concluir que, naquela ocasião, o governo faltou ao encontro. Agora, porém, ele torna inevitável.

O que vale para o Brasil vale para o mundo. Christine Lagarde, a diretora geral do FMI, disse que esse era um dos principais assuntos em pauta para todos os países do mundo. "Os governos, os fundos de pensão e os indivíduos subestimam seriamente a perspectiva de pessoas que vivem muito mais do que o previsto... os governos precisarão reformar seus sistemas de Previdência para manter suas aposentadorias sustentáveis." O fato é que estamos há anos driblando a necessidade de reformas profundas na matéria e colocando obstáculos à necessária mudança da Constituição. O problema é que a demografia é transgressora e ignora olimpicamente o que está lá. Se há um divórcio entre ambas, marcharemos rumo a um desastre. Como não há hipótese de a demografia se adequar à Constituição, a única maneira de conciliação terá que ser a oposta: a Constituição terá que se adaptar à demografia.

A nota oficial mais insossa da história

Michael Foot foi um simpático líder político inglês que teve o azar de ser o representante máximo do Partido Trabalhista no começo dos anos 1980, ou seja, no auge da popularidade de Margareth Thatcher. Representante das correntes mais à esquerda do partido em uma época na qual a sociedade inglesa cansara do poder dos sindicatos, ele foi um homem fora de seu tempo. Por ocasião da divulgação do programa de governo caso viesse a ser eleito, nas eleições nas quais veio a ser massacrado por Ms. Thatcher, um crítico mordaz da imprensa inglesa qualificou a peça como *the longest note in suicide history* ("a nota de suicídio mais longa da história"). Parodiando o crítico, poder-se-ia dizer que o relatório final produzido pela comissão montada pelo governo Lula em 2007 para abordar o desafio previdenciário foi "a nota burocrática mais insossa da história". Tal comissão tinha constituído o fórum anunciado logo depois da reeleição de Lula em outubro de 2006 e que começara a funcionar no começo de 2007, com o objetivo de avaliar a necessidade de fazer ajustes nas regras de concessão de benefícios previdenciários.

Produto de uma situação na qual logo ficou claro que o governo não tinha a menor intenção de fazer reforma nenhuma, o chamado "Fórum Nacional de Previdência Social" emitiu em 31/10/2007 um comunicado tendo como título "Síntese das atividades desenvolvidas". Nele, após listar as audiências organizadas para discutir o assunto, havia duas seções: "Principais pontos de consenso" e "Pontos sobre os quais não houve consenso".

No primeiro caso, dos pontos consensuais, citavam-se platitudes como que "as políticas públicas devem estimular a geração de empregos formais", "deve-se fortalecer a fiscalização contra a informalidade" ou "devem-se criar novos mecanismos de incentivo a uma maior inclusão previdenciária". Em outras palavras, obviedades às quais ninguém com um mínimo de bom senso pensaria em se opor.

Já no segundo caso, referente às divergências, listava-se tudo aquilo em que o Fórum teoricamente deveria ter definido caminhos a propor, uma vez escutados todos os participantes ativos do debate, ou seja: regras de idade mínima e tempo de contribuição, reavaliação das regras de concessão de pensão por morte, vigência ou não do fator previdenciário etc.

Assim, em outubro de 2007, um ano depois do anúncio da criação do Fórum — que ocorreu poucos dias depois das eleições de outubro de 2006 —, definia-se oficialmente que tínhamos todos perdido um ano. Como até as pedras da rua sabem que reforma constitucional no Brasil só tende a ser aprovada no começo de uma gestão — porque depois o governo tem um capital político menor —, a rigor, perdeu-se um período de governo inteiro. Hoje, mais de vinte anos depois de a reforma ter sido proposta ainda no primeiro governo FHC, continuamos lidando com a mesma situação — porém, com a conta previdenciária muito mais salgada. Aos poucos, o tempo foi passando e o futuro foi tomando conta de nossas vidas...

Previdência: que bicho é esse?

O que é, afinal de contas, a Previdência? Ela é formada por quatro grandes sistemas. O primeiro e mais importante deles é o Regime Geral da Previdência Social (RGPS), administrado pelo INSS, que regula os benefícios pagos

APELO À RAZÃO

a quem trabalhou no setor privado ou era empregado celetista de empresa estatal. Embora o trabalhador esteja no setor privado ou, genericamente, sob as regras da Consolidação das Leis do Trabalho (CLT), ele tem uma relação de contribuição e dependência com um órgão público (o INSS), com receitas de contribuições que formam parte das contas do Governo Federal e despesas com o pagamento de benefícios que impactam o déficit público. *Grosso modo*, em termos de ordem de grandeza, estamos falando de fluxos anuais de proporções arredondadas de 6% do PIB para as receitas do INSS arrecadadas de quem trabalha sob o regime da CLT e 9% do PIB para as despesas com benefícios pagos a antigos trabalhadores do setor privado e celetistas em geral. Considere o leitor que o PIB de 2018 deve ser em torno de R$ 7 trilhões, e terá uma ideia dos valores com os quais estamos lidando.

O segundo sistema é o Regime Próprio da Previdência Social (RPPS) federal, que congrega os trabalhadores e antigos funcionários da administração pública. Nesse caso, analogamente ao anterior, tem-se um fluxo de receitas de contribuições previdenciárias, mas, neste caso, de funcionários públicos — civis e militares — dos três poderes que, porém, é pouco relevante, e uma despesa da ordem de grandeza de 2% do PIB com o pagamento de aposentadorias, pensões e outros benefícios a servidores públicos inativos.

O terceiro sistema é o dos RPPS dos governos subnacionais, ou seja, os subsistemas estaduais e municipais, que relaciona os trabalhadores e antigos servidores desses níveis de governo Brasil afora com os respectivos entes recebedores das contribuições e pagadores de benefícios. As estatísticas a esse respeito são pouco frequentes, mas no último levantamento disponível, publicado no Anuário Estatístico da Previdência Social referente a 2016, as receitas foram de 1,4% do PIB, e as despesas, de 2,6% do PIB.

Na soma dos três sistemas, como individualmente as receitas dos RPPS das três esferas de governo não pesam muito, mas juntas compõem o que arredondado equivale a 2% do PIB, com os 6% do PIB do INSS temos um sistema que arrecada de 7 a 8% do PIB e gasta 13% do mesmo. É bom lembrar que esses gastos de 13% do PIB estão aumentando e são muito maiores do que em países no mesmo nível de desenvolvimento, além de se assemelharem ao percentual gasto por países com uma população idosa muito maior do que a nossa.

Há algo errado nisso tudo — e não é a estatística.

As três razões

O principal item da despesa previdenciária é representado pelo INSS. Mais ainda, se tomarmos como referência a situação de vinte anos atrás — enquanto no caso do RPPS federal o perfil de receitas e contribuições é parecido ao daquela época, no do INSS, como já ficou claro no capítulo anterior, o gasto só faz aumentar.

O que fez a despesa do INSS passar, agora expressando os números em proporção do PIB de maneira mais precisa, com uma casa decimal, de 2,5% do PIB em 1988 — ano da "Nova Constituição" — para 8,5% do PIB trinta anos depois? Basicamente, três variáveis: baixo crescimento, salário mínimo e regras generosas de concessão de benefícios. Vejamos isso mais de perto.

O Brasil entrou no modo "devagar quase parando" na década de 1980, depois de trinta anos gloriosos de crescimento (Gráfico 9). A economia brasileira havia crescido 7,4% a.a. durante três décadas até 1980, e cresceu apenas 2,1% a.a. nos 37 anos seguintes. Portanto, é razoável concluir que essa queda de desempenho da economia foi parte da explicação do que aconteceu com o coeficiente entre as despesas do INSS e o PIB.

Gráfico 9
Brasil: taxas de crescimento do PIB (% a.a.)

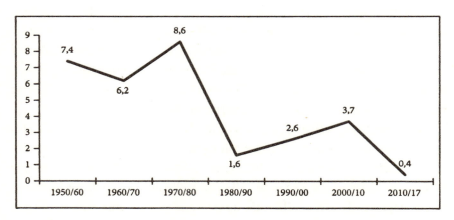

Fonte: IBGE.

A segunda causa daquele crescimento da relação entre o gasto do INSS e o PIB foi o aumento real do salário mínimo. O leitor, compreensivelmente, deve considerar que este é baixo no Brasil, pensando algo como "eu não conseguiria viver com esse salário". É natural. A questão é que o Fisco já tem um problema difícil em mãos, representado pelo fato de que o numerador da relação INSS/PIB tende a crescer mais do que o denominador. Isso decorre do fato de que, por razões demográficas, o número de aposentados e pensionistas tende a aumentar a uma velocidade maior que a da economia. Se, além disso, dois de cada três aposentados e pensionistas — são os números da estatística pertinente — ganham o piso previdenciário e esse piso, por determinação constitucional, é de um salário mínimo, quem tem que "assinar o cheque" para os aposentados e pensionistas mensalmente deve fazer como o personagem do Apolo que liga para a NASA e diz "Houston, temos um problema".

O Gráfico 10 traz os números do que ocorreu com o salário mínimo na posição em dezembro de cada ano, desde a estabilização, em 1994. É válido alegar que o valor da variável é baixo em termos internacionais e que, idealmente, deveria ser maior, mas é incontestável que o aumento registrado nesses quase 25 anos foi expressivo, tendo alcançado cerca de 180% em termos reais acumulados. A variável teve um incremento acumulado de 42%, sempre em bases reais, nos oito anos de FHC; de 63% nos anos Lula; e de 19% na década atual. Foi o resultado de alguns aumentos episódicos particularmente importantes no governo FHC — nos anos de 1995, 1998 e 2001 — e de políticas específicas nos governos Lula e Dilma. Seu efeito pode ser visto na Tabela 8.

Gráfico 10
Evolução real do salário mínimo: variação acumulada
desde dezembro de 1994 (%)

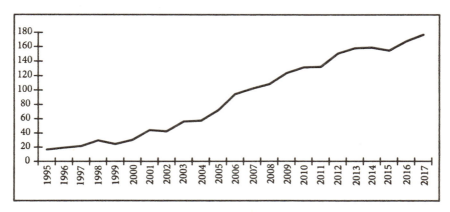

Deflator: IPCA.
Fonte: IBGE.

Tabela 8
Benefícios previdenciários e assistenciais de um salário mínimo (% PIB)

Ano	Benefícios previdenciários			LOAS/RMV	Total
	Rurais	Urbanos	Total		
1997	0,67	0,48	1,15	0,25	1,40
1998	0,83	0,62	1,45	0,27	1,72
1999	0,93	0,71	1,64	0,27	1,91
2000	0,96	0,71	1,67	0,30	1,97
2001	1,07	0,79	1,86	0,32	2,18
2002	1,11	0,81	1,92	0,34	2,26
2003	1,15	0,84	1,99	0,36	2,35
2004	1,20	0,80	2,00	0,38	2,38
2005	1,26	0,86	2,12	0,43	2,55
2006	1,36	1,00	2,36	0,48	2,84
2007	1,36	1,04	2,40	0,52	2,92
2008	1,33	1,04	2,37	0,52	2,89
2009	1,44	1,15	2,59	0,57	3,16
2010	1,41	1,14	2,55	0,58	3,13
2011	1,37	1,11	2,48	0,58	3,06
2012	1,46	1,22	2,68	0,61	3,29
2013	1,47	1,28	2,75	0,64	3,39
2014	1,49	1,31	2,80	0,67	3,47
2015	1,59	1,41	3,00	0,71	3,71
2016	1,72	1,55	3,27	0,78	4,05
2017	1,77	1,63	3,40	0,82	4,22

Fonte: Elaboração dos autores com base em dados do Ministério da Previdência Social.

O fato é que, nos últimos vinte anos, o comprometimento fiscal com o pagamento de benefícios previdenciários e assistenciais de um salário mínimo passou de 1,4% para 4,2% do PIB. É uma fração muito importante da despesa conjunta do INSS e dos benefícios assistenciais pagos pelo Tesouro Nacional e uma proporção importantíssima também do orçamento como um todo.

A terceira razão para aquela dinâmica da despesa do INSS foi representada pelas regras de concessão de aposentadoria (ver Tabela 9). No Brasil, a pessoa pode se aposentar no INSS de duas maneiras:

- por idade, aos 65 anos se homem ou 60 se mulher, deduzidos em cinco anos no caso dos trabalhadores rurais, em ambos os casos, desde que tenham pelo menos quinze anos de contribuição; ou
- por tempo de contribuição, com 35 anos de contribuição se homem ou 30 se mulher, sem exigências de idade mínima.

Embora a idade de aposentadoria dos homens que se aposentam por idade seja perfeitamente razoável, há três fontes de pressão sobre a velocidade de aumento desse tipo de despesas:

1. As aposentadorias por tempo de contribuição, que para quem começa a trabalhar em torno dos 20 anos e obedece à regra contributiva se dá a uma idade muito precoce.
2. As aposentadorias rurais, em função do benefício específico citado.[22]
3. As aposentadorias por gênero para as mulheres.

Registre-se, neste último caso, que por mais importante que seja o debate acerca da chamada "dupla jornada de trabalho" feminina, estamos lidando com uma variável que na categoria por tempo de contribuição, fisicamente, era de 300 mil benefícios em 1994 e estima-se que alcance 2,1 milhões de benefícios em 2019, quando o próximo governante estiver assumindo. Ou seja, é uma variável que terá se multiplicado por um fator de 7 desde a estabilização, em 25 anos. Nos dez anos concluídos em 2016 — último ano para o qual essa informação oficial está disponível —, o número de benefícios femininos por tempo de contribuição continuou aumentando — fisicamen-

---

[22] Há ainda um benefício específico, também na forma de uma exigência inferior em cinco anos em relação ao restante dos trabalhadores, para os professores, que não é fiscalmente relevante para o Governo Federal, mas é muito importante no âmbito dos governos estaduais e municipais.

te! — a uma velocidade de impressionantes 7,1% a.a. Não há Tesouro nem país que aguente isso indefinidamente.

Os números chamam a atenção: em 2017, na média de homens e mulheres, as aposentadorias rurais foram concedidas aos 58 anos. No caso específico das mulheres, naquele ano elas se aposentaram com 53 anos por tempo de contribuição e com 57 anos na média entre as aposentadorias por idade e por tempo de contribuição (Tabela 9). É muito pouco.

Não estamos contestando a possibilidade, se a lei permitir, que a pessoa usufrua desse benefício. Afinal de contas, ninguém rasga dinheiro. O que se questiona é a conveniência de um país, com todas as carências do Brasil, manter essas regras. Cabe aqui voltarmos ao Gráfico 2, que mostra a taxa de crescimento da população idosa crescendo acima da taxa de variação da população de 15 a 59 anos. Em algum momento, o país terá que endereçar o tratamento do tema das regras de aposentadoria.

Con los abuelos, no!

Vivemos em um mundo no qual, como diz Katharine Viner, jornalista do *The Guardian*, "as opiniões estão substituindo os fatos". Ou, no complemento de Neetzan Zimmerman, ex-empregado da Gawker e "especialista em viralização" — expressão que é, em si, uma síntese das transformações da vida moderna — "hoje não importa se uma notícia é real, já que os fatos são uma relíquia da mídia escrita". O que há no duro terreno da política é uma "disputa de narrativas". Nesse mundo, na opinião de muitos "marqueteiros", pouco importa, na hora da conquista do voto, se o que é veiculado corresponde de fato a uma verdade ou a alguma forma de *fake news*.

E o fato — temos que admitir, como "reformistas", mas também como observadores frios da realidade — é que as "tropas" contrárias à visão de mundo que os autores e tantos outros defendemos, têm sido em diversos países muito mais eficazes que as "tropas" reformistas. A "turma do contra" em muitos casos se revelou escassamente competente para governar, mas é composta de craques em fazer o papel da oposição que tenta evitar o êxito do governo em suas iniciativas.

Marketing é chave para o sucesso na política atual. No debate sobre a reforma da Previdência de 2017 no Brasil, mesmo seus defensores reconhecem

Tabela 9

Idade média de aposentadoria no Brasil, em anos (2017)

Regime de aposentadoria	Urbanos			Rurais			Total		
	Homens	Mulheres	Total	Homens	Mulheres	Total	Homens	Mulheres	Total
Idade	66	62	63	61	56	58	63	59	61
Tempo de contribuição (TC)	55	53	54	55	52	54	55	53	54
Idade e TC	59	58	58	61	56	58	59	57	58

Fonte: Boletim Estatístico da Previdência Social (BEPS).

que os grupos contrários foram muito mais competentes na tarefa de convencer a população, por mais falaciosos que fossem seus argumentos em muitos casos.

Aqui ao lado tivemos outro exemplo, recentemente, de como a maneira de "vender" um produto no campo da política, quando se trata de algo em relação ao qual o cidadão comum é muito sensível, é crítico para o sucesso de uma campanha. Referimo-nos ao caso da reforma previdenciária de Mauricio Macri na Argentina.

Ao contrário da brasileira, em que o ponto principal era representado pelas regras de concessão de aposentadoria e pensão, no caso argentino a reforma versava sobre outra questão: a regra de indexação. Como o governo Kirchner fizera verdadeiras atrocidades com os índices do INDEC — o IBGE de lá — e ninguém acreditava nos índices oficiais de inflação, as aposentadorias acabaram indexadas à receita. Com a mudança de governo em 2015 e a normalização do INDEC, não havia mais razões para não retornar a um sistema de indexação das aposentadorias a um índice parecido com o nosso IPCA. Isso foi feito na reforma aprovada pelo governo argentino no Congresso em dezembro de 2017.

Ocorre que "mexer com as aposentadorias" é sempre delicado, e o governo "dormiu no ponto", incorrendo em um duplo erro. Primeiro, porque não explicou direito o tema para a população — isto soa familiar ao leitor? E, segundo, porque não prestou atenção aos informes de inteligência que indicavam que, na surdina, grupos radicais estavam preparando grandes manifestações para o dia da votação da proposta no Parlamento.

Marcada a votação, Buenos Aires virou uma praça de guerra, com passeatas violentas e um bombardeio incessante de 24 a 48 horas, intensíssimo, nas redes sociais, marcadas pela bandeira de *Con los abuelos, no!* ("[Mexer] com os avós, não!"), algo que qualquer observador isento reconheceria como uma jogada de mestre da propaganda política.

No fim, a avenida 9 de Julho virou uma praça de guerra, a mudança (inteiramente razoável) da indexação das aposentadorias foi finalmente aprovada, mas o governo quase foi a nocaute e a popularidade de Macri caiu dez pontos percentuais em menos de uma semana.

Na guerra ideológica, não há espaço para a ingenuidade.

Mitos e falácias

No Brasil, os inimigos da reforma previdenciária alegam fundamentalmente três argumentos. Este não é um livro sobre a Previdência Social nem é, por suas características, um livro estritamente técnico direcionado a economistas ou especialistas. Não faz sentido, portanto, entrar em detalhes de meandros que tornariam a leitura muito enfadonha. O importante é o leitor entender a essência dos mitos e das falácias propagadas pelos inimigos da reforma.

O primeiro argumento da batalha ideológica é a ideia de que "a Previdência não tem déficit e sim superávit". A próxima seção tratará especificamente desse ponto, que se tornou o mais importante do debate. Nela, iremos nos debruçar um pouco mais sobre o argumento. O ponto principal a ser exposto aqui é que quem alega que tudo não passa de um equívoco contábil simplesmente não entendeu a essência da questão. Trata-se de um problema físico, não contábil: haverá cada vez mais idosos para serem sustentados pela geração que trabalha e que começará a encolher. Vamos aos números: estima-se que os brasileiros em "idade de trabalhar", definida genericamente aqui como entre 15 e 59 anos, sejam 138 milhões em 2020, e aqueles com 60 anos e mais somarão 29 milhões. Em 2060, esses grupos serão de 116 milhões e 74 milhões de pessoas, respectivamente. Em quarenta anos, a primeira faixa etária "encolherá" em termos absolutos 16%, e a segunda se multiplicará por duas vezes e meio. Para cada cem pessoas no primeiro grupo, haverá 21 no segundo em 2020, proporção que se multiplicará por três em 2060, de acordo com as projeções do IBGE.

O fato de o Brasil continuar preso a uma discussão contábil sobre esse assunto dá uma ideia da superficialidade do debate. Diante disso, qualquer pessoa de boa-fé não contaminada pela ideologia deveria ser capaz de perceber que não há alternativa a não ser dilatar um pouco o período de permanência no mercado de trabalho e diminuir, consequentemente, um pouco o período de duração da aposentadoria. De certo modo, trata-se de uma matéria de matemática elementar.

O segundo argumento é de que o déficit seria rural, já que a Previdência urbana seria superavitária. Aqui é preciso se deter no assunto, porque há três pontos diferentes. O primeiro é estatístico, o segundo, atuarial, e o terceiro, distributivo. O argumento estatístico é que não, a Previdência urbana não e´

superavitária: ela era deficitária até 2008, tornou-se superavitária entre 2009 e 2015 e voltou a ser fortemente deficitária em 2016 e 2017. O argumento atuarial é que a reforma da Previdência é feita não em função do que aconteceu no passado, mas das perspectivas futuras daqui a trinta ou quarenta anos, e elas apontam para uma piora sensível do déficit se nada for feito. O argumento distributivo é que, mesmo que a Previdência urbana fosse superavitária, há um problema global: se a sociedade brasileira quer que as pessoas no meio rural se aposentem com apenas quinze anos de contribuição e pagando muito pouco, alguém tem que pagar por isso — e uma das maneiras é mediante regras para as aposentadorias urbanas que sejam mais duras que as rurais. Não fazer nada sob o argumento de que "o problema é rural" é fazer como o avestruz, uma vez que diante do fato, de duas uma: ou a questão será resolvida mediante o pagamento de mais impostos — o que é uma alternativa para equacionar o problema, levando as pessoas a pagar mais em vez de trabalhar mais anos — ou o descompasso entre despesa e receita levará a dívida pública a aumentar indefinidamente. Leia-se: no limite, haverá um "calote" da dívida pública ou ao retorno da inflação alta. Em suma, negar a reforma da Previdência em nome do fato de que o déficit seria "apenas" rural é uma "não solução".

Finalmente, o terceiro grande argumento sempre citado pelos críticos é a ideia de que a chamada dívida ativa (dívida que está sendo cobrada pelo governo) seria suficiente para resolver o problema. Aqui há três problemas com o argumento, que precisam ser explicados separadamente. O primeiro problema é prático, o segundo é legal e o terceiro é contábil.

Eis o problema prático: na lista dos principais devedores da Previdência aparecem sempre os "mesmos suspeitos de sempre", ou seja, um conjunto composto pelos grupos de aviação quebrados, jornais que sumiram, empresas falidas, prefeituras e empresas estatais. Nada disso serve para resolver o problema. A capacidade de arrecadação associada aos primeiros três componentes, no conjunto, é próxima de zero: como fazer para recolher o INSS de uma empresa que na prática acabou há vinte anos, cujos ex-empregados se perderam no tempo e no espaço e da qual só subsiste um galpão, muitas vezes entregue aos ratos? E, no outro conjunto, INSS, prefeituras e empresas estatais jogam todas no time do setor público. Ou seja, se essas entidades pagarem e o Tesouro Nacional assim tiver que repassar menos recursos ao INSS de um "bolso", ele terá muito provavelmente que tirar dinheiro do "outro bolso" para cobrir o buraco desses entes. Na linguagem popular, implica "vestir um santo e despir outro". É tudo setor público!

Vejamos agora o problema legal: outro dia, na televisão, um político estava dizendo que a dívida previdenciária do banco X era de R$ 25 bilhões, dando a entender com gestos e caricaturas faciais que o "buraco" previdenciário não era resolvido devido a uma espécie de conluio do setor financeiro com o governo. Isso agrada aos adeptos das teorias conspiratórias, mas é um rematado equívoco. Qualquer um pode cair na malha fina, mesmo sendo honesto, por algum equívoco, e provavelmente, se a cobrança for pequena, a pessoa preferirá pagar para não ter dor de cabeça — mas esse não é o caso quando a cobrança é de várias vezes sua renda mensal. Quando estávamos trabalhando neste capítulo, por coincidência, saiu publicada a seguinte matéria, com título "Um aposentado e a 'multa' de 127 milhões", no jornal *O Globo* de 4/2/2018: "Morador da pacata cidade de Marataízes, no litoral sul do Espírito Santo, um funcionário aposentado da Caixa Econômica Federal foi inscrito na dívida ativa como sendo o maior devedor eleitoral do país. Responsável por um débito de nada menos que R$ 127,8 milhões (...) afirma ser vítima de um erro. Segundo ele, ao emitir a notificação e incluir sua multa no sistema, o valor devido foi multiplicado por mil. 'Na verdade, minha dívida não passa de R$ 130 mil e estou recorrendo. Não houve dolo de minha parte. Na digitação, a Receita errou o valor.' Questionada sobre o assunto, a Receita Federal disse que vai verificar." A conclusão é óbvia. O que vale para a dívida ativa eleitoral vale também para a previdenciária.

Com os bancos e com várias grandes empresas ocorre o mesmo. Um belo dia elas recebem uma multa bilionária, por conta de irregularidades que deveriam ser corrigidas mas não por esses valores, ou que, simplesmente, é indevida. O papel aceita tudo e um fiscal é livre para fazer a cobrança que quiser, mas daí a que esses valores i) façam sentido, ii) sejam justos e iii) venham a ser arrecadados após a última instância de apelação, há uma longuíssima distância.

Por último, resta o problema contábil. Ele tem a ver com uma distinção que qualquer aluno de administração, contabilidade ou economia aprende no primeiro período: a diferença entre fluxo e estoque. Fluxo é algo que ocorre durante um período de tempo, e estoque é uma variável medida em um instante de tempo. Tipicamente, a produção de automóveis, por exemplo, é um fluxo — que se observa todo dia e todo mês — e uma aplicação financeira é um estoque — medido em um dia específico. Imagine o leitor que tenha um amigo, vamos chamar de Alexandre, que todo mês ganha R$ 5.000 de salário, mas gasta R$ 6.000. Conversando com ele, Alexandre diz que está tranquilo, porque vai resolver o problema de seu desequilíbrio cobrando a dívida de R$ 1.000 que outro amigo comum, Jorge, lhe deve como valor corrigido de um empréstimo que Alexandre havia feito quando as coisas estavam melhores e o dinheiro sobrava. Será que Alexandre se chatearia muito se o leitor lembrasse a ele que cobrar o dinheiro de Jorge resolveria seu problema de caixa um mês, mas que no mês seguinte a mesma dor de cabeça resultante da diferença entre os R$ 6.000 gastos e os R$ 5.000 do salário voltaria a aparecer? Ora, só o INSS, em 2017, teve um déficit de R$ 182 bilhões, sem contar o déficit dos servidores. Não há dívida ativa passível de cobrança que resolva isso. E mesmo que resolva um ano, o problema apareceria outra vez no ano seguinte.

Contabilidade criativa

Vamos nos deter um pouco mais no argumento — surrealista — de que a Previdência não apenas não teria déficit, como ainda por cima seria superavitária (sic). Para entender melhor o ponto, o leitor precisa saber que o governo apresenta as contas fiscais do Governo Federal como sendo a consolidação de duas grandes rubricas: o item Tesouro Nacional e o item INSS. Os críticos alegam que o conceito adequado a ser utilizado deveria ser outro: o da Seguridade Social. A partir dessa consideração, da conta do INSS — transmutado em Seguridade Social mediante uma espécie de "alquimia contábil" — tais críticos da reforma retiram elementos da despesa (como os benefícios de caráter rural) e adicionam na receita itens que, na contabilidade oficial atual do governo, geram receitas para o Tesouro — e não para o INSS. Colocando a coisa em termos simples, é como se tivéssemos as seguintes contas, na contabilidade pública atual referente ao resultado primário:

a) Tesouro Nacional
    - Receitas: A + B
    - Despesa: C
    - Resultado: A + B – C

b) INSS
- Receita: D
- Despesas: E + F
- Resultado: D - E – F

c) Resultado consolidado:
- Receitas: A + B + D
- Despesas: C + E + F
- Resultado: A + B + D – C – E – F

A contabilidade alternativa proposta pelos que se opõem à reforma com o argumento de que a Previdência seria superavitária, nesse contexto, com base em algumas "migrações", seria a seguinte:

1. Tesouro Nacional
- Receita: A
- Despesas: C + E
- Resultado: A – C – E

2. Seguridade Social
- Receitas: B + D
- Despesa: F
- Resultado: B + D – F

3. Resultado consolidado
- Receitas: A + B + D
- Despesas: C + E + F
- Resultado: A + B + D – C – E – F

Portanto, o espantoso dessa história toda é que, depois de fazer um giro de 360 graus, na contabilidade alternativa, na hora de somar tudo, ficamos exatamente com a mesma situação inicial. Se o leitor chegou à conclusão de que a tese do "superávit da Seguridade Social" é uma aberração, pode ter a absoluta certeza de que sua conclusão está correta. Transformar o "conceito INSS" em "conceito Seguridade Social" para transferir despesas ao Tesouro e tirar dele receitas para financiar a Seguridade Social não muda um centavo o resultado do Governo Federal — que inclui o INSS, a Seguridade ou como o gosto do freguês quiser denominar. Estamos na presença, a olho nu, de uma tese pouco séria. Ou, dito de uma maneira, de um caso claro de "contabilidade criativa".

É como diz Pedro Nery, amigo dos autores, consultor legislativo e especialista em Previdência, espantado com o argumento acerca da Previdência superavitária: "afirmar que a Previdência não tem déficit equivale a dizer que no 7 a 1 contra a Alemanha, se a gente considerar o que aconteceu apenas nos últimos 15 minutos, o Brasil ganhou de 1 a 0".

O debate público no Brasil, com alguma frequência, chega a ter um quê de ridículo.

Os fanáticos de Elvis

Temos agora como concluir com o argumento que poderíamos ter utilizado na primeira página do capítulo, mas que preferimos deixar para o final, para sermos mais convincentes. O escritor francês Paul Valéry afirmava que *les événements m'ennuient* ("os fatos me entediam"). Alguns participantes do debate sobre a Previdência parecem seguir essa postura, tal é o divórcio entre suas teses e a realidade do mundo. São imunes a argumentos e impermeáveis aos números. Em outras palavras, o tema deixa de ser um assunto no qual cabe a divergência, para do debate poder se chegar a uma solução salomônica em que cada uma das partes ceda um pouco em nome do consenso, para se transformar em uma questão de fé: a Previdência seria superavitária – e ponto final. Um antigo secretário de Ciência e Tecnologia argentino, divertindo-se com algumas teses notoriamente fajutas, dizia que "eu poderia pagar a um jornalista para ele escrever acerca de minha bela cabeleira, mas isso não eliminaria o fato de que não tenho um único fio de cabelo na testa".

Diante dos termos do debate, da maneira que é colocado, quando alguém vem com o argumento de que a Previdência é superavitária, o melhor a fazer, para não perder tempo, é dizer que cabe devotar a essas pessoas o mesmo respeito que se deve ter por aqueles fanáticos de Elvis Presley que há décadas defendem que ele não morreu. Os EUA, como o Brasil, constituem uma democracia e, nela, cada um tem direito de pensar o que quiser. Nesse caso, a Previdência seria superavitária e Elvis estaria andando por aí. Ah! E a Apolo 11 jamais teria chegado à Lua...

PARTE III

COMO ESCAPAR DA ARMADILHA DA RENDA MÉDIA

Infelizmente, não há saída fácil para que o país se desenvolva. Estamos visivelmente décadas atrasados em relação a nossos pares. Precisamos de um conjunto de ferramentas para começar a construir nossa saída, a fim de que possamos ver a luz no fim do túnel.

Esta parte do livro apresenta as ferramentas para analisar o mundo — instrumentos para estabelecer as condições de sucesso de políticas públicas. Sem saídas fáceis e explicitando todos os dilemas.

O livro só tem um objetivo: destravar todo o nosso potencial. Nada mais. Fazer com que todos os brasileiros possam alcançar o que quiserem. Começamos com o caso de duas famílias, os Siqueira e os Souza, mostrando como para eles, infelizmente, nossa sociedade falhou. Ainda estamos atrasados não apenas em questões econômicas, mas temos uma sociedade na qual o racismo é comum, a violência quase se constitui um genocídio e marginalizamos camadas grandes da sociedade. Vamos, então, construindo passo a passo um modelo de concepção de políticas públicas que leva em conta todos os dilemas, para que, no futuro, isso não aconteça mais. No capítulo seguinte, resumimos tudo o que os economistas e historiadores entendem por desenvolvimento de longo prazo, com as principais condições para que o Brasil escape da armadilha da renda média. Passamos então a estabelecer o contexto correto para análise e desenho de políticas públicas e mostramos como não adianta pensar em equilíbrio parcial, com a necessidade de uma visão completa sobre os efeitos de mudanças de políticas sobre toda a sociedade e sobre os incentivos das pessoas e empresas ao longo do tempo.

Ao final desta parte, esperamos que os leitores tenham a capacidade de contextualizar historicamente o desenvolvimento dos países. Apresentaremos as condições que possibilitaram que os EUA escapassem da armadilha da renda média, no século XIX, e como outros países conseguiram fazê-lo no século XX. E por que continuamos em sucessivos voos de galinha.

Com isso em mente, veremos como o caminho é duro, nossos problemas, muitos e multidimensionais — e o ciclo político não ajuda. Não importa. Não há outro jeito. Porém, queremos mostrar que dá para fazer e só depende de nós, desde que paremos de ouvir o canto da sereia do populismo — hipnotizante, mas que só nos leva à ruína. Como afirmou H.L. Mencken: "para todo problema complexo há uma saída simples. E errada."

9. Políticas públicas: para que servem?

*"O mundo é formado não apenas pelo que já existe,
mas pelo que pode efetivamente existir."*

Milton Santos, geógrafo

É muito fácil apontar as saídas para nossas crises — não há nada mais chavão do que dizer que basta "valorizar os professores" e "melhorar a educação". É muito mais difícil, porém, apresentar planos concretos do que isso significa. Devemos construir mais universidades? Pagar melhor os professores? Criar cursos de formação? Investir em cursos técnicos? Ou tudo isso junto? Com um pequeno detalhe: há recursos para "tudo junto"?

Já que detalhes importam, e sair do lugar comum para a prática é muito mais difícil do que parece, vamos tentar um caminho diferente do normal, em que especialistas como nós pregam suas ideias do alto de sua suposta sabedoria. Pensemos em uma família pobre ou de classe média baixa em uma cidade grande e façamos o mesmo com uma família do interior. A ideia é tentar identificar onde o Estado — e o malvado mercado capitalista globalizado — falha e quais os passos para que as próximas gerações possam galgar, com esforço, patamares maiores de renda. Se isso estiver disponível a todos, a desigualdade de renda diminuirá, naturalmente, com o passar do tempo. É claro que renda não é tudo. Gostaríamos muito de uma sociedade na qual o racismo fosse extinto e todos tivessem as mesmas oportunidades, independentemente de gênero, etnia, religião ou nacionalidade — afinal, o Brasil é um país de imigrantes e se desenvolveu mais quando abriu as portas para o mundo. Nossos valores são iluministas — todos somos *Homo sapiens*, antes de qualquer coisa, e nossas diferenças são minúsculas se pensarmos em qualquer outra dimensão. Neste capítulo, tentaremos responder a uma pergunta: quais são as políticas que importam e para quem? Faremos comparações entre famílias hipotéticas, representativas do Brasil. Queremos fazer o país se desenvolver com melhor distribuição de renda. E desenvolvimento é difícil, pois é muito mais complexo que o "simples" crescimento econômico: envolve mudança de normas sociais, respeito às diferenças e outros aspectos não materiais, além de alvos que envolvem renda, como acabar com a pobreza e a miséria.

O cenário urbano

Podemos descrever as famílias de classe média ou pobres por meio de estatísticas, mas isso não é suficiente. Políticas públicas têm que ir além da racionalidade dos números e enfrentar a realidade de normas sociais que nos impedem de buscar o verdadeiro desenvolvimento, em vez de apenas alcançarmos o crescimento econômico. Como modelo, imaginemos duas famílias, ambas do Rio de Janeiro. Uma é composta de dois professores da rede de ensino — ele do município e ela do estado — e a outra de um casal em que ele é segurança, e ela, acompanhante de idosos. Em ambos os casos, assumimos algo que não é necessariamente comum na sociedade brasileira: estabilidade. Nos últimos vinte anos, consideramos que nenhuma dessas duas famílias sofreu choques, como doenças, violência ou perda de emprego, o que tornou possível que elas criassem seus filhos com relativa tranquilidade.

Essas duas famílias, que chamaremos respectivamente de Resende e Siqueira, são o exemplo clássico de padrões sociais em países de renda média. Tinham ou têm empregos de baixo ou médio valor agregado, com dificuldade de ascensão social, que poderá vir na geração seguinte. Isso aconteceu, em parte, com as filhas dos Siqueira, que se tornaram enfermeiras e ascenderam à classe média, enquanto seus pais foram pobres e chegaram à classe média baixa. A filha dos Resende ainda está na escola e planeja ser escritora, mesmo sabendo que é um caminho no qual a realização pessoal é muito maior do que a compensação material — em outras palavras, quase um voto de pobreza em um país que pouco valoriza a profissão, com raras exceções. Porém, mesmo com esse cenário comparativamente benigno em face do cotidiano de milhões de brasileiros — no sentido de que empregos e estrutura familiar relativamente estáveis garantiram uma vida razoável e boas perspectivas para os filhos —, as estratégias familiares de planejamento muitas vezes esbarraram nos obstáculos criados por uma sociedade que gere mal seus recursos.

APELO À RAZÃO

Em duas ocasiões, as famílias se mudaram por causa da violência. Isso afeta o dia a dia deles e o de vários cariocas. Uma das crianças sonhava em ser médica, mas esbarrou na péssima qualidade do ensino público. As histórias dos professores do ensino público chegam a ser impressionantes, de alunos armados em sala de aula até funcionários da secretaria que se recusam a usar computadores porque tal função não estava descrita no edital do concurso em que entraram. Ser professor do ensino fundamental no Rio de Janeiro significa ter condições de trabalho ruins, mas garante, por outro lado, benefícios impensáveis em países mais desenvolvidos — em uma das escolas, há anos, está instituída a "falta do mês", pela qual o professor pode se ausentar uma vez por mês sem sofrer qualquer tipo de sanção. E, claro, além de essa falta ser abonada sem a necessidade de qualquer tipo de justificativa, nenhum professor aparece no dia de seu aniversário — outro feriado instituído tacitamente entre a diretoria da escola e o corpo docente.

A família Resende matricula sua filha em colégio particular e tem planos de saúde privados. Os Siqueira, contudo, dependem dos serviços públicos. A relação entre políticas públicas e sua qualidade de vida é normalmente indireta. Ela se reflete no saneamento básico ruim, na falta de recursos para outras obras de infraestrutura, no policiamento ineficiente e nas regras que limitam o comportamento empreendedor de qualquer membro da família. Ambas as famílias têm membros bastante religiosos, mas enquanto os Resende têm valores sociais liberais, os Siqueira são conservadores e têm dificuldade em aceitar diferenças de gênero. Infelizmente, as barreiras para os Siqueira não foram criadas apenas por políticas públicas ruins. Por serem negros, sempre enfrentaram o racismo presente em parcelas importantes da sociedade — consideram de certo modo natural que suas filhas tenham se tornado enfermeiras e não médicas, como pelo menos uma queria. Afinal, em 2010 uma pesquisa com dados do Instituto Nacional de Estudos e Pesquisas Educacionais Anísio Teixeira (INEP) evidenciou que apenas 3% dos concluintes dos cursos de Medicina da USP eram negros. A situação atualmente não é tão ruim quanto no passado por causa das cotas, mas apenas até certo ponto. O fato de que uma aluna negra passou em primeiro lugar para Medicina na USP foi notícia nacional em 2017, quando não deveria ser motivo de estranhamento se fôssemos uma sociedade igualitária. Finalmente, depois de muita resistência, a Faculdade de Medicina aderiu ao sistema de cotas para 2018. Não entraremos na discussão sobre o sistema de cotas baseado em cor de pele ser melhor ou pior do que aquele que utiliza critérios de renda — não há concordância nem mesmo entre os autores do livro —, mas a existência de um sistema que cria mais oportunidades para os menos favorecidos é claramente algo benéfico à sociedade brasileira. A discriminação positiva por meio de cotas é um elemento importante no atual estágio evolutivo do Brasil, ainda que isso signifique que para certas pessoas o acesso a serviços públicos como universidades seja limitado.

As barreiras sociais para a ascensão social são enormes. A "Constituição cidadã" de 1988 claramente falhou em suas promessas para essas duas famílias. Educação e saúde gratuitas estão longe de uma qualidade razoável. Mesmo que o desemprego não seja um fantasma que as afete diretamente, ele está sempre a rondar colegas e familiares cuja renda é extremamente volátil, dependendo do ciclo econômico.

No que nos interessa como formadores de opinião acerca das políticas públicas, a pergunta principal a fazer aos Resende e aos Siqueira é: eles conseguiram conquistar seus sonhos? Ou, em bom economês, sua renda atual é fruto da produtividade e eficiência em suas decisões de investimento e alocação de recursos? A resposta é um sonoro "não!". Os Resende, como certamente a maioria dos professores de rede pública, sentem-se frustrados com muitas dimensões de suas carreiras. Queriam ter bons alunos, mas contam nos dedos os que conseguiram ascender socialmente ou que levam a sério os estudos. Têm que lidar com muitos pais que consideram a escola mero depósito de crianças. Há colegas que fazem o mínimo necessário e às vezes nem isso, e não sentem vergonha de faltar ao trabalho. Escolheram ser professores por quererem fazer a diferença na sociedade brasileira, mas, em vez disso, devem lidar com respostas como essas, sobre as principais inovações do Renascimento: "O fogo", escreveu um aluno, enquanto outro inovou: "os computadores, que fassilitaram (sic) muito a vida das secretárias". O dia a dia é duro para eles. A decepção é grande, e o desânimo, imenso. Por vezes, beira o desespero.

Os Siqueira, por sua vez, poderiam ter tido carreiras muito melhores, assim como suas filhas. Ninguém cresce tendo como sonho ganhar pouco mais que um salário mínimo como segurança, em geral um trabalho repetitivo e enfadonho, quase sempre sem qualquer perspectiva de carreira. Cuidador de idosos também não é uma profissão glamourosa aos olhos da sociedade e resulta também, em parte, ser a consequência de um subdesenvolvimento de habilidades. No mundo onde se discutem automação e inteligência artificial e seus impactos sobre o nível de emprego em países ricos, nos países presos na armadilha da renda média, como o Brasil, uma das barreiras à maior produtividade é o gigantesco número de pessoas presas em trabalhos de baixa qualificação e baixo valor agregado. Uma amiga de um dos autores trabalhava como cuidadora de idosos enquanto fazia faculdade, na Dinamarca. Seu objetivo era complementar sua renda. Embora lá também haja problemas, como funcionários públicos com poucos incentivos para trabalhar bem, o trabalho de cuidador para ela era apenas uma etapa em sua longa carreira. Era um meio de complementar a renda, ao qual ela se dedicava com empenho — não o fruto da falta de opções.

Os Siqueira também pensaram em criar um pequeno negócio para complementar a renda da família. Queriam abrir um restaurante. Chegaram a conseguir um imóvel emprestado de amigos. Foram atrás das licenças. Infelizmente, acabaram desistindo. Após dois meses de registros na Junta Comercial, licença do Corpo de Bombeiros e registro de alvará, suas escassas economias já tinham sido consumidas e eles nem haviam começado as obras no imóvel. Esbarraram em um fenômeno comum a muitos pequenos empresários: a burocracia. Até na China comunista é mais fácil abrir um negócio. Um modo de ver isso é o conceito de "distância da fronteira", ou seja, quão longe os países estão dos países mais avançados em determinado quesito. No caso de abertura de negócios, podemos ver no Gráfico 11 que o Brasil até melhorou nos últimos treze anos, mas não muito.

Gráfico 11
Facilidade de abrir negócio (100 é o país com maior facilidade)

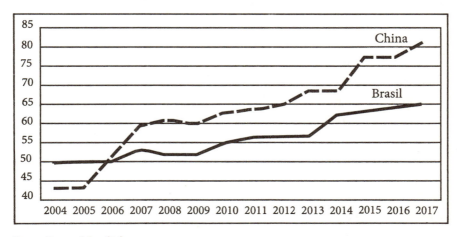

Fonte: Banco Mundial.

Em 2004, o Brasil estava na metade do caminho entre a impossibilidade total de abrir um negócio e os países que mais facilitam a abertura de negócios (a escala vai de 0 a 100, onde 100 é o melhor possível, em todos os casos a seguir). Melhoramos um pouco, mas estávamos à frente da China, que nos ultrapassou por muito. Hoje a China facilita a abertura de empresas da mesma maneira que muitos países ricos, enquanto nós continuamos criando dificuldades.

Se olharmos as dimensões de facilidade para pagar impostos e conseguir crédito, veremos nos Gráficos 12 e 13 que nos últimos quinze anos ficamos empacados.

Esses gráficos são a melhor representação de certa atrofia mental — sim, mental — do país. Reclamamos de tudo, mas raramente fazemos reformas para que a situação melhore, ainda mais se são reformas que geram ganhos apenas no longo prazo. A China faz as reformas. É dessa maneira que ligamos a macro à microeconomia. A desistência dos Siqueira à qual nos referimos tem tudo a ver com o modo que construímos a sociedade brasileira. Enquanto nos EUA, por exemplo, quem vai à luta geralmente consegue alcançar seus objetivos, no Brasil se lida com um cipoal de impedimentos extenuantes. Como diz um amigo de um dos autores, "o Brasil me deixa exaurido".

O Estado brasileiro é muito ruim e funciona muito mal. Ele aloca recursos de maneira completamente errada. Veremos adiante a questão da educação, sintomática dos erros bem-intencionados. Nos últimos anos, criamos dezenas de universidades federais, o que é simplesmente o contrário do que deveríamos ter feito. Em um país onde a qualidade de capital humano é baixa, não faz sentido investir na ponta do ensino, mas sim em sua base. Isso deveria ser óbvio. Nós fizemos o contrário: entregamos aos Resende alunos ruins e falta de perspectivas de melhora. Embora as cotas tenham melhorado o acesso, ainda assim o sistema é cheio de barreiras para quem vem de baixo.

E aqui não entramos nem em questões sistêmicas de verdade, como as reformas previdenciária ou tributária. Essas duas famílias estão no setor formal e têm alguma proteção de nossa mal-ajambrada rede de seguridade. Ainda assim, seus potenciais foram desperdiçados. Os Resende poderiam estar de fato preparando as novas gerações em vez, de certa maneira, de enxugar gelo. Já os Siqueira, em outro país, seriam donos de seu próprio negócio e provavelmente pelo menos uma de suas filhas seria médica. Ambas as famílias melhoraram em relação à geração de seus respectivos pais, mas poderiam ter ido muito mais além. Desperdício de talento por uma economia atravancada é o que faz o gigante adormecer. Para acordarmos, falta muito, mas principalmente falta começar a mudar a estrutura da economia.

Gráfico 12
Facilidade das empresas de pagar impostos

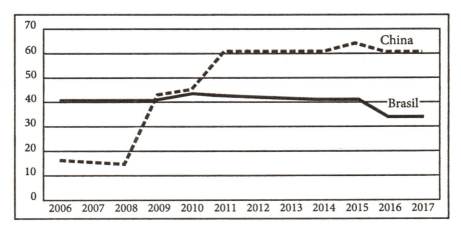

Fonte: Banco Mundial.

Gráfico 13
Facilidade das empresas de conseguir crédito

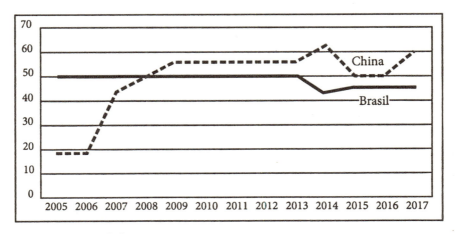

Fonte: Banco Mundial.

O cenário rural

No passado, o Brasil estava cheio de boias-frias — trabalhadores temporários em regimes de trabalho precaríssimos no interior do país. Enquanto outros países automatizavam sua produção, aqui nossa transição foi simplesmente passar de um modo de produção feudal para o século XX. Falta muito ainda, porém, para o século XXI.

O cenário na parte rural do Brasil é tão diverso quanto seria de se esperar em um país de mais de 200 milhões de pessoas distribuídas em uma área maior que a parte continental dos EUA. Aqui vamos nos concentrar nos Souza, uma família do interior do estado do Rio de Janeiro que sempre trabalhou na agricultura. O casal teve três filhos: dois meninos e uma menina. Eles se separaram depois de vinte anos juntos. Mariana levou os dois filhos que ainda moravam com ela e passou a viver de bicos, enquanto o ex-marido, Sérgio, continuava como empregado de duas fazendas — formalmente em uma delas, e na outra, não. Nélson, um dos filhos, foi "exilado" da família, pois assumiu sua homossexualidade logo depois de fazer 16 anos.

Uma das variáveis que contribuíram para a saída de Mariana de um casamento infeliz foi o Bolsa Família. Embora o valor seja baixo, ele garante o mínimo de renda para que ela possa dar o que comer a seus filhos. Não estamos argumentando, obviamente, que o Bolsa Família causou o divórcio, mas que ele tornou possível maior autonomia para que a pessoa pudesse tomar as rédeas de sua própria vida. Infelizmente, Mariana ainda sofre demais com a pobreza, pois não tem emprego fixo. Às vezes trabalha em colheitas, em outras faz roupas para vender ou qualquer outro bico que apareça. Sua renda, sempre baixa, é extremamente sazonal, mostrando como o ciclo econômico tem impacto importantíssimo sobre a qualidade de vida da população.

O pior é que a vida no interior deu poucas oportunidades a ela e a seus filhos. Nenhum deles terminou o ensino médio. Todos trabalham no setor agrícola recebendo um salário mínimo, quando muito. Nélson, o filho que foi embora, felizmente conseguiu se sair um pouco melhor na cidade grande e hoje é vendedor em uma loja de departamentos. A muito custo, depois de muito tempo, concluiu o ensino médio. Sofreu e sofre com o preconceito, em função de sua orientação sexual. Não pensa em fazer faculdade, porque acha que não é para ele.

APELO À RAZÃO

Enquanto nos centros urbanos a violência é o principal fator de destruição do bem-estar social, no interior é a falta de dinamismo da economia, com salários baixíssimos e muita informalidade, que torna a vida difícil. Podemos pegar os dados do Maranhão. O estado tem sete milhões de habitantes. Desses, 3,5 milhões encontram-se no contingente da população que o IBGE, em suas estatísticas, considera que compõem a força de trabalho, seja empregada ou desempregada. Apenas 477 mil — menos de 15% em relação aos citados 3,5 milhões — têm algum tipo de emprego formal. E nesse número encontram-se todos os funcionários públicos e militares. Ou seja, o número de empregos formais no setor privado é ridiculamente pequeno. Em outras palavras, mais de 85% das pessoas que poderiam estar empregadas está desempregada ou no setor informal. A formalização do mercado de trabalho é maior nos estados mais ricos — ou menos pobres — e muito baixa nas regiões mais pobres.

Os Souza vivem no interior do Rio de Janeiro, um lugar em muitos aspectos bem mais desenvolvido que o Maranhão. Mesmo sendo um dos estados mais ricos da federação, a taxa de formalização é baixa: há 3,4 milhões de trabalhadores formais no estado, para uma força de trabalho de cerca de nove milhões e uma população total de quase 17 milhões. O Brasil se assemelha mais à Índia, nesse sentido, onde quase 90% da população trabalham no setor informal, do que à Dinamarca, onde o setor informal é minúsculo. E, no interior, os serviços públicos rudimentares, como saneamento básico, estão muito aquém do mínimo em comparação com outros países de renda média. É muito mais barato fazer projetos de infraestrutura quando existe escala para entrega, como no caso dos aglomerados urbanos.

Poucas vezes conseguimos universalizar os serviços básicos. Dois exemplos em parte bem-sucedidos foram os da energia e das telecomunicações. Universalizamos esses serviços porque determinamos isso como contrapartida nos contratos de privatização. As empresas investiram dezenas de bilhões de reais e atingimos o mínimo de acesso a todos os brasileiros. Alegria de pobre dura pouco, porém. Rapidamente, as empresas conseguiram capturar os órgãos reguladores. Em vez de continuar negociando a favor da competição e por metas de geração de valor social, as agências hoje são muito menos ativas.

A vida dos Souza carece de estabilidade, e os serviços públicos não chegam à cidade na quantidade necessária para atender às necessidades da população. O juiz local, que fica no máximo dois dias no município, retornando para a cidade do Rio de Janeiro semanalmente, ganha mais que trinta salários mínimos, algo inimaginável para a realidade local. A rigor, toda a elite do município está ligada ao estado — prefeito, secretários, auditores fiscais e muitas outras carreiras ganham dezenas de vezes mais que o indivíduo médio.

O Brasil rural é muito diferente do que estamos acostumados no dia a dia das grandes cidades. O custo de vida é mais baixo, é verdade, mas a vida pacata dos romances ou novelas está longe da realidade. As novas universidades criadas no interior não vão mudar essa realidade, pois não adianta tentar ajustar a ponta do sistema quando o restante não funciona. Isso se assumirmos que essas universidades sejam razoáveis, o que está longe de ser verdade. Um dos autores deste livro foi certa vez convidado para participar da banca de concurso de uma universidade que tem excelentes cursos em algumas áreas, mas é fraquíssima em outros. O concurso era para professores de finanças. Eram duas vagas e dois candidatos. Ambos foram reprovados por serem muito fracos. Entregar emprego vitalício para quem não tem a mínima capacidade é bastante normal no Brasil. Um dos diretores da universidade veio então reclamar da banca. Afinal, assim eles perderiam as vagas. "E a qualidade do corpo docente, não conta, eles não deveriam mostrar potencial de produção científica?", perguntou um dos autores. "O que importa é ter professores em sala de aula para cumprir o programa. Está difícil fechar a grade", respondeu o diretor. Tapar buraco de curto prazo gerando uma conta permanente para a sociedade é o típico resultado de várias políticas públicas.

Os Souza devem ter direito a sonhar e construir um futuro para si. Devemos lutar para que a homofobia acabe em nossa sociedade, e o Estado deveria buscar uma solução para a oferta de serviços públicos enquanto a educação teria o papel de levar à sociedade os valores humanistas de uma sociedade desenvolvida. Em vez disso, muitas vezes as elites do Estado lutam para manter seus privilégios e raramente nos fazemos a pergunta: "como melhorar o atendimento à população?"

10. O que nos falta? Como escapar da armadilha da renda média

> "A história da humanidade nos últimos dez milênios pode
> ser explicada por revoluções tecnológicas e
> processos civilizatórios."
>
> Darcy Ribeiro, antropólogo e político

Estamos presos na armadilha da renda média, a condição de países que lograram sair da pobreza mas empacaram, não conseguindo dar o salto seguinte para se tornarem países desenvolvidos. Ou seja, saímos da pobreza mas não tivemos êxito em dar o passo seguinte de convergir com o restante do mundo desenvolvido. Mas não somos apenas nós. Poucos países conseguiram fazer isso nas últimas décadas. Entre os casos de sucesso, temos Espanha e Portugal na Europa; Coreia do Sul, Japão e Singapura na Ásia; e, bem próximo de nós, o Chile na América Latina. E paramos por aí. Na década de 1960, tínhamos um punhado de países desenvolvidos no mundo: EUA, Canadá, alguns países da Europa e Austrália e Nova Zelândia. Embora tenha havido certa convergência e o número de pessoas na pobreza tenha caído bastante, a maioria dos países que saiu da pobreza empacou.

Neste capítulo, vamos estabelecer as condições para o verdadeiro desenvolvimento econômico. Veremos o que importa mais no longo prazo e o que é fundamental para verdadeiros saltos de desenvolvimento, saindo da pobreza para a renda média e, finalmente, para a condição de país desenvolvido.

Os BRICS

Nada exemplifica melhor as questões das quais estamos falando que o caso dos BRICS. Jim O'Neill, então economista-chefe do Goldman Sachs, criou o acrônimo BRICS (Brasil, Rússia, Índia, China e África do Sul) em 2001 para se referir a um grupo de países cujo PIB, em 2040, seria maior que a soma das seis maiores economias naquele momento. Foi, obviamente, uma previsão muito ousada, pois China e Índia, embora populosas, ainda eram pobres, e Brasil e Rússia — na versão original não entrava a África do Sul — tinham acabado de sair de crises cambiais no final da década de 1990.

Em 1992, os BRICS eram 17% da economia mundial. Por volta de 2021, deverão ser 34%, de acordo com previsões do FMI. Os países do BRICS teriam então dobrado sua participação relativa no PIB mundial em quase vinte anos. A previsão não apenas deve se concretizar como acontecerá muito mais cedo do que O'Neill previu — por volta de meados dos anos 2020. Contudo, todo o crescimento de participação relativa se deveu à China e à Índia. Na verdade, Brasil, Rússia e África do Sul eram 9,2% do PIB mundial em 1992 e deverão ser apenas 5,8% em 2021: uma queda relativa de 37% (Gráfico 14).

Gráfico 14
Participação dos BRICS na economia mundial (%)

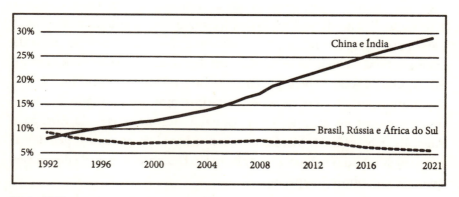

Fonte: FMI.

Nos BRICS, em se tratando de pujança econômica, China e Índia são quem importa. Essas economias são dinâmicas porque conseguiram fazer recentemente o primeiro salto de nível de desenvolvimento, da pobreza para a classe média. Os outros membros dos BRICS o fizeram décadas antes e, desde então, engatam seguidos "voos de galinha", no final das contas pouco saindo do lugar.

Podemos usar a classificação do Banco Mundial para dividir os países em três classes, olhando apenas o critério de renda: ricos, classe média e pobres. A Índia saiu da extrema pobreza somente no ano passado, definindo essa categoria como US$ 1.025 por pessoa por ano, expressa em paridade de poder de compra. Enquanto Brasil, Rússia e África do Sul cresceram, cada um, em torno de 1% em 2017, os PIBs chinês e indiano aumentaram, em ambos os casos, aproximadamente 7%. Até meados dos anos 2020 se espera que as economias da China e da Índia continuem crescendo muito acima de seus pares no BRICS. Claro que ambos os países ainda precisam crescer muito para tirar da extrema pobreza centenas de milhões de pessoas que vivem em situação precária. Hoje, as apostas do governo indiano estão em uma reforma tributária que alavancaria ainda mais o crescimento do país. Lá, como no Brasil, a insegurança e a complexidade tributária dificultam a vida das empresas e emperram investimentos. O caso indiano também traz outras similaridades, como o federalismo tributário.

O mais importante é explicar o crescimento econômico dos países por meio de um modelo que evidencie o caminho possível para países pobres, de renda média e ricos. Nossa descrição da evolução das sociedades modernas se alimenta das fontes mais diversas, desde macroeconomistas como Robert Solow e John Maynard Keynes e historiadores como Fernand Braudel, até institucionalistas como Douglass North, James Robinson e Daron Acemoglu.

Desenvolvimento *versus* crescimento de curto e longo prazos

Desenvolvimento vai além de crescimento econômico. Significa levar em conta questões ambientais, de distribuição de renda e respeito aos direitos humanos, entre outras questões fundamentais para que uma família tenha não apenas dinheiro no bolso, mas também qualidade de vida. Contudo, o crescimento econômico é condição necessária para o desenvolvimento, pelo menos nas sociedades modernas. Nenhum país se desenvolveu sem que sua economia crescesse a taxas elevadas. Aqui chamamos esse desenvolvimento de prosperidade — as condições para mobilidade social e uma sociedade justa, sem violência. Ou seja, vai muito além do critério de renda.

Para entender a dinâmica econômica de longo prazo, vamos resumir décadas de avanços científicos na análise de desenvolvimento econômico e social em algumas breves páginas. Claro que não podemos cobrir tudo e vamos deixar de lado nuances importantes, assim como detalhes relevantes. O essencial para entendermos a evolução das economias modernas, de qualquer modo, estará nas páginas a seguir. Para isso, primeiro temos que deixar claras as diferentes dimensões de análise de desenvolvimento:

- Prosperidade, que é naturalmente de longo prazo: depende da qualidade das instituições de um país e de sua estabilidade política. Essas duas são condições necessárias e quase sempre suficientes para que um país escale a escada do desenvolvimento. Estamos falando na escala de décadas.
- Crescimento de longo prazo: depende do aumento do potencial de crescimento — o uso eficiente dos recursos produtivos da sociedade. O lado da oferta é mais importante. O que importa é o acúmulo de recursos produtivos — capital, máquinas, equipamentos, população economicamente ativa — com a exploração de recursos naturais e, principalmente, a produtividade, seja por meio de inovações, melhora do capital humano, novas indústrias ou outras maneiras de combinar capital, trabalho e recursos naturais em mais bens e serviços. Aqui falamos de cinco a dez anos. É a combinação de sucessivos períodos de crescimento do PIB potencial mais evolução institucional que leva à verdadeira prosperidade.
- Crescimento de curto prazo: advém basicamente dos fatores de demanda, que determinam o PIB, inflação e desemprego do ano. O comportamento das famílias e das empresas, as expectativas em relação às políticas públicas, o consumo e os investimentos em expansão e a exportação são as variáveis fundamentais. É o que determina a taxa de crescimento do PIB hoje, o nível de desemprego do ano e quanto os preços estão aumentando.

Essa estrutura, embora simples, nos permite tecer várias considerações. Questões como política cambial e taxa de juros são eminentemente de curto prazo. Por mais que pareçam importantes em determinado momento, não mudam a trajetória de crescimento de longo prazo de um país. Mais importante, temos consideráveis conflitos de prazos e escolhas difíceis em relação a políticas públicas. Investir em educação não traz quase nenhum resultado a curto prazo. Assim, deixamos de lado uma das principais condições para crescermos mais enquanto nos ocupamos da crise do dia.

APELO À RAZÃO

É impossível criarmos prosperidade genuína sem instituições que funcionem. Sabemos muito bem como é conviver com instituições doentes. De furar a fila à burocracia morosa, da corrupção disseminada a políticos que não representam seu eleitorado, temos muitos exemplos de corrosão do tecido social. Como precisamente afirmou Larry Summers, ex-chefe do Banco Mundial: "Confiança é a forma mais barata de estímulo econômico." Pode-se dizer que a condição fundamental para um país ser rico é gerar confiança. Talvez soe simples, mas confiança é essencial: no vizinho, no sistema, nas regras e nos direitos de propriedade. Na ideia de que a justiça se estende a todos. E que isso inclui a justiça das políticas públicas — as evidências científicas apontam que a pobreza não incomoda tanto quanto a desigualdade. O ser humano se adapta a um ambiente ruim, mas não se conforma se a sociedade privilegia demasiadamente uns em detrimento de outros.

James Robinson e Daron Acemoglu, em seus estudos sobre o que faz as nações progredirem, dividem as instituições que permitem ou restringem o verdadeiro desenvolvimento em "inclusivas" e "extrativistas". Leis não discriminatórias aplicadas independente da renda das pessoas seriam inclusivas. Regulações que transferem recursos de toda a sociedade para uma casta de indivíduos seriam extrativistas. Quanto mais proteção à elite e obstáculos à mobilidade social, maior a dificuldade para o desenvolvimento econômico.

As economias modernas só começaram a crescer a uma taxa rápida no século XIX. Antes disso, os padrões de vida, em média, aumentavam incrivelmente devagar. Na Itália, o PIB *per capita* em 1820 era apenas 30% maior do que na época de Jesus. Para as economias mais pobres da Europa, o padrão de vida não chegou a duplicar em 1.800 anos, de acordo com as estimativas conhecidas do historiador econômico Angus Maddison. Esse padrão não era diferente para o restante do mundo. O PIB *per capita* na China cresceu apenas 30% desde o ano 1 até 1820, e menos de 20% na Índia durante o mesmo período. A população mundial cresceu, em média, menos de 0,1%a.a. entre os anos 1 e 1750. A taxa média de crescimento do PIB *per capita* foi de 0% na Europa Ocidental e na Índia durante o primeiro milênio, e cerca de 0,14% na Europa Ocidental e 0,02% na Índia entre os anos 1000 e 1820. Desde então, o PIB *per capita* aumentou pelo menos vinte vezes na maior parte do mundo, e entre cinquenta e duzentas vezes na Europa Ocidental. A economia mundial continua a crescer a uma taxa média quarenta vezes superior à do mundo antes de 1800 (Gráfico 15).

Gráfico 15
PIB real *per capita*: 1600–2008 (US$ em paridade de poder de compra)

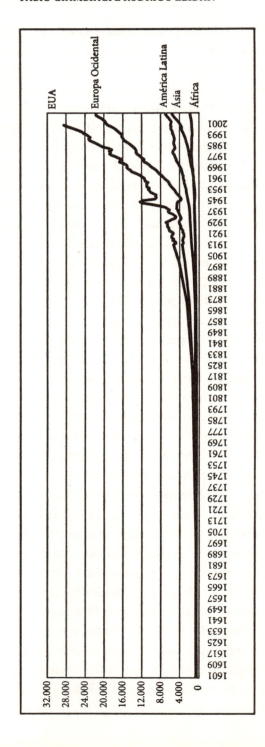

Fonte: Max Roser, Our World in Data (2018).

Nosso mundo às vezes é assustador porque nada na história da humanidade se parece com o que aconteceu nos últimos duzentos anos. A revolução industrial, a mudança na tomada de risco — as empresas como as conhecemos hoje, sociedades limitadas, datam do início do século XIX — ou a universalização do ensino básico, a profissionalização dos cientistas e muitas outras características do mundo contemporâneo não têm mesmo paralelo na história. Mesmo a ideia de casamento por amor é recente: até o século XVIII, essa variável importava pouco no contrato matrimonial — em muitas sociedades, casamentos arranjados ainda são comuns.

O mais importante, dentro do contexto deste livro, é entender o que faz um país escapar da armadilha da renda média. E, para isso, precisamos determinar diferentes níveis de desenvolvimento e explicar como os países passam de uma etapa para outra.

O modelo de Solow

Neste livro, não nos preocupamos muito com o curto prazo. Mudando a famosa frase de Keynes, em geral associado às respostas econômicas de curto prazo, de que "no longo prazo todos estaremos mortos", podemos dizer que "no curto prazo, não temos para onde ir". Se o PIB crescer 1,5% ou 2,2% ou se o desemprego cair de 12% para 11%, pouco importa para nossa discussão sobre o longo prazo. Isso faz diferença para as famílias diretamente afetadas e pode ajudar nas estatísticas, mas não resolve os grandes problemas do Brasil, como mobilidade social e violência.

Desenvolvimento econômico leva tempo. O Japão era pobre no início da década de 1950, e agora é rico. Os EUA eram um país de renda média no final da década de 1880, e agora é o país mais rico entre os grandes países do mundo. Por enquanto, estamos igualando renda e desenvolvimento. Um país rico, na classificação de desenvolvimento econômico usado nesta seção, também é uma economia desenvolvida, mas isso nem sempre é o caso. Pelo critério de PIB *per capita*, a Guiné Equatorial (antes, Guiné Espanhola) é um país de renda média alta, mas os dados do PIB estão distorcidos por suas vastas reservas de petróleo. A maior parte do dinheiro do petróleo nunca atinge o cidadão médio, por isso o país está longe de ser desenvolvido e enfrenta muitas das questões sociais comuns aos países pobres. Nesta seção, ignoramos exceções como a Guiné Equatorial. Por outro lado, é difícil encontrar exemplos de sociedades desenvolvidas que não são ricas. O alto PIB *per capita* é uma condição necessária, mas não suficiente, para o desenvolvimento. A Figura 3 mostra um retrato da divisão entre ricos e pobres no mundo.

Figura 3
Classificação dos países no mundo por critério de renda

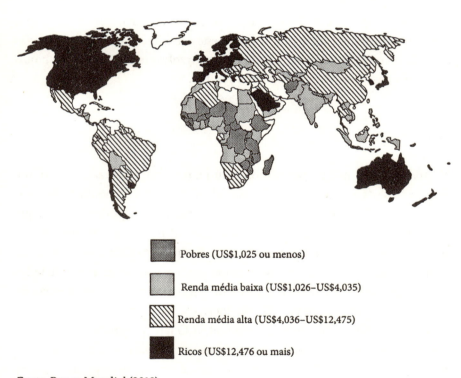

Fonte: Banco Mundial (2018).

Podemos diferenciar os dois principais saltos, de pobre para renda média e depois daí para o grupo dos ricos, usando uma abordagem que considera que o que importa para escapar da pobreza é a acumulação de recursos produtivos; e que o salto para a riqueza só se dá via produtividade e tecnologia, em seu sentido mais amplo.

Vamos à abordagem. Os parágrafos a seguir são um pouco técnicos. O leitor pode escolher pulá-los sem muita perda até a próxima seção, mas quem se empenhar em entender um pouco as tecnicalidades do "economês" vai se beneficiar disso. A maioria dos modelos de crescimento modernos são variações sofisticadas da equação de crescimento introduzida por Robert Solow e, simultaneamente, por Trevor Swan, na literatura acadêmica dos anos 1950. Aqui, usamos uma versão estendida do chamado "modelo de Solow" para incorporar recursos naturais na função de crescimento, algo que o próprio Solow tentou desenvolver em 1974 e 1986. Por essa função, temos que

$$Y = f(K, AL, AN),$$

em que Y é o crescimento, f é simplesmente a representação de uma função (combinação de fatores), K é o capital, A é um índice de produtividade (tecnologia), L é o trabalho[23] e N representa a quantidade de recursos naturais passíveis de serem explorados. Ou seja, no longo prazo, a prosperidade econômica provém da acumulação dos fatores capital, trabalho e recursos naturais. Podemos resumir duzentos anos de desempenho econômico impressionante com esses simples fatores. Por que, então, à luz disso, a produção econômica por pessoa em 1800 era quase a mesma de quando Roma era o centro do mundo ocidental? A resposta rápida é que a melhoria do desempenho econômico começou com a Revolução Industrial e continua até hoje graças a ondas bem-sucedidas de inovações, como a eletricidade, o sistema de produção fordista e suas economias de escala, a penicilina e a medicina moderna e, mais recentemente, às maravilhas da World Wilde Web. A inovação e sua difusão tornaram possível, nos termos dessa fórmula, que empresas e nações acumulassem os fatores K e L, explorassem N, melhorassem A e começassem assim um mecanismo de crescimento econômico incomparável que vem produzindo prosperidade econômica desde então, às vezes em ritmo mais lento e outras mais rápido, dependendo da posição do país no ciclo econômico.

---

[23] A letra do jargão obedece à expressão em inglês (*labor*).

Resolver o modelo Solow analiticamente está além do escopo deste livro. Aqui, precisamos apenas de uma compreensão básica do modelo para desenvolver implicações importantes sobre a maneira como os países se desenvolvem ao longo do tempo. A essência do modelo é que a oferta agregada de longo prazo, que é o potencial de crescimento de um país, cresce ao longo do tempo devido à acumulação de capital e trabalho e à exploração dos recursos naturais. No entanto, todos os fatores de produção (K, L, N) resultam em retornos decrescentes, de modo que as melhorias tecnológicas são o único meio de aumentar o PIB *per capita* em países ricos, pois possibilita uma melhor combinação desses fatores de produção.[24] Ou seja, um país é pobre quando não consegue mobilizar fatores de produção (K, L, N). Ele pode chegar até a renda média pelo processo de acumulação desses fatores — no caso de recursos naturais, acumulação significa exploração. A partir daí, porém, apenas produtividade e tecnologia podem levar um país a um próximo salto. E é aí que o Brasil está empacado. Já somos um país industrial, onde a maior parte dos recursos produtivos já é explorada. Temos indústrias, fazendas, empresas de petróleo e mineração etc. Desmatamos muito a Amazônia. Somos muito diferentes de um país como o Haiti, por exemplo. O que nos falta? Produtividade! É por isso que Paul Krugman, Nobel em economia, diz que "no longo prazo, produtividade é quase tudo".

Imaginemos um pequeno país que vende apenas produtos têxteis. Para produzir uma tonelada por determinado período de tempo, ele requer capital, algodão e o esforço de cem trabalhadores. Usando todo o trabalho disponível do país, de um milhão de trabalhadores, ele poderia produzir um

---

[24] Aqui é preciso explicar a ideia dos retornos decrescentes, que é claro para os economistas, mas que deve ser justificada. Pense o leitor na exploração do potencial hidrelétrico do país. Inicialmente, exploravam-se quedas-d'água próximas dos centros consumidores. Depois, foi preciso construir Itaipu, uma obra bem mais complexa que as hidrelétricas mais antigas de Furnas. Recentemente, o país passou a explorar tais recursos na Amazônia, levando energia para o restante do país a um custo caríssimo. É um caso clássico de retornos decrescentes, quando, à medida que o tempo passa, acréscimos marginais de um produto se tornam cada vez menores. Algo similar vale para o corpo humano: trabalhar 9 horas rende mais do que trabalhar 8 em um dia, mas se a pessoa trabalhar 19 horas, na última hora produzirá muito menos que na terceira ou quarta hora de trabalho do dia. Nossa produção total aumenta se trabalharmos mais, mas com certeza não aumenta à mesma taxa quanto mais trabalhamos.

máximo de 10 mil toneladas de têxteis, uma vez que se cem trabalhadores geram uma tonelada, um milhão deverão gerar 10 mil toneladas de produção. Agora, vamos imaginar um salto da tecnologia têxtil que possibilite que cem trabalhadores produzam não uma, mas três toneladas. O nível de produção potencial aumenta três vezes, e com o mesmo número de trabalhadores a produção real também pode aumentar para 30 mil toneladas. Essa é a essência do modelo de Solow e a razão pela qual o potencial de crescimento é importante, mas não determina o crescimento por si só. Afinal, sem a demanda de 30 mil toneladas de têxteis a economia não produziria esse valor. O modelo Solow é sobre o potencial de crescimento e o caminho que leva até ele — mas, no curto prazo, o que realmente determina o que vai ser produzido e consumido é a demanda.

Os modelos modernos de economia mostram uma ampla gama de outros resultados interessantes, mas o principal é que a economia pode crescer devido à acumulação de capital, à exploração dos recursos naturais e ao crescimento da população e seu nível de educação. Em razão da diminuição dos retornos marginais, no entanto, a produção econômica não pode aumentar para sempre baseada unicamente no acúmulo de capital e no trabalho e na exploração dos recursos naturais. Sem o crescimento tecnológico que desloque a fronteira potencial de produção não pode haver crescimento da prosperidade.

Como os EUA escaparam da armadilha da renda média

Em meados do século XIX, os EUA iniciaram um caminho semelhante ao que a China está percorrendo hoje e que o Brasil deveria estar trilhando para escapar da armadilha da renda média. Em 1800, os EUA eram essencialmente uma economia agrária. Não eram um país pobre, mas estavam longe de atingir o *status* de país desenvolvido. No início do século XIX, a primeira Revolução Industrial espalhou mecanização e, a partir da década de 1830, a industrialização americana foi alimentada principalmente pela construção ferroviária, uma atividade intensiva em capital, como mostra o Gráfico 16.

Gráfico 16
Contribuição dos setores econômicos (% do PIB) nos EUA, 1840-1900

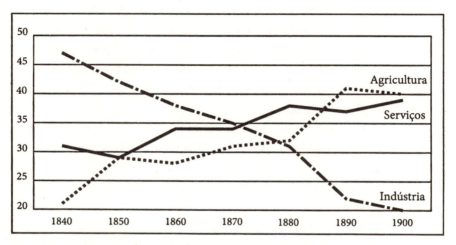

Fonte: Mokyr, Joel. *The lever of riches: Technological creativity and economic progress.* Oxford: Oxford University Press, 1992.

Em 1860, quando a Guerra Civil começou, o norte dos EUA era mais industrializado do que o sul, mas ainda não era uma economia industrial. Apenas 26% da população viviam em centros urbanos. Após a Guerra Civil americana, em que muitos de seus cidadãos morreram, o país fortaleceu suas instituições e fez reformas que geraram uma onda de prosperidade que, de certa maneira, continua até hoje. Uma segunda Revolução Industrial viu o rápido desenvolvimento de tecnologias expandir ainda mais a economia. A imigração ajudou a aumentar a oferta de mão de obra e as pessoas migraram para os centros urbanos. Muitas instituições modernas dos EUA, como as agências antitruste e o Banco Central, o Federal Reserve ou Fed, surgiram no final do século XIX e no início dos anos 1900.

No final da década de 1920, os agricultores eram apenas 12% da população americana. A eletricidade, o petróleo e o carvão tornaram-se as principais fontes de energia da economia. Não fosse pela Grande Depressão da década de 1930, os EUA já seriam uma economia bastante rica ao longo dos anos 1920, 1930 e 1940. No entanto, no momento em que a Segunda Guerra Mundial terminou, em 1945, o país, já rico, tinha acabado de completar sua

APELO À RAZÃO 169

transformação em uma economia industrial, complementada por um setor de serviços intensivos em mão de obra — a mesma estrutura que tem hoje.

Até 1800, a maior parte do crescimento econômico dos EUA veio da agricultura. À medida que a industrialização ocorreu, o capital passou de uma contribuição ínfima ao principal motor do crescimento econômico. Outra fase posterior do desenvolvimento começou no início dos anos 1900, e desde meados do século XX a prosperidade econômica vem dos avanços tecnológicos.

Nos EUA, as instituições têm trabalhado relativamente bem há mais de um século. O primado da Lei (*"rule of Law"*) é seguido, mesmo quando as partes consideram que é injusto. Os direitos de propriedade são respeitados. O sistema de pesos e contrapesos do país funciona razoavelmente bem. Tanto o judiciário quanto a mídia são razoavelmente independentes, especialmente em comparação com outros países. A educação de base, embora longe de ser a melhor do mundo, funciona. As melhores universidades do mundo estão lá. Sabemos que, nos tempos de Donald Trump, muitos leitores devem estar pensando que o que estamos dizendo não afina com a realidade, mas é exatamente o contrário: é justamente pelo fato de os EUA terem instituições sólidas que o sistema consegue ser relativamente imune a uma personalidade mercurial na Casa Branca, coisa que, se ocorresse em outros países, geraria grande confusão e provável paralisia econômica. Ou seja, Trump solta seus *tweets*, mas o Fed faz seu trabalho direito, a Suprema Corte continua funcionando muito bem etc. O país tem, porém, uma sombra em seu horizonte: o sistema político, tema do qual ainda voltaremos a tratar.

Os EUA tiveram até agora uma economia dinâmica porque as empresas confiam em poder usar lucros futuros se investirem e desenvolverem tecnologias lá. Novos produtos se transformam em mais lucros. As novas tecnologias geram um ganho ainda maior.

A armadilha de renda média é causada pela instabilidade das normas, justiça e direitos. Instituições contam. Para entender de maneira mais simples a questão, imagine duas cenas, vividas pelos autores.

Cena 1. Na fila do passaporte, no aeroporto, de volta para casa, o passageiro passa na frente de um indivíduo fardado, um pouco afastado de quem estava antes na fila e alguns metros na frente de quem vinha depois. No momento em que o passageiro estava então um pouco isolado do restante, o indivíduo fardado se aproxima e, tentando fazer valer o peso da autoridade, cochichando com ar ameaçante, pergunta diretamente: *"How much money do you have?"*

O nome disso é "jogar verde pra colher maduro": se o passageiro dissesse que tinha 3 mil dólares, provavelmente ele diria algo como "você só pode sair daqui com 2 mil dólares" ou algo assim. Seguem-se momentos de tensão, com o passageiro sendo salvo apenas pela aproximação do primeiro colega de fila.

Cena 2. Também na fila do passaporte, dois ou três anos depois do famoso 11 de setembro. Grande tensão, boatos de que haveria um comando suicida disposto a embarcar novamente em um avião para fazê-lo explodir. O passageiro é selecionado aleatoriamente para uma dessas averiguações invasivas, em que a polícia aeroportuária vasculha rigorosamente tudo o que a pessoa leva. E isso inclui abrir a carteira de dinheiro, tirar um por um todos os cartões, pegar as notas de dólares e euros uma a uma — com certo grau de grosseria, cabe dizer. Mesmo assim, o passageiro está tranquilo, porque sabe que não fez nada errado — e porque tem 100% de certeza de que tudo o que lhe foi tirado da mão lhe será devolvido. Inclusive o dinheiro, até o último centavo.

É preciso esclarecer que a cena 1 aconteceu com um dos autores em um país emergente, e a cena 2, em um dos grandes aeroportos de uma importante nação da Europa Ocidental? A falta de instituições adequadas é um dos principais obstáculos que enfrentam países como Rússia e Turquia — e Brasil. E porque os EUA conseguiram alcançar estabilidade nessas áreas, são o país mais rico do planeta e ainda tem sua economia mais dinâmica. Não precisamos copiar os EUA, nem estamos endeusando o país. O mesmo processo aconteceu na Escandinávia, no Japão, na Coreia do Sul e em todos os países que hoje são desenvolvidos. Isso é facilmente ilustrado com dados, como pode ser visto na Tabela 10.

Tabela 10
Decomposição do crescimento dos EUA, 1948–2000 (%)

Período	Contribuição para a taxa de crescimento anual (%)			
	PIB	PIB por trabalhador	Produtividade	Capital por trabalhador
1948–1973	4,0%	3,0%	1,8%	1,2%
1973–1995	2,7%	0,9%	0,1%	0,8%
1995–2000	4,2%	3,0%	1,9%	1,1%

Fonte: DeLong, Bradford J. Growth Accounting. Disponível em: <http://www.j-bradford-delong.net/macro_online/growth_accounting.pdf>.

Um modo de analisar a evolução do crescimento ao longo do tempo é por meio da denominada "contabilidade do crescimento", um quadro mais simples do que um modelo formal de crescimento econômico. Na contabilidade de crescimento, a principal ideia é individualizar as fontes do crescimento no longo prazo, observando suas contribuições individuais para a produção econômica. Bradford J. DeLong faz isso para o crescimento dos EUA no período de 1948 a 2000. A Tabela 10 mostra o crescimento econômico dos EUA em termos de produto total ou PIB ou, no modelo de Solow, Y, PIB por trabalhador (Y/L), evolução da produtividade ou tecnologia (A) e aprofundamento do capital (K/L).

Conforme mostrado na tabela, a história recente do crescimento dos EUA pode ser facilmente dividida em dois períodos que experimentaram um crescimento significativo (1948 a 1973 e 1995 a 2000) e um período em que o crescimento foi relativamente lento (1973 a 1995) — e uma razão para isso foi a crise do petróleo da década de 1970. A acumulação de capital não mudou muito, mas o fator de produtividade tecnológica, sim. De 1995 a 2000, a maior parte do crescimento econômico dos EUA se deu em razão da revolução da internet, que melhorou drasticamente a produtividade de grande parte da economia. No entanto, "A" é uma medida de produtividade geral mais ampla do que apenas a inovação. O termo "A" representa a tecnologia no sentido mais amplo, uma medida de combinações melhoradas de fatores de produção. Essas melhorias não são apenas frutos de invenções e inovações tecnológicas diretas. Por exemplo, imagine uma pessoa boa em matemática e outra que seja uma boa escritora. Por causa de uma má distribuição da mão de obra pelos empregos disponíveis, a pessoa inclinada para a matemática está escrevendo relatórios e aquela que tem mais jeito com palavras está trabalhando com contabilidade. Realocá-las, nesse caso, as tornaria mais produtivas. Isso vale também para a ineficiência diária — se não perdermos horas na fila do DETRAN ou do banco, o número e a qualidade dos produtos e serviços aumentam. Melhorar a regulação, restringir o poder de monopólio, reduzir os custos de fazer negócios e divulgar novas ideias podem resultar em uma melhor utilização de outros fatores de produção.

O Brasil, a produtividade e a armadilha da renda média

O exemplo dos EUA ilustra as condições requeridas para a prosperidade no longo prazo e a maneira como os países crescem ao longo das décadas. Sem melhoras na produtividade, a economia norte-americana pode enfrentar uma estagnação secular semelhante à armadilha de renda média, mas, neste caso, para os países ricos. Embora os EUA tenham deixado essa etapa para trás, seu sistema político está se tornando mais disfuncional, e se continuar assim podem haver profundas consequências para o potencial crescimento econômico do país. O dinamismo contínuo, a atividade econômica e até mesmo o sonho americano dependem da força de suas instituições e de que elas funcionem plenamente.

No Brasil, escapar da armadilha da classe média significa, principalmente, enfrentar as mesmas questões que os EUA enfrentaram no início do século XX. Ou seja, *grosso modo*, estamos um século atrasados. De novo, a ideia não é copiar *per se* o que os norte-americanos fizeram, mas resolver questões parecidas, isto é, atacar os obstáculos ao nosso crescimento. Estamos empacados há cinquenta anos — nossa produtividade não cresce de maneira sustentada desde meados da década de 1970, quando acabamos de dar nosso salto de industrialização.

E aqui é importante observar que o que funcionou no passado simplesmente não vai funcionar hoje. Vimos isso com os gastos bilionários em estímulos via transferências do Tesouro, desonerações dos mais variados tipos e a megalomania do pré-sal. Com essas políticas, não iremos a lugar nenhum. Nosso progresso vai demorar mais tempo e envolve questões ligadas à produtividade, competitividade e inovação. Não a inovação de "conversa de botequim" que por vezes se discute no Brasil, como "precisamos investir em pesquisa e desenvolvimento (P&D)" ou algo do gênero. Não há como isso dar certo por dois motivos: o ambiente não deixa e todo mundo diz que tem que investir em inovação mas nunca entra em detalhes. É por insistir nesses caminhos que a educadora Maria Helena Guimarães de Castro afirma com muita precisão que "o Brasil é um país que debate muitas propostas, mas encontra poucas soluções".

Façamos um experimento mental: imaginemos que um grupo de estudantes tenha uma ideia excelente sobre como melhorar o sistema financeiro e queira criar uma *fintech*, empresa que revolucione esse mercado. Quais são as chances de esse grupo de estudantes fazer isso no Brasil se tiverem opções de fazê-lo em qualquer lugar do mundo desenvolvido? Nenhuma. E, mesmo se tiverem que fazer aqui, pois não são cidadãos globais, vão esbarrar em *n* barreiras, desde burocracia até falta de acesso a crédito, ausência de profissionais qualificados, carência de infraestrutura e regulação fraca. O sistema brasileiro é simplesmente travado e impede soluções inovadoras.

Uma anedota: um dos autores esteve com centenas de empresas Brasil afora. Em um encontro com empresários no Rio Grande do Sul, um fabricante de elevadores revelou que precisa produzir até os botões no Brasil. Até tentou importá-los, mas o preço final foi quintuplicado entre a compra na China (R$ 3 por botão) e a chegada à empresa no sul do país (R$ 15 por botão). Essa empresa era uma pequena firma que estava tentando competir com as grandes multinacionais do setor. Os sócios eram engenheiros e montaram toda uma estrutura excelente para testar elevadores e entrar nesse setor extremamente concentrado. No fim, esbarraram em inúmeras barreiras exclusivas ao país. A dos botões era um caso extremo, bem ridículo. Ou seja, em vez de se dedicar a fazer os melhores elevadores possíveis, importando componentes que não eram essenciais ou que eles não sabiam fazer, concentrando-se na parte real de inovação, tiveram que montar um setor de baixíssimo valor agregado para criar botões dentro das instalações da empresa. Uma enorme perda de tempo, energia e recursos. Não é preciso dizer que a produtividade da empresa caiu. A falta de produtividade não é oriunda apenas do baixo nível de educação formal, mas também de entraves a uma inserção comercial do Brasil em nível mundial.

Competição e abertura são palavras-chave para o progresso. O embaixador Marcos Azambuja costuma dizer que "a Argentina dá sempre boas lições e maus exemplos — e ambos interessam ao Brasil". Adotamos, como os "hermanos", um modelo de protecionismo que pode ter tido resultados no passado, mas é totalmente inadequado no mundo atual. A própria Argentina está tentando sair desse arranjo. Se isso vai se traduzir em maior abertura para tirar o país da rabeira dos rankings de abertura comercial, só o tempo dirá.

Um decálogo para o progresso

Aqui estão as condições para a saída brasileira da armadilha da renda média. Elas são citadas em ordem alfabética e todas são importantes, constituindo uma espécie de "decálogo" do roteiro para o progresso:

Competição
Desburocratização
Educação
Eficiência do gasto público
Infraestrutura
Instituições
Justiça distributiva
Normas sociais
Segurança
Sustentabilidade

Obviamente, tudo isso será mais fácil se tomarmos um choque de capitalismo e nosso ambiente macroeconômico for estável. Capitalismo, bem entendido, não no sentido ideológico da palavra, mas no sentido pragmático. Deixemos as pessoas se arriscar! Nosso modelo requer avanços tecnológicos, mas não colocamos P&D entre as variáveis que importam tanto. Isso porque a inovação, a rigor, é uma consequência das mudanças que propomos. Mudemos a maneira de fazer negócio, abrindo a economia, estimulando a competição interna, e as empresas irão inovar. Tornemos centrais as questões de combate à deterioração do meio ambiente, e as melhores tecnologias avançarão. Mudemos a responsabilização individual e promovamos justiça distributiva, e a produtividade aumentará. Melhoremos a eficiência do gasto público, e a poupança para permitir novas empresas responderá. A competição e outras reformas curam muitos males.[25]

Um ponto relevante a ser discutido é a questão da poupança agregada. As empresas, especialmente as inovadoras, precisam de crédito, mas nosso mercado é travado, por dezenas de razões. Criar regras claras e segurança

---

[25] Cabe aqui um contraste com a visão intervencionista. Recentemente, Axel Kicillof, o ex-ministro da Economia de Cristina Kirchner, disse que "o planejamento centralizado fracassou na União Soviética porque ainda não tinham inventado o Excel". É a velha ideia de que o país é comandado por planos e que o progresso depende destes e não do resultado das ações individuais de empresas e pessoas em um ambiente favorável. É muito estranho que em um país com a qualidade dos gestores do Brasil alguém queira colocar nas mãos deles a decisão por alocar recursos produtivos da sociedade. Aqui confiamos mais no dono da padaria do que no político de Brasília na determinação da quantidade de pães a serem produzidos. A metáfora, naturalmente, não é para ser considerada *strictu sensu*, mas é um pouco isso que falta no Brasil: mais liberdade para quem quiser abrir sua padaria.

jurídica aumenta os gastos em infraestrutura. Mudar as variáveis que importam (aquelas relacionadas anteriormente) terá impacto no nível agregado de poupança e investimento. É algo que vai do micro para o macroeconômico. Do dia a dia para a queda do desemprego. Da responsabilização individual para a melhoria do ensino e a maior produtividade.

O que fazemos ao longo do livro é estabelecer as condições para essas reformas e como elas resultariam em um país mais desenvolvido — não apenas com um maior PIB *per capita*, mas com mudança do patamar de desenvolvimento. Sem soluções do passado ou industrialização da década de 1960. Sem o chamado "capitalismo de compadrio". Sem proteção nem paternalismo. Sair da armadilha da classe média não é fazer novas indústrias, mas reformar a sociedade. Daí o apelo à razão.

É importante entender que nada disso dará resultados se continuarmos a deixar 60 mil indivíduos morrerem por ano e mantivermos a péssima distribuição de renda. Justiça social importa.

Não vamos, nesse momento, discorrer a fundo sobre o decálogo. Esse é o objetivo do restante do livro. Como exemplo, podemos destacar as questões sobre infraestrutura no contexto brasileiro.

O papel da infraestrutura para a recuperação

A Tabela 11 mostra como nossa infraestrutura é atrasada em relação ao mundo.

Assim como a agricultura, normalmente a infraestrutura está no discurso de todo político, seja de esquerda ou direita. Ela, porém, não aparece magicamente. Precisamos de confiança e estabilidade para alavancar investimentos. Também precisamos de mercados financeiros completos — e estamos longe disso. Já sabemos o que não fazer — por exemplo, uma política claramente negativa foi a mudança intempestiva nas regras do setor elétrico em 2012. Reformas que criem novas regras devem, sim, acontecer, mas desde que as regras façam sentido econômico e tragam maior estabilidade jurídica e econômica. Não foi o que aconteceu.

Credibilidade importa. Mudanças que destroem a confiança são péssimas para a sociedade. No mercado de infraestrutura, já que nosso sistema financeiro ainda está longe de ser desenvolvido, o BNDES teria um papel

Tabela 11
Infraestrutura em países selecionados

Modal	Unidade	EUA	Alemanha	Brasil	Rússia	Índia	México	China
Trilhos	km	224.792	41.891	28.538	87.157	63.974	17.166	86.000
Estradas	km	6.506.204	644.480	1.751.868	982.000	3.320.410	366.095	3.860.800
Rios navegáveis	km	41.009	7.467	50.000	102.000	14.500	2.900	110.000
Tubulação	km	793.285	33.250	22.341	252.527	29.684	33.546	75.742
Navios	1000+GRT	393	427	126	1.143	324	52	2.030
Aeroportos	Pistas (km)	15.079	330	726	593	249	250	442
Aeroportos	Pistas >3,4 km	189	13	7	51	21	12	63
Área total	Milhões km^2	9.161	0,348	8.459	16.377	2.973	1.943	9.569

Fonte: The World Factbook, CIA.

importante. Aqui há uma visão de processo histórico no qual não se analisa o mundo sob um ótica de repetir o passado, mas por um contexto no qual se dá mais relevância à posição atual de uma instituição no ambiente, considerando onde se pretende chegar.[26]

O BNDES pode ter um papel muito importante no sentido de garantir a execução de projetos de infraestrutura via mecanismos indiretos. O banco tem um corpo técnico qualificado e pronto para isso. Uma área na qual a infraestrutura tem impacto diário na vida das pessoas é o saneamento básico. O BNDES tem potencial expressivo para outorgar prioridade a esse tema. Simplesmente metade da população brasileira vive sem acesso a esgoto.[27] E isso, mesmo dez anos após a Lei do Saneamento Básico. O BNDES também pode ter papel importantíssimo na transição para uma economia mais verde, incentivando tecnologias e investimentos que diminuam o impacto das atividades econômicas sobre o meio ambiente.

Investir em infraestrutura não é a panaceia na qual muitos acreditam. A maior parte dos investimentos com alto potencial de retorno social já foram feitos. Ainda assim, temos que correr atrás tanto nessa quanto em outras áreas. Com instituições e contratos bem desenhados, com abertura a empresas e ideias de fora e com a eficiência dos funcionários do BNDES a serviço de uma agenda de competitividade e produtividade.

Precisamos arejar a sociedade brasileira com ideias e comportamento novos. Um conhecido nosso, professor universitário brasileiro que leciona na França, observou recentemente em uma conversa que "o Brasil parece cada vez mais uma província. O país fica cada vez mais arcaico. Estamos nos tornando um pequeno vilarejo sem luz no meio do matagal". Está na hora de sairmos desse equilíbrio de baixo valor. Sem reformas, isso não vai acontecer.

---

[26] Um dos autores desenvolveu este ponto em coautoria com outro autor. Ver: Torres Filho, E.; Zeidan, R. The Life-Cycle of National Development Banks: The Experience of Brazil's BNDES. *Quarterly Review of Economics and Finance*, n. 62, p. 97–104, 2016.

[27] Velasco, Clara. Saneamento melhora, mas metade dos brasileiros segue sem esgoto no país. G1, 19 fev. 2017. Disponível em: <https://g1.globo.com/economia/noticia/saneamento-melhora-mas-metade-dos-brasileiros-segue-sem-esgoto-no-pais.ghtml>.

11. Comparando bananas com bananas e jabuticabas com jabuticabas

"Afinal, ciência é essencialmente global e é somente pela falta de capacidade de análise histórica que características nacionais são atribuídas a ela."
"Eu aprendi que o caminho do progresso não é fácil nem rápido."

Marie Curie, cientista e laureada com
dois Prêmios Nobel, em física e química

O objetivo de todos os governos deveria ser construir políticas públicas usando o melhor das evidências científicas e dos casos de sucesso mundiais. Queremos que o exemplo dos Resende, dos Siqueira e dos Souza não seja replicado, isto é, que seus filhos tenham melhor acesso a serviços públicos e que os trabalhos de baixa qualificação deixem de existir por falta de pessoas com essas características. Queremos que o Bolsa Família, o melhor programa assistencial que o Brasil já criou, vire passado porque teremos conseguido nos desenvolver. Contudo, para chegar lá, primeiro temos que criar maneiras de comparar políticas públicas entre países e ao longo do tempo.

Este capítulo trata exatamente disto: de comparações — e de como fazê-las. Como elas precisam ser feitas para que não sejamos induzidos a tirar conclusões erradas ou, pior ainda, a adotar políticas públicas equivocadas? Discutiremos um pouco de metodologia, para então tratarmos de questões que dizem respeito ao traçado das políticas públicas.

Algumas palavras sobre metodologia

Existem dezenas de falácias que tornam certos debates difíceis ou mesmo impossíveis. Falácias incluem falsas premissas ou equivalências, raciocínio circular e, a mais comum em debates em mídias sociais, a generalização a partir de um único caso. Um livro que se propõe a fazer um apelo à razão deve tomar cuidado para não cair nessas falácias. Por isso, nesta seção queremos tratar dos erros mais comuns na análise e no desenho de políticas públicas. Não nos propomos a criar um modelo completo de análise rigorosa, mas a descrever o modelo mental de ciências sociais aplicadas e como ele pode conduzir ao bom debate: aquele no qual analisamos políticas dinamicamente, considerando todos seus efeitos sobre a sociedade e não simplesmente escolhendo as partes das políticas que nos agradam.

Comparar bananas com bananas é muito mais difícil do que parece. Uma barreira é o que se pode chamar de "viés da nostalgia", uma característica cognitiva que nos faz olhar o passado como relativamente muito melhor que o presente. É por causa desse tipo de efeito que muitas pessoas esquecem o "lado oculto da Lua" dos governos militares no Brasil, vendo essa época como de prosperidade, quando na verdade ela nos levou à hiperinflação dos anos 1980 e a uma série de mazelas sociais de todo tipo. Nunca é demais lembrar que no final do governo militar tivemos a fortíssima recessão de 1981–1983, uma inflação de 200% a.a. em aceleração e — um crime histórico — o descaso com a educação ao longo dos mais de vinte anos de duração desse ciclo histórico 1964–1985.

Um exemplo simples de viés da nostalgia é o argumento de que "no passado as escolas públicas eram melhores". Será que é verdade? Para responder a essa pergunta, primeiramente devemos nos perguntar: melhores para quem? Para o brasileiro médio? Para os ricos? Para os pobres?

Aqui vai a condição para comparar sistemas econômicos ao longo do tempo: o contexto. Já vimos, em capítulo anterior, que os sistemas de Previdência do passado são insuficientes para o mundo moderno, porque a razão entre contribuintes e aposentados mudou muito. O governo podia prometer qualquer valor de aposentadoria quando o número de pessoas na ativa era dezenas de vezes maior que o de aposentados. Agora, não mais. No caso do sistema educacional, vale a pena considerar o contexto de cinquenta anos para comparar com o sistema no início do século XXI e hoje em dia.

É um mito que as escolas no passado eram melhores que as de hoje. Esse mito esconde um silogismo: "eu estudei em uma escola pública melhor que as escolas de hoje, logo as escolas de antigamente eram melhores". É claro que haviam algumas escolas públicas com boa qualidade de ensino — como existem ainda hoje —, mas isso não significa que as escolas do passado fossem melhores. O motivo é simples: no passado, o sistema educacional oferecia poucas vagas e selecionava apenas os indivíduos de renda mais alta. Por exemplo, em 1970 somente 69% das crianças em idade escolar estavam inscritas no ensino primário, e, em muitos lugares as vagas nas melhores escolas eram simplesmente alocadas para uma classe média que não correspondia sequer a 20% da população. Assim, havia alguns casos em que a qualidade, para um determinado indivíduo, parecia melhor simplesmente porque a quantidade de vagas ofertadas era pequena.

Muitos dos que acreditam nesse mito o fazem pensando que a qualidade deveria ser entendida como sendo a de uma mesma escola ao longo do tempo. Assim, "a escola X era melhor em 1970 do que é hoje, logo o ensino do passado era melhor". No entanto, não se avalia um sistema educacional dessa maneira, por meio de uma correspondência temporal equivalente entre pares ordenados dos conjuntos de escola do passado e de hoje. No passado, haviam poucas escolas e elas podiam selecionar seus alunos, além da assimetria gigantesca de recursos entre as escolas nos melhores locais do país e as de outras regiões. Os conjuntos "escolas do passado" e "escolas de hoje" são completamente distintos, pois atualmente o sistema tem que atender a todos de maneira relativamente equânime, sem a discriminação favorável à classe média do passado.

As escolas eram "melhores" para um pequeno percentual da sociedade por serem excludentes. E, como eram excludentes, podiam-se formar escolas de elite com recursos públicos, no qual o material humano que entrava já vinha com certa herança cultural, níveis de renda familiar elevados etc. Assim, formavam-se excelentes profissionais, que pensavam que sua realidade era similar à do país. Além de excludente, o sistema era estratificado.

Ainda existem muitas escolas públicas de qualidade, mas como os critérios de entrada são mais democráticos e não se aceita a elitização pura para formar o grupo discente em algumas delas, elas parecem piores do que eram antigamente. Quando o sistema foi expandido, percebeu-se o grande gargalo do novo modelo: como garantir qualidade de ensino para um sistema que agora tem que atender toda a população? É onde estamos hoje: universalização do ensino de base, mas sem conseguirmos melhorar sua qualidade para todo o sistema — e não apenas para uma elite que podia frequentar as poucas boas escolas nas regiões mais ricas.

O sistema é certamente pior para quem era protegido da competição — todos os gastos do Estado com educação iam para uma parcela da população que ganhava duas vezes: pela proteção da competição e por receber quase todos os recursos da sociedade destinados ao setor.

Isso não quer dizer que o sistema atual seja bom ou justo. Ele é muito ruim! Pelo menos, porém, não é elitista. O que importa é que comparar sistemas ao longo do tempo exige definir o contexto. Os sistemas atendem ao mesmo tipo de pessoas? Ele evoluiu em quantidade e qualidade? Houve mudanças na estrutura do sistema? Sem isso, criamos falsas equivalências.

Isso também vale na comparação entre países. Adoramos citar países modelos para determinadas áreas. Queremos educação "coreana" e direitos sociais "escandinavos", mas normalmente não analisamos como esses países chegaram onde estão e quais são as diferenças entre eles e a realidade brasileira.

Tomemos como exemplo a questão da educação na Coreia do Sul. Vamos discutir mais a fundo os problemas educacionais do Brasil em capítulo posterior. O sistema coreano é baseado em dois pilares há mais de cem anos: igualitarismo e zelo pela educação.[28]

Enquanto isso, no Brasil, onde não havia educação universal, na Constituição de 1934 o foco estava nos ensinos médio e superior. A primeira Lei de Diretrizes e Bases da Educação Nacional, Lei nº 4.024, foi promulgada em 1961. O movimento para a universalização do ensino primário no Brasil apenas começou, de verdade, depois da Constituição de 1988. Estamos em 2018, nosso sistema educacional deixa muito a desejar e desde a virada do século colocamos centenas de bilhões de reais na ponta errada do sistema — superior — em vez de nos preocuparmos com a melhoria da parte mais importante do sistema, o ensino primário.

---

[28] Para mais detalhes, recomendamos a leitura de: Kim, G. J. Education policies and reform in South Korea. In: World Bank. *Secondary education in Africa: Strategies for renewal*. [s.l.]: World Bank, 2002. p. 29–39. O artigo de Kim explica a evolução do modelo coreano em um livro voltado para tentar melhorar a educação na África. O que vale para os africanos vale também para nós: lições boas com contexto correto.

APELO À RAZÃO

Lições da Coreia, que existem, devem ser moderadas pelo entendimento dos diferentes contextos. O sistema coreano seguiu uma lógica parecida com a dos países escandinavos. Primeiro investir em educação básica, depois no ensino médio e após a universalização desses, no fortalecimento do ensino superior. Enquanto isso, por aqui, temos um sistema muito diferente. Podemos arrumá-lo para chegar lá, como os coreanos? Sim, mas vai demorar décadas e precisamos começar a investir de maneira correta "para ontem".

O contexto correto

A questão da comparação correta de sistemas depende da análise correta do contexto e de considerações dinâmicas. Não faz sentido comparar países ao longo do tempo como se o pano de fundo fosse o mesmo. Como vimos no caso na educação, o sistema brasileiro é completamente diferente do que era no passado. Na verdade, nem faz muito sentido tentar responder à pergunta sobre a educação brasileira no passado ser melhor. Afinal de contas, hoje o sistema educacional deve atender a todos os brasileiros, enquanto antes era elitista. Em nosso apelo à razão, queremos ficar longe de análises simplistas. Para construirmos as condições de sucesso de um país, primeiro temos que estabelecer o que não fazer. Alguns erros são comuns a qualquer discussão, seja no Facebook ou para desenhar políticas públicas, enquanto outros são específicos às ciências sociais aplicadas.

Um exemplo simples de erro argumentativo em economia é o que sustenta medidas hiperprotecionistas. Certa vez, um dos antigos professores de ambos os autores, em uma discussão sobre os impactos da crise financeira de 2008 e a atuação do Banco Central e do BNDES para impedir que grandes empresas fossem à falência, fez a seguinte pergunta: "Você deixaria uma grande empresa produtora de alimentos quebrar, levando consigo toda a cadeia produtiva?" Essa questão tem um erro fundamental. Assume um mundo estático e binário. Nesse mundo, a empresa iria à bancarrota e todos os seus trabalhadores estariam instantaneamente desempregados. Pior, a implicação é que esses pobres desempregados assim ficariam para todo o sempre. O problema do argumento é que esse mundo não existe. A empresa à qual o interlocutor se referia ficou à beira da falência porque estava especulando fortemente com derivativos. A "ajuda" basicamente protegeu os acionistas. A "falência" da empresa significaria sua venda para outros acionistas que não jogariam fora, de modo alguma, as operações da empresa. Talvez até nenhum emprego fosse perdido. No meio do medo das repercussões da crise financeira global, estávamos dispostos a utilizar recursos financeiros e gerenciais da sociedade brasileira para salvar o patrimônio dos acionistas daquela empresa. É fundamental notar que não há nada de corrupção nessa história. O protecionismo brasileiro é baseado em argumentos parciais e estáticos — "temos que proteger o setor X", caso contrário "perderemos empregos e competitividade". Raramente paramos para pensar se esses empregos realmente seriam perdidos e quais são os custos de curto e longo prazo dessas medidas. Voltaremos a nossa aversão à competição em outro capítulo.

Argumentos preguiçosos ou incompletos

No mundo contemporâneo, onde os custos de transmissão de informação baixaram para praticamente zero, a relação entre ruído e sinal explodiu. Antigamente era caro produzir informação e, portanto, nós nos informávamos com meia dúzia de jornais e revistas. Esse custo despencou. Por um lado, o processo democratizou a informação — é sensacional que qualquer pessoa conectada à rede tenha acesso a basicamente todo o conhecimento humano se souber fazer uma busca pela internet. Por outro lado, proliferaram meios de comunicação que criam informações ruins ou que não servem para muita coisa, a não ser para gerar ruído. Isso vai desde *fake news* à polarização ideológica e milhares de sites especializados, mas que, a rigor, de especialidade não têm nada. O mais comum, na grande rede, é encontrarmos argumentos preguiçosos ou incompletos. Coisas do gênero "se é assim na Dinamarca, por que não aqui?". Ou tão gerais que são inúteis: "A solução para o Brasil é a educação." Bem, claro que é, mas isso é uma obviedade e não nos ajuda em nada.

Este livro é baseado na ideia de que não há como fazer discussão séria sobre política econômica de maneira incompleta ou preguiçosa. Também não dá para culpar inimigos invisíveis ou mal definidos — as malvadas elites aproveitadoras ou os bancos, que se dão muito bem em um mercado pouco competitivo e protegido da competição mundial e local. O detalhe, porém, é que não são os bancos que decidem para onde vai o país. Os acionistas do Bradesco estão muito mais preocupados com os dividendos do próximo trimestre do que em gastar dinheiro para aprovar a reforma da vez. Basta olharmos o caso das empresas que, como sabemos hoje, à luz das revelações da Lava Jato, corrompiam os políticos para assumir obras e ganhar mais dinheiro. No máximo, tentavam cooptar votos em favor de algo de seu interesse direto no Congresso.

"Não acuse de malícia o que pode ser explicado por incompetência." Essa famosa frase apócrifa, atribuída erroneamente a Napoleão, é um bom teste para saber se um argumento faz sentido ou não. Um teste simples é o seguinte: se os agentes estão agindo para seu próprio interesse e os custos de suas ações são baixos, faz sentido construir um argumento no qual esses agentes possam destruir valor social. Caso contrário, pergunte-se: quem ganha? Se a resposta não vier rápido, esqueça.

Outro exemplo de argumento preguiçoso foi o de uma aluna de um dos autores na Dinamarca. Ela afirmou, com toda sinceridade, que a indústria farmacêutica já teria a cura do câncer e do diabetes, mas que não compartilharia isso com a sociedade para poder continuar ganhando bilhões de dólares com a venda dos medicamentos já existentes. Isso não faz nenhum sentido, para qualquer um que entenda como empresas funcionam na prática. Vamos imaginar que uma empresa tenha a cura do câncer. Se ela não a registrar para continuar vendendo seus medicamentos, corre o risco de que um de seus concorrentes o faça e roube todo o mercado, já que quem registrar a cura passa a ter direitos exclusivos pela patente. Vamos mais longe e imaginemos que todas as empresas do mercado se reúnam para combinar que nenhuma delas registre a cura. Mesmo sem considerar que dificilmente esse tipo de conluio se mantém — já que os ganhos de romper com a palavra são enormes —, ainda assim correm o risco de um laboratório independente fazer a descoberta, registrar e roubar esse mercado de todas as empresas. Esse exemplo é o típico caso de um equilíbrio instável ou impossível em teoria dos jogos, uma área da economia matemática que analisa, entre outras coisas, como agentes tomam decisões baseadas no comportamento de outros indivíduos ou empresas. Na verdade, não precisamos de teorias sofisticadas. O argumento da aluna é ruim porque não sobrevive a uma análise simples de como agentes egoístas se comportam em uma economia de mercado — ou seja, não passa no teste do bom senso.

Nenhuma empresa esconderia uma mina de ouro como a cura do câncer. Isso ainda é menos plausível se os gestores soubessem que os executivos de outras empresas também teriam acesso a essa cura. Empresas podem ter atitudes inaceitáveis, como ignorar direitos trabalhistas se puderem se safar ilesas e enganar reguladores se acreditarem que não serão pegas, mas de uma coisa podemos ter certeza: elas não costumam rasgar dinheiro. Manter a cura do câncer escondida seria o cúmulo da tolice corporativa. A aluna dinamarquesa estava errada, assim como quem acredita em teorias da conspiração que envolvam muitos indivíduos tentando manter um segredo.

Viés da confirmação e erros de estimativa

O viés da confirmação é muito simples. Ele acontece quando procuramos ou vemos uma notícia que está completamente de acordo com o que acreditamos, mesmo que não seja generalizável ou representativa. Isso é ainda pior quando acompanhado de notícias que representam eventos raros. O caso mais comum do viés da confirmação é a extrapolação a partir de um único dado. Por exemplo, uma determinada pessoa, que tinha pedido para seguir um economista amigo dos autores no Facebook, usa regularmente o viés da confirmação em suas postagens. Na última delas, postou uma notícia sobre o aumento do número de desemprego em novembro de 2017, perguntando faceiramente: "a reforma trabalhista não iria diminuir o desemprego?" Ora, é impossível fazer a análise do sucesso ou do fracasso de uma política por uma notícia de jornal que reporta os dados de emprego de um mês, logo após o evento em questão. Não é preciso ser treinado em economia para entender que a pergunta da pessoa não faz o menor sentido. É possível que a reforma trabalhista seja ruim, mas sair pinçando notícias de jornal como "prova" de uma hipótese ideológica, mesmo em uma rede social na qual os padrões de análise não são tão rigorosos, não é um procedimento cientificamente muito adequado.[29]

---

[29] Além disso, o aumento da taxa de desemprego tinha sido em relação ao mesmo mês do ano anterior, em função do elevado desemprego existente no começo do ano. A rigor, porém, em termos dessazonalizados, a taxa estava caindo.

APELO À RAZÃO

Erros de estimativa são uma característica inata dos seres humanos — e temos que tomar muito cuidado para não cairmos nessa armadilha. Eventos raros, por sua natureza, viram notícias e, portanto, entram em nossas vidas como se fossem muito mais comuns do que parecem. Nada é melhor para mostrar isso do que o caso do número de ataques de tubarão no Brasil. Toda vez que alguém morre ou é atacado, isso vira notícia. A fama do animal já é a de ser o terror dos mares e, naturalmente, muitas pessoas têm medo desse predador, mas na maioria dos anos não há nenhum ataque no país, enquanto notícias como "Ataques de tubarão: 25 anos de medo nas praias", de um jornal local do Nordeste, são comuns. No mundo, matamos dezenas de milhões de tubarões por motivos fúteis como fazer sopa de barbatana por sua função supostamente afrodisíaca — uma iguaria na China, mas que felizmente o governo do país está tentando coibir. Os pobres tubarões é que deveriam ter medo de nós, e não o contrário!

Outro caso, este mais ideológico: para quem é contra o Bolsa Família, se houver uma notícia de que alguém recebe o benefício mas tem carro e não é pobre, isso vira uma narrativa pela qual todos os beneficiários estariam na mesma categoria. Nada mais equivocado. O Bolsa Família é de longe o melhor programa de assistência social que já criamos. Muitos artigos acadêmicos analisaram a relação custo-benefício do programa e são unânimes em apontá-lo como tendo benefícios muito superiores a seu custo, de cerca de 0,5% do PIB.[30] O programa teve impacto até sobre a incidência e a cura de tuberculose entre os mais pobres. Em seu trabalho, Ana Torrens e coautores[31] concluíram que a taxa de cura entre os pacientes com tuberculose que recebiam o Bolsa Família durante o tratamento foi de 82,1%, ou 5,2% superior à das famílias com a mesma renda e que não recebiam os benefícios do

---

[30] Uma lista não exaustiva de trabalhos sobre o Bolsa Família inclui: Chioda, L.; De Mello, J. M.; Soares, R. R. Spillovers from conditional cash transfer programs: Bolsa Família and crime in urban Brazil. *Economics of Education Review*. n. 54, p. 306–320, 2016; Reynolds, S. A. Brazil's Bolsa Familia: Does it work for adolescents and do they work less for it? *Economics of Education Review*, n. 46, p. 23–38, 2015; Rocha, S. O programa Bolsa Família: evolução e efeitos sobre a pobreza. *Economia e Sociedade*, v. 20, n. 1, p. 113–139, 2011; Nascimento, E. C.; Carvalho, J. P. L. D.; Cruz, B. E. V. D.; Calvi, M. F. O papel do Programa Bolsa Família na segurança alimentar das famílias do Território do Marajó, PA. *Interações (Campo Grande)*, v. 18, n. 2, p. 59–70, 2017.

[31] Torrens, A. W.; Rasella, D.; Boccia, D. et al. Effectiveness of a conditional cash transfer programme on TB cure rate: a retrospective cohort study in Brazil. *Transactions of the Royal Society of Tropical Medicine and Hygiene*, v. 110, n. 3, p. 199–206, 2016.

programa. Entre os cientistas sociais, não há qualquer dúvida. O programa é excelente, mas a guerra de narrativas continua.

O caso da reforma trabalhista mostra outra vez o poder das exceções para sedimentar narrativas. Logo após a reforma passar, um juiz condenou um empregado a ressarcir a empresa em R$ 8 mil, por ter entrado com uma ação trabalhista indevida. As redes sociais tremeram com gritos de que a reforma era um retorno à "escravidão" (sic). Pura extrapolação errônea, a partir de um único dado. O efeito dinâmico da reforma não é o de tornar os empregadores mais fortes e condenar os trabalhadores a um regime de semiescravidão. O que acontecerá é uma preocupação muito maior com o desenho correto dos contratos de trabalho e uma diminuição significativa do número de ações trabalhistas que torna o Brasil uma "jabuticaba" em termos de justiça do trabalho — em nenhum outro lugar há algo parecido. No restante do mundo, as pessoas simplesmente assinam contratos que são normalmente cumpridos e, quando não são, vão à justiça comum. No Brasil, a reforma transforma a estrutura do mercado de trabalho, devendo diminuir muito os casos de litígio.

Outro exemplo de extrapolação é outra notícia viral, a de que foi oferecida uma vaga de porteiro por pouco mais de R$ 150 por mês, em fevereiro de 2018. Essa vaga era de apenas uma a duas horas por dia, com outros direitos trabalhistas mantidos e liberando o trabalhador para ter até outro emprego de tempo integral. Usar exceções ou pontos fora da curva para fazer inferências sobre o futuro do sistema simplesmente não faz sentido nenhum.

Seres humanos são péssimos em estimar a probabilidade de um evento. Esse é um fato científico. Sempre achamos que algo que está no noticiário é mais relevante do que provavelmente é. Isso vale para o terrorismo, para a possibilidade de contrair febre amarela ou para qualquer outro evento assustador em voga. E tudo fica pior quando já temos uma narrativa pronta. Economistas chamam isso de *priors* — um modo de pré-conceito. Se a pessoa tem um *prior* de que meritocracia existe e é comum — quando não é —, qualquer história de alguém pobre que se deu bem na vida vira exemplo máximo de como o esforço individual basta para vencer.

Erros de estimativa acontecem também em análises mais rigorosas. No dia a dia, é importante tentar não cair na tentação do viés da confirmação e tomar cuidado com estimativas de probabilidade de eventos. Moral da história: devem-se criticar políticas públicas, mas sem exemplos espúrios e preconceitos, no sentido estrito da palavra, de já ter a conclusão antes de fazer a análise.

Pura ideologia

Todos temos alguma ideologia — e não há nada de ruim nisso. Erramos, porém, quando olhamos apenas um lado de uma questão, seja o dos custos ou o dos benefícios. Não há política econômica que só traga benefícios. Mesmo políticas excelentes para a sociedade, como o Bolsa Família, trazem consigo algum custo — no caso, 0,5% do PIB. A ideologia é perniciosa quando não nos deixa enxergar coisas boas advindas do outro lado do espectro político e nos cega para os custos das políticas que apoiamos.

Apelar à razão, neste caso, significa primeiro analisar friamente a questão e somente depois revelar preferências políticas. Isso é um problema e a principal barreira de qualquer discussão política. Vencer barreiras ideológicas para construir um país melhor é o *leitmotif* do livro, mas é o mais difícil de fazer. Nossa visão de mundo se solidifica ao longo do tempo e passa a ser o centro de nossa identidade. Passamos a nos definir como de "esquerda", "conservadores", "libertários" ou membros de qualquer outro grupo. As discussões passam a ser feitas por intermédio dos outros, em vez de com eles. Passamos a ter "bolhas" nas quais frequentemente até a linguagem é diferente. Algumas vezes, um lado ganha na disputa de narrativas. Por exemplo, ninguém quer ser chamado de "neoliberal", que virou praticamente um "palavrão". Outro caso é o debate sobre o aborto, em que aqueles a favor são taxados de pró-vida — o que não quer dizer que quem é a favor do mesmo não o seja.

Aqui neste livro tentamos não ter uma ideologia *a priori* na análise do que estamos discutindo. Não nos importa se as soluções são de esquerda, direita ou centro. O que importa é se elas funcionam. Nesse sentido, não somos neoliberais, nem heterodoxos. O governo funciona às vezes, e outras, não, assim como o mercado. Quando o governo falha, deve ser reformado. E quando há falhas de mercado, ele deve ser restringido. No mundo contemporâneo, argumentos extremistas acabam ganhando mais espaço por serem mais chocantes, mas tentamos fugir desse paradigma.

No final das contas, estabelecer o contexto correto de análise de políticas públicas é bem difícil, mas é por isso que temos livros e debates profundos, em vez de ficarmos apenas nas mídias sociais. Este livro, assim como grande parte da produção intelectual brasileira e mundial, tem como objetivo aprofundar alguma análise. Em nosso caso, esse objetivo é ambicioso: chegar a uma proposta de um "Brasil 3.0", no qual políticas públicas seriam feitas para tirar o país da armadilha da renda média.

12. Um guia para pensar como economistas

> "Qualquer método é arrogante e pretensioso."
>
> Deirdre McCloskey, economista

Esse é o último capítulo "metodológico" do livro. Ele convida os leitores a entender como economistas pensam. As duas principais palavras para um economista não são "mercado" e "dinheiro". O que de fato importa para um economista entender os efeitos de mudanças de políticas são as palavras "dinâmica" e "geral". É muito fácil cometer erros em análises parciais ou estáticas. Um amigo italiano de um dos autores, professor de finanças, deve se candidatar para o parlamento italiano nos próximos anos. Ele participa das discussões da Liga, partido de Sílvio Berlusconi, que em seus quadros tem vários populistas. Entre suas ideias está a de proteger a indústria local por meio de tarifas. Esse professor usa um dos autores para apresentar suas ideias populistas e testar seu apelo. Em uma última conversa, ele apelou para a emoção: "precisamos de tarifas contra a invasão chinesa no mercado de aço. O que vou dizer para a família de um metalúrgico que ficou desempregado porque não agimos para coibir a entrada de produtos estrangeiros?" A resposta veio rápido: "Você deveria se preocupar com o que vai dizer para as três famílias dos trabalhadores no setor de automóveis, da construção civil e de transportes que vão ficar desempregadas pelo aumento de preços do aço no país, causado por sua ideia esdrúxula. Também vai ter que explicar para os consumidores por que estão pagando mais caro por tudo que envolve aço como fator de produção." O professor italiano ficou calado e teve que admitir: "Vou ter que pensar em outra coisa."

Neste capítulo, a ideia é desenvolver as duas principais características de análise de políticas econômicas: equilíbrio geral e equilíbrio dinâmico. Não há como transformar o Brasil com políticas vistas pela ótica do chamado "equilíbrio parcial" ou analisadas por seus efeitos apenas diretos. Precisamos de nuances e de tentar estimar os efeitos de segunda ordem. Por exemplo, um aumento de uma tarifa sobre o aço tem como efeito direto aumentar a produção local e o preço do produto no mercado. E, como efeitos secundários, desempregar pessoas que estão em mercados que usam aço como insumo. Já vimos como análises de equilíbrio geral funcionam, na segunda parte do livro. Por exemplo, não dá para olhar para a Previdência apenas por óticas parciais. Há muito em jogo, e por isso procuramos ir a fundo, olhando o problema de diversos ângulos.

É um capítulo metodológico e, portanto, se o leitor não tiver interesse em mergulhar em um modelo mental que vai lhe permitir olhar o mundo sobre uma ótica diferente, poderá deixar de lê-lo. Sugerimos esse esforço e esperamos que valha a pena.

Equilíbrio parcial *versus* geral

A maior dificuldade em prever o efeito de uma política pública é a passagem de um modelo mental de equilíbrio parcial para outro de equilíbrio geral. Nada ilustra melhor essa situação do que a questão do comércio internacional. A teoria das vantagens comparativas, proposta por David Ricardo no início do século XIX, mostra que a abertura comercial pode ser benéfica a todos os países. Hoje, a evidência empírica confirma a teoria, mas muitas pessoas ainda têm dificuldades com o tema. Não precisamos ir longe para ver como é difícil entender o conceito de vantagens comparativas. Desde a década de 1950, para citar um caso familiar, a indústria automobilística vem extraindo proteção contra a competição externa baseada apenas em argumentos de equilíbrio parcial.

No caso de protecionismo, à primeira vista limitar a competição parece fazer sentido — nossos trabalhadores ficariam protegidos da globalização e poderíamos ter um mercado de trabalho mais robusto, com menor desemprego e precarização. O problema é que esse argumento não só está errado, como esse erro custa muito caro.

APELO À RAZÃO

A base do equívoco é fazer uma análise de equilíbrio parcial, ou seja, considerar apenas o que acontece no mercado diretamente afetado pela medida de proteção. Ela ignora que, ao proteger um setor, isso torna todos os outros setores menos competitivos. No fundo, não passa de uma transferência de renda de toda a sociedade para trabalhadores e empresários do setor protegido — e essa transferência tem um custo alto para a sociedade.

As perdas da proteção vêm do que os economistas chamam de *deadweight loss*, ou peso morto, resultado da ineficiência de deslocar recursos da sociedade para um setor que claramente não é competitivo internacionalmente — se fosse, não precisaria de proteção. O peso morto pode ser estimado como a diferença entre os resultados verificados para ganhadores e perdedores em consequência da proteção. Por um lado, consumidores e outros produtores perdem, enquanto o governo pode ganhar ou perder (dependendo do tipo de proteção) e os produtores e trabalhadores do setor protegido se beneficiam. Uma análise de equilíbrio geral vai além dos efeitos sobre um setor, estimando os impactos sobre toda a economia. O melhor é juntar equilíbrio geral com dinâmica, ou seja, analisar o impacto sobre toda a economia ao longo do tempo. Afinal, é óbvio dizer que proteção a um setor protege empregos — se o governo deslocar renda suficiente para o setor, ele pode criar quantos empregos quiser, mas o custo disso pode ser astronômico. Para a sociedade, a eficiência importa. O governo não tem recursos ilimitados e a restrição orçamentária condiciona o grau de ação de políticas públicas. Caso contrário, bastaria anunciar que o governo estaria bancando empregos para todo mundo a um salário altíssimo.

Assim, para uma análise decente de equilíbrio geral de uma determinada política pública, podemos dividir os efeitos da proteção em três categorias: i) os custos para os consumidores e o restante da sociedade; ii) a receita — ou despesa — da proteção para o governo; e iii) os ganhos para o setor beneficiado pela política, dividido entre trabalhadores daquele setor e empresários. Uma política de proteção seria estaticamente boa se os benefícios fossem maiores que os custos. Essa observação sobre efeito estático e dinâmico é importante. Em alguns casos, uma política ruim no curto prazo — medida por uma relação custo/benefício — pode ser muito boa no longo prazo. Um exemplo disso é o argumento para a indústria nascente, que veremos adiante. Por enquanto, a análise é simples: se uma política causar um elevado peso morto, ela é ruim.

Em relação ao comércio, nos anos de 1980 e 1990 foram desenvolvidas muitas pesquisas que estimaram os efeitos de tarifas de importação sobre a sociedade. Essas pesquisas formaram a base de parte da negociação multilateral que gerou a Organização Mundial do Comércio (OMC). Embora a OMC tenha muitos defeitos, foi sua criação em 1994 e a posterior entrada da China, em 2001, que moldaram a segunda grande era da globalização, a qual ainda vivemos hoje — embora no Brasil isso não apareça tanto, já que continuamos como o país mais fechado do mundo para o comércio internacional.[32]

Trabalhos seminais de economia estimaram o peso morto da proteção em países desenvolvidos nas décadas de 1980 e 1990. A Tabela 12 mostra resultados clássicos das perdas com tarifas para países desenvolvidos.

O custo por emprego "salvo" é astronômico! A Europa chegou a pagar, indiretamente, mais de € 3 milhões, em dinheiro da época, por emprego mantido pela indústria de fotocopiadoras. O salário de cada empregado do setor era de pouco mais de € 20 mil por ano. E, é claro, hoje esses empregos não existem. As tarifas não impediram o setor de afundar, levando junto recursos da sociedade usados para a proteção comercial.

O setor de roupas e sapatos é emblemático do medo da competição chinesa. Até meados da década de 2000, o mundo se protegia da China por meio de um acordo multilateral que possibilitava altas proteções locais tanto em países desenvolvidos quanto nos emergentes. Felizmente, o bom senso venceu e o acordo multilateral (*Multilateral Fibre Agreement*) expirou em 2005. Desde então, grande parte da produção de vestuário mundial migrou para a China e outros países pobres, mas isso acabou gerando grandes benefícios aos consumidores europeus e do restante do mundo, especialmente aqueles mais pobres, que viram o preço relativo das roupas despencar ao longo dos anos. Em um artigo de 2018, Arnaud Costinot e Andrés Rodríguez-Clare[33] compararam o efeito da estrutura tarifária americana atual com a situação em autarquia, um termo técnico para um país que não participa do comércio global. Basicamente, entre 2 e 8% do PIB anual dos EUA é fruto dos ganhos de comércio internacional, um valor bastante significativo. Protecionismo tem um efeito muito grande — e ruim — sobre o bem-estar social. O que vale para os EUA vale para todos os países do mundo. Protecionismo custa caro.

---

[32] A primeira era incluiu o imperialismo e foi do século XIX até 1914.

[33] Costinot, A.; Rodríguez-Clare, A. The US Gains from Trade: Valuation Using the Demand for Foreign Factor Services. NBER Working Paper No. 24407. 2018. Disponível em: <http://www.nber.org/papers/w24407>.

Tabela 12
Impacto das tarifas sobre bem-estar social — EUA e Europa, década de 1980

		Tarifa (%)	Custo por consumidor (milhões)	Receita da tarifa (milhões)	Ganho empresas (milhões)	Perda social (milhões)	Custo por emprego (milhares)
Europa	Circuitos integrados	47,6	2.151	548	1.039	564	366
Europa	Fotocopiadoras	33,7	314	242	5	66	3.483
EUA	Azulejos	19,0	139	92	45	2	401
EUA	Objetos de vidro	11,0	266	95	162	9	180
EUA	Bagagem	16,5	211	169	16	26	934
EUA	Sapatos femininos	10,0	376	295	70	11	102

Obs.: Valores para os EUA em dólares e para a Europa em euros.

Fonte: Salvatore, D. *International economics*. Wiley Global Education, 2016.

Mas no Brasil o protecionismo anda mais vivo do que nunca. Somos o país que menos negocia com o restante do mundo. Estamos presos em um equilíbrio de baixo valor, no qual acreditamos que vamos criar empregos por impedir a entrada de produtos estrangeiros. Quem dera. Simplesmente tornamos tudo no país mais caro e subsidiamos regiamente os setores que são protegidos da concorrência internacional.

Teoria dos jogos: protecionismo *versus* abertura e outros temas

Economistas usam a teoria dos jogos para descrever o comportamento estratégico de pessoas e empresas quando suas decisões dependem do que outros farão. Isso pode ser útil tanto para um jogo de cartas — daí o nome da teoria — quanto para representar o comportamento das empresas em mercados competitivos ou até de países em cenários de potenciais conflitos globais.

O rentismo é facilmente modelável com a teoria dos jogos. Chamamos de "comportamento rentista" aquele que se aproveita da sociedade sem entregar nada em troca. A conhecida "Lei de Gérson" é a melhor representação desse tipo de comportamento — tentamos nos beneficiar de algo, mesmo que o resultado seja de menor valor para toda a sociedade.

Proteção comercial é um problema de rentismo setorial. A razão pela qual os países emergentes são mais protecionistas é simples: corrupção, elitismo ou uma avaliação econômica ruim — de equilíbrio parcial. No primeiro caso, setores mais fortes corrompem autoridades públicas, extraindo proteção em troca de propinas. No segundo, mais comum, setores se organizam, inclusive com trabalhadores, para bradar contra a invasão de produtos estrangeiros. Como já vimos, os consumidores perdem com a proteção comercial, mas cada pessoa tem pouco incentivo para lutar contra o protecionismo. No terceiro caso, por ingenuidade ou incompetência, adotam-se políticas equivocadas que geram resultados opostos aos imaginados por seus defensores.

O resultado da vitória dos setores que pedem proteção sobre o restante da sociedade no jogo político aparece nos Gráficos 17 e 18. O Gráfico 17 mostra como a participação do comércio internacional — exportações mais importações — no PIB brasileiro mudou muito pouco desde a década de 1960. Simplesmente passamos batidos pela segunda onda da globalização.

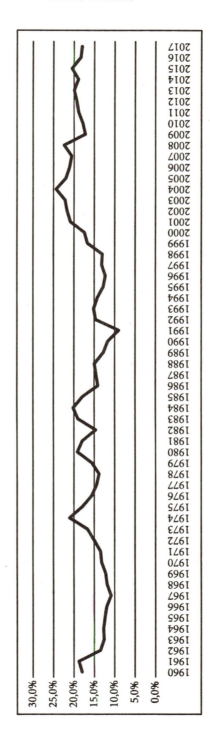

Gráfico 17
Comércio de bens como % do PIB, Brasil, 1960–2017

Fonte: Banco Mundial.

O Gráfico 18 compara o Brasil com o restante do mundo. Estamos na lanterna entre todos — sim, todos — os países do mundo no que tange ao comércio internacional. Somos o país mais fechado do mundo. Estamos atrás até de Cuba!

Gráfico 18
Comércio internacional de bens como % do PIB, 2016

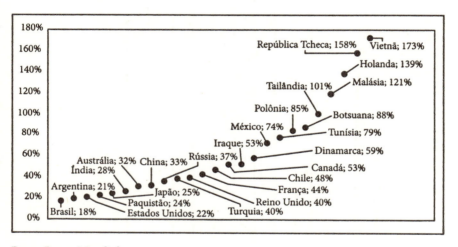

Fonte: Banco Mundial.

Por que o apelo de políticas protecionistas é tão forte, a ponto de um professor italiano de finanças querer montar uma carreira política baseada nesse tipo de ideias? A razão é simples: as empresas, que perderiam muito com abertura, têm enorme incentivo para lutar a fim de manter seus privilégios, enquanto os outros agentes da sociedade acabam tendo menor incentivo para buscar a liberalização comercial. "Benefícios concentrados *versus* custos difusos" é um tema clássico da temática do protecionismo. A alternativa de não adotar política protecionistas gera, por sua vez, benefícios difusos — para a sociedade — e custos concentrados — para algumas empresas. Sempre que isso acontece, a classe privilegiada, que extrai recursos da sociedade, tem grande possibilidade de vencer o jogo de interesses contra o restante da sociedade. Fazer política, muitas vezes, é basicamente saber dizer não aos inúmeros pedidos de grupos de interesse.

Tomemos como exemplo o mercado de bagagens nos EUA, cujos resultados já apresentamos na Tabela 12. Nesse setor, na década de 1980, a tarifa de 16,5% custava à sociedade US$ 26 milhões anualmente, e as empresas ganhavam US$ 16 milhões com a proteção. Ou seja, cada família americana perdia menos de US$ 1 por ano com tarifas a bagagens importadas, mas os produtores se beneficiavam bastante. É fácil entender por que os produtores vencem — eles têm muito mais incentivo para lutar a fim de manter as tarifas do que os consumidores.

É por isso que o mundo caminhou para acordos multilaterais. Essa é a maneira mais simples de tentar vencer os *lobbies* locais. No Brasil, infelizmente, nem os acordos "pegam". Somos protecionistas por natureza. O resultado está nos Gráficos 17 e 18, que mostram o fechamento de nossa economia. Aqui temos que ter um pouco de cuidado. Países maiores, com grandes mercados, têm por natureza menor relação entre comércio e PIB. Basta olharmos para o que acontece com EUA e China. Muita gente vê a China como a grande vilã do comércio internacional, mas a relação entre comércio e PIB lá é de pouco mais de 30%, enquanto na Tailândia, com população muito menor, é de 100% do PIB. O tamanho de nossa economia, porém, não pode servir de desculpa. Somos fechados porque é assim que construímos nossa história. Precisamos mudar.

O que vale para o comércio vale para outras áreas do nosso dia a dia. Estamos presos a vários equilíbrios de baixo valor que corroem nossa sociedade, enquanto alguns grupos se beneficiam. Vamos agora debelar outros mitos sobre comércio, usando a ideia de que efeitos de equilíbrio geral são mais importantes que os de equilíbrio parcial.

Estática *versus* dinâmica

Sair de um modelo mental de equilíbrio parcial para outro de equilíbrio geral já é difícil — e isso fica ainda mais complicado quando introduzimos dinâmica em análise econômica. Afinal, acompanhar os resultados de uma política ao longo do tempo, isolando os efeitos que queremos estimar, é às vezes tão complexo quanto achar uma agulha em um palheiro. O esforço vale a pena, porém. Vejamos um caso recente, bem interessante. Nathan Robinson, editor da *Current Affairs*, escreveu um editorial muito ruim no jornal *The Guardian*,[34] sobre o lançamento do foguete da empresa SpaceX, em fevereiro de 2018, que levou um carro Tesla Roadster ao espaço. Nele, Robinson afirma que "em um mundo com crises humanitárias como a guerra civil na Síria, nada justifica gastar uma montanha de dinheiro em lançamentos de foguetes". Esse argumento só faria sentido se: i) fosse possível transferir os recursos gastos no foguete para resolver a crise da Síria e ii) não houvesse nenhum benefício de longo prazo no lançamento do foguete. Aqui nos interessa o contra-argumento a este último ponto.

Não é preciso muito apelo à razão para perceber o equívoco do editorial. Vamos nos ater ao segundo ponto. Um foguete experimental é o primeiro passo em uma longa série de inovações para otimizar o lançamento de foguetes no espaço. Colocar um carro no espaço é, estaticamente, uma jogada de marketing, mas, dinamicamente, é um passo em um processo de várias etapas de busca por eficiência. É assim que sociedades se desenvolvem, por um misto de ciência básica e aplicada que melhora os processos produtivos. Pensar no lançamento de um foguete como um desperdício de dinheiro é não entender que a sociedade é dinâmica em sua essência.

O raciocínio dinâmico é difícil, pois requer tentar prever os efeitos de mudanças em políticas públicas ao longo do tempo. Já comentamos como um dos grandes exemplos de sucesso de políticas públicas no Brasil é o Bolsa Família. Seu sucesso se deve, em grande parte, a seus efeitos dinâmicos, não estáticos. Do ponto de vista estático, o Bolsa Família nada mais é que uma transferência de renda da sociedade para famílias pobres, e o valor da bolsa é normalmente muito baixo — não passa de R$ 380 no caso extremo no qual uma família se encaixa em todos seus requisitos. Ou seja, qualquer emprego formal gera mais que o dobro de renda para a família.

Se o valor do benefício é tão baixo, por que ele é tão bom a ponto de ajudar o governo brasileiro a diminuir muito a extrema pobreza? A razão é simples: volatilidade. Pobreza não é apenas falta de renda, mas também sua incerteza: há meses em que a pessoa recebe uma pequena "bolada" em um bico e sente-se até relativamente bem, mas depois pode passar meses sem renda ou com ingressos paupérrimos. Um pedreiro, contratado informalmente,

---

[34] Robinson, N. Why Elon Musk's SpaceX launch is utterly depressing. *The Guardian*, 7 fev. 2018. Disponível em: <https://www.theguardian.com/commentisfree/2018/feb/07/elon-musk-spacex-launch-utterly-depressing>.

APELO À RAZÃO

é o caso típico. O Bolsa Família dá previsibilidade às famílias pobres — no pior dos casos, há pelo menos o dinheiro da bolsa para tentar sobreviver.

A questão da "estática *versus* dinâmica" também nos ajuda a diferenciar direitos de privilégios. Em nossa Constituição, teoricamente temos direito a tudo, de educação a saúde, de uma vida digna a aposentadoria. A questão principal que devemos nos perguntar é se nosso direito afeta o restante da sociedade ou não. Infelizmente, vários direitos são incompatíveis entre si. É impossível combinar educação gratuita de qualidade com auxílio-paletó e outros privilégios de nosso Judiciário, para citar apenas um caso.

A elite, a administração pública e a exclusão social

O comportamento de parte de nossa elite se insere no contexto do que Robinson e Acemoglu, em seu excelente livro sobre a riqueza das Nações, chamam de "instituições extrativistas" — em contrapartida a "instituições inclusivas". O Bolsa Família é um exemplo de política inclusiva, mas, no geral, o Brasil tem muitas categorias que resistem enormemente à redução de seus privilégios que configuram situações de rentismo.

O interessante é saber que essa sina de extrativismo é normal em países pobres. Um dos autores esteve em Angola em 2010 para ensinar gestão de políticas econômicas ao Gabinete da Presidência. Ministros mostraram os planos de novas instituições de ensino superior, mas deixaram claro uma coisa: "Precisamos de tudo, menos de mais cursos de Direito." Por quê? Porque já havia muitos profissionais cujo principal objetivo era garantir seu quinhão com base em artifícios legais.

Normalmente, o argumento em defesa de maiores salários é que eles são importantes para evitar a corrupção. Esse raciocínio, entretanto, não tem maior embasamento teórico ou empírico. Não há relação direta entre remuneração e corrupção no setor público. Van Rijckeghem e Weder, em um artigo de 2001, fazem um excelente trabalho empírico, no qual mostram que a evidência de que aumentos salariais diminuiriam a corrupção é frágil.[35]

---

[35] Van Rijckeghem, C.; Weder, B. Bureaucratic corruption and the rate of temptation: do wages in the civil service affect corruption, and by how much? *Journal of Development Economics*, v. 65, n. 2, p. 307–331, 2001.

Eles até encontraram uma evidência dessa relação, mas a elasticidade é tão baixa que a necessidade de salário para deter a corrupção seria enorme. Ou seja, não parece ter procedência um país tentar conter corrupção com altos salários — o custo social é muito grande. A remuneração paga aos funcionários públicos deve ser condizente com suas qualificações e com o mercado. Gong e Wu, em 2012, analisaram o caso da China e encontram o resultado que é mais compatível com o que se esperaria de um país de renda média: a evolução das instituições, o monitoramento e a punição são as ferramentas mais eficazes para deter a corrupção.[36] Punir desvios de conduta é o caminho para um judiciário mais eficiente. Aqui, estamos no pior dos mundos. Não há qualquer outro país no qual um funcionário público receba mais de vinte vezes o salário mínimo na entrada do serviço público, como no caso de algumas carreiras. Nossa justiça é cara e muito ineficiente. Pior: do ponto de vista dinâmico, não pune os desvios de conduta! É o contrário do que deveria ser feito — punições exemplares e salários dignos, porém associados à renda de um país do nível de desenvolvimento do Brasil.

Rose-Ackerman e Palifka, em 2016, escreveram um grande manual sobre reformas do setor público para limitar a corrupção.[37] Não há dúvida de que no caso brasileiro isso passaria por uma grande transformação do contrato social, limitando privilégios de várias categorias de concursados no Brasil. Precisamos melhorar a distribuição de renda no país — e uma reforma do Estado tem que ser parte disso.

Queremos uma sociedade justa, ou não? Em nenhum outro país há tal discrepância de salários entre os setores público e privado. Está na hora de mudar. E como mudanças não ocorrem apenas de cima para baixo, precisamos entender a evolução das normas sociais em outros países. Muitas vezes queremos, no Brasil, soluções simples que passem pela figura de um líder messiânico. Ele ou ela viria com políticas prontas e bastaria implementá-las, a partir do alto da figura de uma autoridade. Porém, não é assim na vida real. Melhoria passa por entendermos que temos também que mudar nosso comportamento. Propomos soluções técnicas, esperando que levem o Brasil para a frente, mas temos que ter a humildade de reconhecer nossas

---

[36] Gong, T.; Wu, A. M. Does increased civil service pay deter corruption? Evidence from China. *Review of Public Personnel Administration*, v. 32, n. 2, p. 192–204, 2012.

[37] Rose-Ackerman, S.; Palifka, B. J. *Corruption and government*: Causes, consequences, and reform. Nova York: Cambridge University Press, 2016.

limitações. Nenhum país foi para a frente apenas com políticas públicas de qualidade. Se fosse assim, bastaria copiar o roteiro de quem deu certo. O Brasil tem diversas qualidades — a principal delas, em nossa visão, é o fato de que a sociedade brasileira é realmente um dos melhores exemplos de *melting pot* do mundo. Todos que querem viver aqui acabam se integrando a nossa realidade. Quem vem de fora muda e nos ajuda a mudar. Ao mesmo tempo, também temos nossos defeitos. É hora de sair da metodologia e ver como o restante do mundo evolui, para termos consciência do que nos falta. Poderemos ter, então, uma visão completa de como traçar um roteiro para uma nova sociedade, como veremos na parte final do livro.

Parte IV

Um mundo em mutação

Terminamos a parte III com um guia para se pensar como economistas, depois de estabelecer as condições para que o Brasil escape da armadilha da renda média. Economia, porém, não é tudo. Queremos sair do método para o mundo, antes de chegarmos às propostas para o Brasil. Para isso, precisamos discutir uma das grandes diferenças do país e do restante do mundo: a questão das normas sociais.

Precisamos entender o que torna o brasileiro diferente do dinamarquês ou do chinês, para o bem e para o mal. Nosso famoso jeitinho, que nos torna muito simpáticos e flexíveis aos olhos do mundo, também é um obstáculo quando se traduz em falta de *accountability*.

Uma vez complementando a análise histórico-econômica com a evolução das normas sociais, passamos a olhar como o mundo está mudando, em termos de políticas públicas. Ninguém fica parado — nem nós deveríamos ficar. Tivemos um suspiro de modernidade com as reformas dos anos 1990 e melhoras sociais como a criação do Bolsa Família nos anos 2000, mas, de resto, estamos parados enquanto o mundo se move. Damos um foco especial à China, como não poderia deixar de ser, pois é a economia mais capitalista e dinâmica atualmente.

Terminamos esta parte do livro com um capítulo sobre as tendências tecnológicas mundiais — pelo menos aquelas que já estão batendo à porta — e como elas apresentam desafios para os formuladores de políticas públicas no Brasil. Em um país que ainda grita que "o petróleo é nosso", precisamos de soluções que o ajudem a se preparar e tentar evitar mudanças climáticas. Ao final, teremos um panorama parcial, mas profundo, das tendências mundiais que nos permitirão traçar políticas públicas para trazer o Brasil ao século XXI. Estamos atrasados, mas no final, tudo depende apenas de nós.

13. A evolução das normas sociais

"O racismo é um crime perfeito no Brasil."

Kabengele Munanga, antropólogo

As normas sociais importam — e muito — para o desenvolvimento de um país. Isso inclui a evolução da relação entre Estado e Religião, nossas expectativas em relação à prestação de serviços públicos e até mesmo a maneira como tratamos nossos vizinhos. Gostamos de citar os países escandinavos como exemplo de governo que deu certo. No entanto, lá as normas sociais são não apenas diferentes, mas muitas vezes antagônicas ao modo de pensar do brasileiro. Lá, normalmente toda regra, por menor que seja seu sentido, é cumprida. Pode ser que a regra seja mudada, mas se ela estiver em vigor, o certo é fazê-la valer. E ponto.

Um bom exemplo do rigor das regras é o que aconteceu na Dinamarca com um aluno da Copenhagen Business School (CBS), onde um dos autores dá aula periodicamente. O aluno, venezuelano, estava matriculado em um mestrado, encantou-se com a Dinamarca, arrumou uma namorada e até aprendeu dinamarquês, algo raro, já que basta o inglês para se conviver no país. Enquanto estudava, pegou uns "bicos" para sobreviver. As regras diziam que ele podia trabalhar em tempo parcial até vinte horas por semana — e foi o que ele fez. Durante as vinte semanas do primeiro semestre, trabalhou exatamente 398 horas, todas registradas. Ele não sabia que as regras diziam que o limite de vinte horas era realmente semanal e não cumulativo — ou seja, ele precisava trabalhar menos que vinte horas em cada uma das semanas e não no acumulado do semestre, como imaginava.

Em três das vinte semanas, ele acabou trabalhando algumas horas acima do limite, a pedido de seu empregador, compensando em outras semanas. Lá, regras são regras e a ignorância delas não absolve o infrator. O entendimento da sociedade é que conhecê-las é responsabilidade de todos. Em consequência, o rapaz foi mandado embora do país, já que seu visto não foi renovado e ele teve então que voltar à Venezuela, onde o apoio dos pais de sua namorada, que o ajudaram a contratar um advogado dinamarquês, o levou à única solução possível: começar novamente o processo, aplicando para outro visto e explicando tudo o que aconteceu. Ele acabou conseguindo voltar à Dinamarca, mas isso lhe custou mais de US$ 20 mil e a perda de um semestre do curso, e todo seu processo de permanência fixa no país pode ter ido por água abaixo, pois ficou uma mancha em seu registro. Não estamos discutindo aqui se a punição foi excessiva ou não, mas explicando que o apelo às regras não pode ser apenas um modismo de quem gosta de reclamar da confusão que é o Brasil. Regras são algo muito sério. Este capítulo trata disso.

A *accountability* e os problemas brasileiros

Todos já vimos isso alguma vez na vida, na casa de amigos. Quando o filho de alguém bate com a canela na mesa, um dos pais pega sua mão e o faz repetir: "mesa feia!" Falta ao brasileiro *accountability*, uma ausência tão sintomática que nem a palavra existe em português — a melhor tradução talvez seja "responsabilização individual", e ainda assim essa é uma tradução falha. Em português, "responsabilização" tem sentido de ser culpado se algo der errado. *Accountability*, porém, é diferente, pois é simétrica: seríamos responsáveis por nossos ônus, mas também pelos bônus. Aqui no Brasil, nada é nossa culpa. O filho vai mal na escola? Os pais transferem a responsabilidade para o professor. Que reclama do diretor e das condições de trabalho. O diretor culpa o governo, que por sua vez transfere tudo para a crise internacional ou o FMI. Quantas vezes o leitor não ouviu a seguinte frase: "Fulano não passou na prova, mas coitado, estava muito difícil."

Um dos autores é professor de educação para executivos na Fundação Dom Cabral. Antes, quando fazia isso quase exclusivamente, rodava pelo

APELO À RAZÃO

Brasil. Tinha uma rotina predefinida para acordar cedo: pedia à recepção uma ligação para sua hora de acordar e ainda colocava o celular para despertar. Em uma aula em Curitiba, havia chegado tarde na noite anterior e esquecido de pedir a ligação na recepção do hotel e, além disso, o celular estava no silencioso. Quando acordou, percebeu o atraso e saiu correndo, pedindo ao taxista que fosse o mais rápido possível para a sede do evento. O taxista, sem titubear, respondeu: "Calma, chefia, é só dizer que o trânsito estava pesado. Sem estresse." Estamos errados e botamos a culpa no outro.

Nossa cultura está recheada de exemplos de transferência de responsabilidade, para o bem e para o mal. No caso da criança e da mesa, a culpa é do objeto inanimado, e não da cria distraída. Nossos cacoetes comportamentais são assumidos na mais tenra infância. Uma pessoa é *accountable* quando toma para si as consequências de seus atos. Isso significa que assume os erros quando é sua culpa, mas também que também deve receber os louros por suas atitudes, se elas são consequências diretas de seus atos.

Exemplos de falta de responsabilização individual estão até na língua portuguesa. Se estamos com um copo na mão e ele por alguma razão se espatifa no chão, quase sempre dizemos: "o copo caiu". O sujeito da frase, nesse contexto, é o copo, e não o indivíduo, que por desatenção ou falta de cuidado fez com que o copo caísse. O correto seria "deixei o copo cair", mas não é assim que dizemos. No Brasil, o copo se suicida! Transferimos a responsabilidade até para objetos inanimados...

Isso também vale no mercado de trabalho. Corriqueiramente, perguntamos a um colega quanto ele ganha ou dizemos que "Fulano está no mercado pedindo emprego". A frase "quanto você ganha" é sintomática da falta de *accountability*: o salário não tem a ver com esforço ou produtividade — é uma espécie de presente, uma dádiva divina ou um acontecimento recorrente no qual magicamente um valor mensal aparece na conta corrente. Não queremos aqui dizer que o modelo mental anglo-saxão é o correto, mas certamente, em termos de responsabilização individual, a língua inglesa mostra isso na maneira das pessoas se expressarem. Em inglês, não se pergunta "Quanto você ganha?", mas *"How much do you make?"* ou *"How much do you earn?"*. No primeiro caso, *accountability* está direta na veia, já que a tradução é "Quanto você faz?". No segundo, a responsabilização tem um pouco mais de rodeios, "Quanto você faz por merecer?". Em ambos os casos, o sujeito da ação é o indivíduo — o salário é resultado do esforço individual. É bom lembrar que aqui não estamos defendendo uma meritocracia rasa, mas simplesmente mostrando quanto no Brasil transferimos a responsabilidade para os outros — de preferência, entidades abstratas ou imprecisas ou objetos inanimados — e quão longe estamos de um modelo que poderia aumentar nossa produtividade pelo simples fato de que as pessoas passariam a ser donas de suas ações e responsáveis por elas.

O que está na língua vale para o sistema político e econômico. Quando um político ruim é eleito, a primeira coisa que fazemos é negar que tenhamos votado nele. Jânio Quadros renunciou citando forças ocultas. Toda vez que há qualquer sinal de crise no país, a primeira ação de um governante é encontrar um culpado indeterminado: crise internacional, falta de chuvas, o FMI etc.

A falta de *accountability* é um problema sério no Brasil, pois afeta a produtividade das empresas e torna nosso jogo político e econômico ainda pior, já que ninguém nunca é culpado por nenhum erro. Nas empresas, um tempo gigantesco é perdido gerindo problemas sem dono. Do outro lado da moeda, não valorizamos as realizações dos trabalhadores e temos imensa dificuldade em remunerar funcionários que são mais produtivos que outros — "não faz mais que sua obrigação", afirmam os gestores.

Não por acaso, já se disse muitas vezes que o Brasil é o "país do coitadinho", em que o responsável por algum fracasso, em vez de assumir sua responsabilidade, vira o "coitado", transferindo a "culpa" para terceiros. Não, a culpa não é dos outros. É toda nossa. Não há complô dos EUA contra o desenvolvimento brasileiro. A rede Globo não manipula a mente do povo — a maioria das pessoas liga feliz a TV para ver o *Fantástico* no final do domingo — nem há um grupo de *iluminati* decidindo para onde vai o país. Nossos problemas são nossos e de mais ninguém. Mesmo que não tenhamos votado no candidato que venceu as eleições, é nossa responsabilidade participar do jogo democrático e monitorar os vencedores, para ter certeza de que cumpram o que prometeram aos eleitores.

Um amigo de um dos autores, professor de matemática que já deu aula na França e hoje está em Xangai, comenta, para quem quiser ouvir, que ficou impressionado com a atitude da secretaria dos departamentos na França. Ninguém fazia corpo mole, mesmo tendo estabilidade no emprego. Afinal, a remuneração vem de todos os franceses. Ninguém no departamento

APELO À RAZÃO   211

admite uma pessoa tirar os recursos da sociedade para si. Os impostos são pagos por todos. Fazer "corpo mole" significa se locupletar do restante da população, o que é inaceitável.

O Brasil é recheado de "jabuticabas", ou seja, características próprias nossas. A falta de responsabilização individual é uma delas e gera uma sociedade em que as normas sociais incentivam o rentismo. Precisamos mudar nossas normas sociais, especialmente a conhecida por "Lei de Gerson", que diz que, se pudermos nos beneficiar, devemos fazê-lo. Estamos em um país cheio de desigualdades e no qual precisamos remar juntos para a frente. Fugir da responsabilidade não nos levará a lugar nenhum.

Discriminação, violência e a necessidade de novas normas sociais

Os exemplos de discriminação de raça são parte de nossa história e, infelizmente, ainda permeiam o cotidiano brasileiro. Há inúmeras evidências científicas sobre isso.[38] E há o senso comum. Um exemplo singelo: se pegarmos dois currículos e colocarmos as mesmas informações, trocando apenas a etnia da pessoa na foto, qualquer pessoa negra receberá muito menos chamadas para uma entrevista. Ou seja, colocando foto no currículo e controlando por todos os outros fatores, um negro vai receber muito menos oferta de empregos que um branco. Não colocando foto, mas colocando nome que esteja associado à etnia, o resultado é o mesmo: discriminação. Isso vale em todo o mercado de trabalho. E não são as empresas: é geral. O número de negros nas posições hierarquicamente mais elevadas no governo e nas empresas é ínfimo. Ambos os autores dão palestras ou aulas para

---

[38] Guimarães, A. S. A. *Preconceito e discriminação*: queixas de ofensas e tratamento desigual dos negros no Brasil. São Paulo: Editora 34, 2004; Saldaña Pereira, R.; Rambla, X. Desigualdad racial en Brasil: la realidad desmiente el mito. *Revista Mexicana de Sociología*, v. 69, n. 3, p. 401–426, 2007; Santana, V.; Almeida-Filho, N.; Roberts, R.; Cooper, S.P. Skin colour, perception of racism and depression among adolescents in urban Brazil. *Child and Adolescent Mental Health*, v. 12, n. 3, p. 125–131, 2007; Pavão, A. L. B.; Ploubidis, G. B.; Werneck, G.; Campos, M. R. Racial discrimination and health in Brazil: evidence from a population-based survey. *Ethnicity & Disease*, v. 22, n. 3, p. 353–359, 2012; Chor, D. Desigualdades em saúde no Brasil: é preciso ter raça. *Cadernos de Saúde Pública*, v. 29, n. 7, p. 1.272–1.275, 2013; Telles, E. E. Race in another America: the significance of skin color in Brazil. Princeton: Princeton University Press, 2014.

empresas onde todos — não a grande maioria, mas todos — os executivos são brancos. Até a geração mais moderna assumir em algumas empresas, a direção agia para impedir negros de alcançarem os cargos executivos. Com esses elementos, se um estrangeiro diz que o Brasil é um país racista, torna-se impossível contra-argumentar.

O artigo de Marcus Lima vai mais fundo.[39] Em um experimento científico controlado, indivíduos brancos deveriam avaliar dois grupos de pessoas, um de negros e outro de brancos — representados por fotografias — que obtinham sucesso social ou que eram malsucedidos socialmente. Lima concluiu que os negros que obtêm sucesso social são percebidos como mais brancos do que os negros que fracassam. Para piorar, quanto mais os negros com sucesso são percebidos como brancos, mais características tipicamente humanas lhes são atribuídas. O inverso se passa para os negros mais percebidos como negros. A realidade é dura, mas precisamos admiti-la se vamos fazer valer o conceito de *accountability* da seção anterior e buscar efeitos de longo prazo no qual o país se desenvolve de verdade e não apenas tenha crescimento econômico: precisamos combater ativamente a discriminação que praticamos no cotidiano. Jamais apagaremos de nossa história a vergonha de termos sido o último país do mundo a abolir a escravidão, mas o mínimo que podemos fazer no futuro é garantir direitos e oportunidades iguais para todos. Às vezes, é difícil perceber o racismo velado presente no cotidiano do Brasil quando se está nele, mas basta passar um tempo fora e olhar os dados econômicos brasileiros para se ter ideia de como ainda nos falta evoluir para que o país seja mais justo para todos.

Além disso, somos, de certo modo, um país genocida. No Brasil, em 2017, foram mais de 60 mil assassinatos, entre inocentes, ladrões de galinha, bandidos e policiais. Isso significa 12% de todos os assassinatos no mundo! É uma tragédia. A Figura 4 mostra os países mais violentos, todos com índices de homicídio acima de 5 por 100 mil habitantes.[40]

---

[39] Lima, M. E. O.; Vala, J. Sucesso social, branqueamento e racismo. *Psicologia: Teoria e Pesquisa*, v. 20, p. 11–19, 2004.

[40] Na figura não colocamos Honduras, cuja taxa de homicídio era de 91 no ano de 2016, para o qual temos dados, porque o país é um *outlier* muito grande. Ou seja, a taxa de homicídios é tão grande em Honduras que não há outro país comparável no mundo.

Figura 4
Relação entre homicídios por 100.000 habitantes (apenas países cuja taxa de homicídios é > 5) e PIB *per capita*

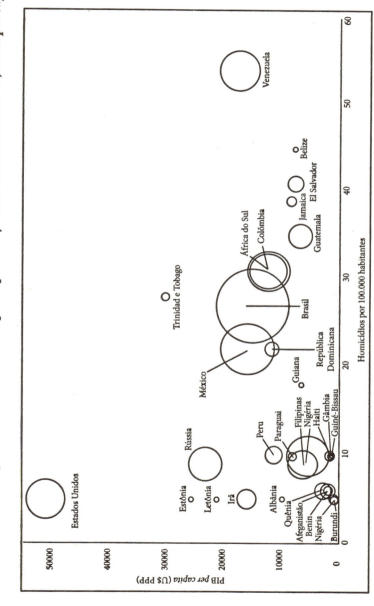

Fonte: Elaboração dos autores com base em dados do Banco Mundial.

Como podemos ver, são poucos os países de classe média ou ricos com taxas acima desse valor. De países ricos, temos os EUA nessa categoria. Não há ninguém à frente do Brasil: somos o número 1 em assassinatos. Relativamente, estamos junto de outros países de classe média, como África do Sul e México.

Podemos reduzir os problemas brasileiros a dois: violência e falta de mobilidade social. Todo o restante advém disso: do desemprego à desigualdade de renda, do corporativismo à baixa produtividade, da péssima elite política à discriminação e ao rentismo nosso de cada dia. Nosso Estado não entrega condições mínimas para os cidadãos sobreviverem e investirem recursos — não só dinheiro — em seu futuro. É mais que falta de saúde e educação: é falta de esperança.

É preciso entender por que nossas normas sociais são diferentes, para que possamos trazer as melhores práticas mundiais e evidências científicas com o objetivo de postular um novo contrato social de desenvolvimento de longo prazo, que combine justiça social com proteção ao ambiente. Nossa próxima geração está a ponto de ser perdida e, mesmo que façamos tudo o mais rapidamente possível, ainda mataremos milhares de brasileiros nos próximos anos, além de mantermos alijadas outras dezenas de milhões.

A falta de esperança é mais aguda nos jovens que entram no mercado de trabalho. China e Dinamarca, mesmo sendo tão diferentes entre si, têm algo em comum hoje: os jovens sabem que, por esforço e persistência, podem alcançar uma vida melhor para suas famílias. Isso vale até para os cerca de duzentos milhões de migrantes que vivem de maneira semilegal no leste chinês. Já aqui, "saber que com esforço e persistência podem alcançar uma vida melhor para suas famílias" é uma ideia completamente distante da realidade da enorme maioria dos jovens brasileiros.

Nossas normas sociais são de um individualismo que não condiz com uma sociedade solidária. Naturalizamos a pobreza e a violência — "naturalizar" é um termo técnico em Ciências Sociais, no qual sociedades internalizam desvios de conduta e ele se torna parte do comportamento padrão. Achamos natural, tanto no aspecto técnico quanto no coloquial do termo, a discriminação, a pobreza e a violência a nosso redor. Não deveria ser assim. Não somos mais um país pobre. Não deveríamos aceitar a multidão de nossos conterrâneos que vive na rua. Se há algo que não existe em muitas favelas é o direito de ir e vir. Na prática, historicamente, nossa Justiça e as

APELO À RAZÃO   215

instituições associadas ao policiamento e ao encarceramento sempre agiram
de modo discriminatório contra pobres e negros. Precisamos de políticas
pró-mobilidade, que certamente reduziriam nossa desigualdade e que vão
requerer esforço por parte de todos.

Economia com justiça social se faz no longo prazo e precisa de mudanças em normas sociais. Países europeus desenvolveram as suas ao longo de
séculos e, em parte, como fruto das inúmeras guerras no continente. Na
China, as normas sociais evoluíram de maneira diferente, com uma mistura
de hierarquização de cima para baixo com governos poderosos e hierarqui-
zados e crises periódicas, nas quais o núcleo familiar passou a ser o centro
da vida dos indivíduos — é normal que os mais velhos se sacrifiquem em
prol dos mais novos, que devem pagar, direta e indiretamente, esse apoio
ao longo do tempo.[41] No Brasil, nossas normas sociais, infelizmente, não
tornam nosso desenvolvimento fácil. Somos individualistas no mau sentido
da palavra, sem ligar para a coletividade. Também, como já vimos, ignoramos a responsabilização individual — a *accountability*.

Realística e infelizmente, não há como estabelecer um novo contrato social da noite para o dia. É um caminho longo — e este livro, de certo modo,
tem a aspiração de ser parte dele. Precisamos de soluções que nos tragam
para o século XXI, e parte dos obstáculos a essas reformas é explicada por
nosso individualismo pueril — ninguém quer largar o osso em sua vez de
roê-lo. É por isso que reformas são difíceis. Podemos enxergar isso no caso
das privatizações. Muitos brasileiros foram para as ruas a fim de manter o
status quo — a Telebras era nosso patrimônio, afinal.

A questão é que a função do Estado não é acumular patrimônio. E não
faz sentido, como era o caso até pouco tempo atrás, ter uma linha de telefone
declarada como ativo de alto valor no imposto de renda. As privatizações
foram positivas e, na medida do possível, representaram uma forte mudança
importante em relação às normas vigentes na época.

É claro que o ideal não é ter reformas contra normas sociais vindas de
cima para baixo. Educação e evolução deveriam caminhar juntas, para criarmos valores comunitários e inclusivos. Os autores, nessa tentativa de apelar
para a razão, têm sua própria ideologia — e não há como ser diferente. Polí-

---

[41] Essa norma é tão forte que está hoje no Código Civil do país. Os pais têm o direito de
processar os filhos para forçá-los a visitar os genitores por determinadas horas por mês.

ticas econômicas não emergem apenas por razões técnicas. Normas sociais limitam as ações políticas. Aqui, deixamos nossa declaração de princípios: sabemos que somos privilegiados por sermos brancos, homens e termos tido acesso à educação de qualidade e por termos tido acesso a serviços fundamentais que muitas vezes são negados a nossos conterrâneos, mesmo hoje. Queremos um país mais justo, onde ninguém será discriminado por orientação sexual ou cor de pele e onde as pessoas terão liberdade para buscar seus caminhos, mesmo e apesar de discordarmos deles. E isso significa sacrifício para todos, inclusive em proposta de aumento de impostos, se for o caso, que afete diretamente a quem aqui escreve. O que não podemos é continuar tendo um país onde, ao se crescer em uma favela, o apelo do tráfico torna fácil de entender por que uma criança escolheria esse caminho em vez da árdua e demorada saída pela educação.

Normas sociais importam. Não precisamos copiar a Dinamarca, mas precisamos abandonar o rentismo nosso de cada dia, do qual cada um de nós procura se beneficiar, mesmo que às custas de toda a sociedade.

14. *Eppur si muove*

> "Reforma é a missão da qual não vamos nos afastar."
>
> Hamad bin Isa Al Khalifa, rei de Barhrain

Galilei, Newton e Einstein. Esses são os grandes físicos que todos conhecem. Podemos argumentar que outros — Bohr, Euler (matemático, físico e até filósofo), Curie, Maxwell e Feynman — contribuíram quase tanto, mas nunca mais do que qualquer um desses três. O título deste capítulo é uma famosa frase de Galilei, quando forçado a se retratar por suas ideias "heréticas" de que a Terra girava em torno do Sol. Quando exclamou: "entretanto, ela se move", estava deixando claro que podia se retratar formalmente, mas que ninguém poderia negar que era a Terra que girava em torno do Sol — e não o contrário.

No Brasil, o que não falta é gente pregando saídas fáceis e convenientes. Muito mais que o fenômeno de *fake news*, o pior são as *fake analysis*, isto é, análises primárias que se fazem passar por políticas públicas. Infelizmente, não há saídas fáceis para nossos problemas. O que pretendemos neste capítulo é mostrar que a Terra ainda se move... Ou seja, destacar como muitos países estão mudando para melhor. Aqui não queremos apenas tirar lições para o Brasil, mas também mostrar como o mundo gira e como os países que se desenvolvem são aqueles dinâmicos, que estão sempre ajustando suas sociedades para se preparar melhor para o futuro.

Este capítulo tratará de casos mais associados a experiências ocorridas no mundo desenvolvido, mas também há bons exemplos a emular entre as economias emergentes. Além dos casos notórios de alguns países asiáticos, temos boas mudanças ocorrendo nos países da Europa Oriental e aqui, mais perto, o Chile e também o Peru (país pouco comentado no Brasil, mas cuja economia está se transformando de maneira interessante).

Alemanha: de "patinho feio" a líder da Europa

Hoje, a Alemanha é o país mais dinâmico da União Europeia. Sua economia vai tão bem que força o euro a se valorizar, o que tem impacto sobre os outros países da zona do euro. Um de nossos colegas, Alberto Bagnai, é um dos economistas mais conhecidos da Itália e prega que o euro está fadado a falhar. Ganhou uma vaga no Senado com base nessa plataforma. Entre outras razões, ele aponta que é impossível uma moeda comum vingar em caráter definitivo, quando os países da área monetária comum têm diferentes agendas fiscais. Nessas condições, ele argumenta que a convergência é impossível.

Não concordamos com ele, mas sabemos que a continuidade do euro não é garantida. E um dos obstáculos, por incrível que possa parecer ao leigo, é realmente a pujança da economia alemã. O curioso é que, no início do século, o país era uma espécie de "patinho feio" da Europa. A primeira crise do euro foi deflagrada pelo descumprimento, por parte dos alemães, das regras do tratado de Maastricht. Pelo tratado, os países não poderiam ter um déficit público maior que 3% do PIB. A Alemanha, tentando integrar o lado oriental — algo muito custoso — depois da queda do muro de Berlim e lidando com diversas questões internas, foi o primeiro país a romper o teto de maneira sistemática durante alguns anos. A França, no meio de uma recessão, seguiu o caminho alemão, mas a rigor foram os germânicos que abriram as portas para desrespeitar o Tratado de Maastricht.

Obviamente, não há uma razão apenas para que a Alemanha tenha saído de uma crise econômica no final do século passado para ser o centro da zona do euro, mas, com certeza, uma das principais razões foi a "Agenda de Reformas 2010", lançada no início do século XXI — um ambicioso plano do então premier Gerard Schröder de reformar várias áreas da economia alemã.

APELO À RAZÃO 219

É importante observar que reformas são sempre complicadas. O número de desempregados na época no país somava mais de quatro milhões, um décimo da força de trabalho. A participação da Alemanha nas exportações mundiais estava diminuindo. O país apresentava um déficit em conta corrente, isto é, quando saem mais recursos da economia para o mundo do que os recursos que entram. Desde que o país sofreu um ataque especulativo contra o *Deutschmark*, no início da década de 1990, e foi forçado a desvalorizar o câmbio, a economia alemã não ia bem.[42] Empresários assistiam atônitos, enquanto a produção e os empregos migravam para o norte da Itália — sim, as empresas iam da Alemanha para a Itália naquela época! — no final dos anos 1990. A Alemanha era vista como o "país doente da Europa", o "elo fraco" do euro, que — lembremos — começou a circular pouco tempo depois das crises da Ásia em 1997 e na Rússia em 1998.

O nome "Agenda 2010" em si é uma referência ao prazo de 2010 da Estratégia de Lisboa, da União Europeia, um plano que visava reformas profundas no continente. Na prática, apenas a Alemanha levou as reformas a cabo. O ministro alemão das Finanças, Hans Eichel, teve a responsabilidade de implementar medidas socialmente impopulares, incluindo reduções de impostos — como uma redução de 25% na taxa básica de imposto de renda —, mais cortes na absorção de custos para tratamento médico e diminuição dos benefícios de pensão e desemprego. As principais mudanças implementadas no âmbito da Agenda 2010 incluíram:

- Redução drástica do orçamento do estado de bem-estar.
- Incentivos fiscais para trabalhadores e empresas.
- Flexibilização das leis trabalhistas, a fim de facilitar a contratação e a demissão de funcionários.
- Regras para permitir mais trabalho em tempo parcial e temporário.
- Criação do programa de benefícios sociais, chamado Hartz IV (assim denominada em razão do presidente da comissão, Peter Hartz), que combinou benefícios de desemprego e bem-estar.
- Redução da quantidade de tempo que uma pessoa pode receber benefícios de desemprego.

---

[42] A taxa de câmbio não salva nenhum país, não obstante a crença de alguns economistas brasileiros.

- Forte limitação no salário dos funcionários públicos.
- Elevação gradual da idade mínima de aposentadoria para 67 anos — atualmente, está em 65, e o plano é de chegar a 67 no ano de 2029.

A reação política foi feroz. O primeiro-ministro Schröder perdeu as eleições, mas hoje todos reconhecem que foi essa agenda de reformas que modernizou a economia alemã e a preparou para o século XXI. Angela Merkel e seu partido, o CDU, foram os beneficiários de uma "safra" que, na verdade, foi "plantada" por sementes lançadas por seu antecessor.

Com isso, as empresas alemãs começaram lentamente a recuperar a competitividade das exportações que perderam no *boom* da reunificação. Um indicador importante disso é o custo de mão de obra unitária relativa de um país, que muda para baixo à medida que os salários diminuem ou a produtividade em relação a outros países melhora. O índice para a Alemanha caiu 16% entre 1999 e 2007. Parte disso ocorreu por meio de ganhos de produtividade, e outra parte, certamente um problema em termos de justiça social, foi em razão da restrição salarial.

O crescimento de salários foi modesto, de 1%a.a., entre 2000 e 2007. Nos outros países da OCDE os salários aumentavam 3,5%a.a. (em termos nominais). O que tornou isso possível, de acordo com um estudo de Christian Dustmann, do University College London, e seus coautores,[43] era um sistema profundamente enraizado de relações industriais cooperativas. Uma característica importante do sistema é que os sindicatos têm representantes nos conselhos da empresa: eles podiam ver em primeira mão como os aumentos de salários, na época, poderiam prejudicar a competitividade. Por sua parte, as empresas viram as negociações sobre o salário como um meio para buscar outras áreas de interesse comum, como treinamento ou horários flexíveis. Não estamos defendendo redução de salários no Brasil, um país de renda média, mas não há dúvida de que no caso alemão, com salários na época muito elevados, segurar os custos durante um período foi importante para que a economia recuperasse sua competitividade.

---

[43] Dustmann, C.; Fitzenberger, B.; Schönberg, U.; Spitz-Oener, A. From sick man of Europe to economic superstar: Germany's resurgent economy. *Journal of Economic Perspectives*, v. 28, n. 1, p. 167–188, 2014.

APELO À RAZÃO

As boas relações trabalhistas, regidas por normas sociais e não por legislação, significavam que as empresas eram flexíveis o suficiente para se adaptar a novos desafios. Um deles foi a adesão à União Europeia de vizinhos de baixo custo, incluindo Polônia, Hungria e República Tcheca. Outro foi o surgimento da China como exportador de importância global. No final da década de 1990, as empresas e os sindicatos já começavam a se afastar de um sistema de ofertas salariais para toda a indústria e passavam a operar com base em um arranjo no qual o pagamento era adequado aos desafios enfrentados por empresas individuais.

É interessante observar que as reformas, mesmo que politicamente difíceis, encontraram respaldo até em instituições religiosas. Os líderes das igrejas protestantes e católicas expressaram publicamente seu apoio às propostas do governo. O argumento era de que os métodos antigos não funcionavam mais, algo que passou a ser reconhecido por um número crescente de organizações alemãs.

Obviamente, não se cria desenvolvimento com redução de salários. As propostas foram implementadas em quatro etapas. A fase final, Hartz IV, entrou em vigor em janeiro de 2005. A comissão restringiu controversamente os benefícios para o desemprego de longo prazo a uma taxa fixa, independentemente dos ganhos anteriores. Para se qualificar para benefícios, os desempregados tinham que mostrar que estavam procurando trabalho ativamente. As reformas de Hartz foram muito importantes e ainda hoje são celebradas pelo *Mittelstand*, a legião muito admirada da Alemanha de empresas de tamanho médio, principalmente de propriedade familiar.

A cultura da cooperação entre empresas e trabalhadores funciona nas horas ruins e nas boas. Quando veio a grande recessão pela crise financeira global, em 2008, empresas de outros países ricos despediram trabalhadores. Na Alemanha, porém, as empresas mantiveram as equipes, apesar da queda nos pedidos e na produção. Nisso, foram auxiliados pela adoção generalizada de contas de tempo de trabalho, usadas pela primeira vez na década de 1990 — algo parecido a um "banco de horas". Os trabalhadores podiam acumular horas extras para "financiar" faltas em uma data posterior. Os esquemas de trabalho de curta duração também ajudaram a limitar o dano aos empregos. A resposta do *Mittelstand* foi o reflexo de um acordo implícito com seus trabalhadores. Normas sociais importam.

A cautela está muito presente na psique e nas instituições do país. Os dirigentes de grandes centrais sindicais dizem que as questões-chave para seus membros vão além do salário. O tempo de trabalho flexível que se adapta aos interesses dos funcionários está se tornando cada vez mais relevante. Quase não há trabalho precário, comum em países emergentes e muito mais alto em áreas da Europa que "protegem", supostamente, os trabalhadores (Gráfico 19).

Tabela 13
Percentual da força de trabalho em empregos precários (%)

	2008	2009	2010	2011	2012	2013	2014	2015	2016
Dinamarca	1,2%	1,3%	1,2%	1,1%	1,0%	1,0%	1,0%	0,9%	1,9%
Alemanha	0,7%	0,7%	0,6%	0,6%	0,5%	0,5%	0,5%	0,5%	0,5%
Grécia	1,3%	1,5%	1,7%	1,8%	1,8%	1,8%	1,8%	1,7%	1,6%
Espanha	4,5%	4,2%	4,3%	4,3%	4,2%	4,6%	4,8%	4,7%	4,7%
França	4,8%	4,3%	4,7%	4,9%	4,7%	4,1%	4,4%	4,6%	4,8%
Itália	2,3%	2,0%	2,1%	2,3%	2,4%	2,4%	2,6%	2,9%	3,2%
Portugal	1,1%	1,0%	1,1%	3,6%	3,5%	3,5%	3,1%	3,2%	3,2%
Suécia	4,8%	4,7%	5,2%	4,9%	4,9%	4,8%	4,7%	4,4%	3,7%
Reino Unido	0,4%	0,4%	0,4%	0,4%	0,4%	0,4%	0,4%	0,4%	0,4%

Fonte: Eurostat.

Assim, o mais interessante é que a flexibilização trabalhista não resultou em precarização do trabalho. O gráfico mostra isso. Em 2016, apenas o Reino Unido tinha pessoas em empregos precários em uma proporção menor que na Alemanha e, mesmo assim, por um décimo de ponto percentual (0,4% contra 0,5%). No longo prazo, uma reforma trabalhista bem-feita não gera empregos precários ou desemprego. É o contrário. Com legislação rígida, o setor informal é sempre importante, e em recessões o número de pessoas empregadas informalmente dispara. A Alemanha, na década de 1990, tinha o mesmo nível de desemprego estrutural, na casa dos 10%, que outros países da Europa, como França e Itália. O país tomou

APELO À RAZÃO

um remédio doloroso no início dos anos 2000, com reformas profundas, acompanhadas de óbvias vantagens, como um bom sistema educacional. E está colhendo os frutos hoje.

A Dinamarca não é aqui

Como já vimos, podemos resumir as condições necessárias e suficientes para o desenvolvimento econômico em uma palavra: confiança. Trabalhar na Dinamarca, saindo do Brasil, significa ir para um mundo praticamente alienígena, onde regras funcionam e pessoas confiam umas nas outras e também no governo. No Brasil, sonhamos com o modelo escandinavo. O fato é que esse modelo evoluiu com o tempo e o país passou por uma série de reformas no século XXI. O primeiro grande conjunto de reformas foi o de 2006, incluindo a da Previdência. Depois veio a "Lei do Teto" em 2011 — sim, a Dinamarca tem uma Lei do Teto —, que era para ser de quatro anos mas, depois, virou permanente. Em 2017 e 2018, está ocorrendo mais uma série de reformas. O país não para, pois precisa continuar se adaptando às mudanças internas e externas. *Eppur si muove!*

As reformas de 2006 incluíram:[44]

- Postergação das aposentadorias no mercado de trabalho. A idade voluntária de aposentadoria antecipada, chamada *Voluntary Early Retirement Pension* (VERP), aumentou de 60 para 62 anos de 2019 a 2022, com redução do valor segundo uma espécie de "fator previdenciário", enquanto a idade mínima de aposentadoria passará de 65 a 67 anos entre 2024 e 2027. A partir de 2025, os limiares de idade no sistema de aposentadoria serão indexados à expectativa de vida média de 60 anos de idade, de modo que o período combinado com VERP e a pensão pública de velhice será de cerca de 19,5 anos a longo prazo. As contribuições para o regime terão que ser pagas por trinta anos, em vez dos 25 anos exigidos anteriormente.

---

[44] Ver *Denmark's Convergence Programme 2006*, publicação do governo da Dinamarca. Disponível em: <http://edz.bib.uni-mannheim.de/daten/edz-bo/gdw/06/dk20062007_en%5B1%5D.pdf>.

- Fortalecimento dos esforços para reduzir o desemprego, com treinamento a partir de dois meses e meio de desemprego e regimes especiais para quem estiver há nove meses desempregado.
- Maior emprego entre imigrantes e descendentes, com introdução de um subsídio salarial específico e consultores designados adicionais em agências de trabalho.
- Oportunidades apoiadas por um renovado "acordo de quatro partes" entre os empregadores, sindicatos, governos centrais e locais em integração reforçada, parcerias com empregadores individuais etc.
- Conclusão dos estudos. O sistema de admissão deve favorecer os jovens que iniciam a educação não mais de dois anos após o grau de qualificação. Foram introduzidos limites para anos de estudo gratuitos na universidade — hoje são apenas cinco.
- Investimentos no futuro. Os fundos reservados para "iniciativas de globalização" seriam implantados gradualmente, atingindo aproximadamente 10 bilhões de coroas dinamarquesas (DKK) até 2012 — a preços de 2007.[45] Os principais objetivos foram aumentar os subsídios de pesquisa pública para 1% do PIB a partir de 2010 e garantir que pelo menos 85% dos jovens completassem o ensino secundário até 2010, aumentando para 95% até 2015. Pelo menos 50% de todos os jovens deveriam completar o ensino superior até 2015.
- Reforço da educação e reciclagem de adultos. Cursos de leitura, escrita e matemática aprimorados para adultos, além de um esquema expandido de rotação de trabalho etc. Um fundo no valor de DKK 1 bilhão para 2008–2010 foi reservado para o trabalho orientado de educação de adultos e reciclagem.

O problema é que o déficit público continuou crescendo. A reforma da Previdência não foi suficiente. Pernille Bomholdt Nielsen e Morten Hedegaard Rasmussen[46] escreveram um artigo resumindo como a Dinamarca criou sua versão da Lei do Teto em 2011. Usaremos parte de seu texto para apresentar as razões de sucesso do país. O país determinou limites máximos de

---

[45] O leitor pode ter uma ideia melhor dos valores considerando que R$ 1 vale cerca de DKK 2.
[46] Nielsen, P. B.; Rasmussen, M. H. Public Expenditure Management in Denmark. *Monetary Review*, National Bank of Denmark, 2012.

despesas de quatro anos para o governo central, as regiões — equivalentes a nossos estados — e os municípios. Os limites contemplavam a maioria das despesas públicas, incluindo o consumo público e as transferências. Além disso, o país também passou sua versão da Lei de Responsabilidade Fiscal. A Dinamarca só o fez depois que o crescimento do consumo público havia excedido o nível planejado repetidamente nos vinte anos anteriores.

O excesso de consumo público era, em grande medida, em razão de os municípios gastarem mais dinheiro do que o acordado com o governo central. Durante muitos anos, os estouros do orçamento não tiveram consequências. No entanto, no período entre 2008–2010, o *Folketing*, Congresso dinamarquês, apertou suas sanções contra os municípios perdulários.

Em 2011, o consumo público foi de 29% do PIB. Era equivalente a um pouco mais da metade de toda a despesa pública, incluindo transferências. As despesas que os municípios compartilham cobrem escolas, creches e cuidados para idosos, enquanto as despesas das regiões estão em grande parte relacionadas aos cuidados de saúde. O governo central tem como principais gastos o ensino superior, as Forças Armadas, a polícia e a administração pública.

O estouro do déficit público acima do orçamento foi de 1,5 ponto percentual do PIB no período de 1993–1999 e 1 ponto percentual durante 2000–2010. O déficit em um único ano pode ser bem fundamentado, mas se forem repetidos ano após ano, eles são de natureza estrutural. No caso dinamarquês, com o envelhecimento da população isso se tornava um perigo ainda maior, já que há planejamento de crescimento das despesas nos próximos cinquenta anos. A reforma de 2011 estava calcada nos municípios, que excederam seus orçamentos em dez dos onze anos do período de 2000–2010.

Pior — esse estouro estava relacionado ao aumento de gastos correntes e não de investimentos públicos. A Dinamarca tentou uma reforma estrutural não muito forte com efeito a partir de 2007, mas não teve qualquer efeito sobre os excessos do orçamento e por isso a reforma mais forte em 2011. Mais importante, o teto temporário virou permanente. A Lei do Teto, em vigor desde 1º de janeiro de 2014, impõe limites de despesas no Estado, nos municípios e nas regiões e estabelece um limite de déficit estrutural de 0,5% do PIB. A política fiscal também está sujeita às restrições do Pacto de Estabilidade e Crescimento da União Europeia. Além disso, a política fiscal dinamarquesa deve ser sustentável no longo prazo.

Em 2017, a Dinamarca começou um novo ciclo de reformas, com vistas ao equilíbrio do orçamento para as mudanças demográficas. O país espera uma deterioração das finanças públicas em torno de 2045, por causa de dois fatores.[47] Em primeiro lugar, os desenvolvimentos demográficos implicam que, durante vários anos, as gerações que se aposentem do mercado de trabalho serão mais numerosas do que as que entram no mercado. Em segundo lugar, as gerações que se aposentam nas próximas décadas por causa das reformas de 2006 ainda têm alguns benefícios que deverão ser modificados para as futuras gerações. O acordo de indexação da idade de aposentadoria em conexão com o acordo de bem-estar de 2006 e 2011 assumiu uma expectativa de vida útil que aumentou muito mais rápido do que o esperado quando os acordos foram concluídos.

O Gráfico 19 mostra que, sem reformas, o país excederia o limite da Lei do Teto antes de 2030. E continuaria abaixo do teto até perto de 2050. O governo considera isso perigoso para a credibilidade do país e a capacidade de responder a choques. Por isso, a busca de um equilíbrio estrutural.

Gráfico 19
Déficits públicos excessivos em torno de 2030 se a economia não mudar

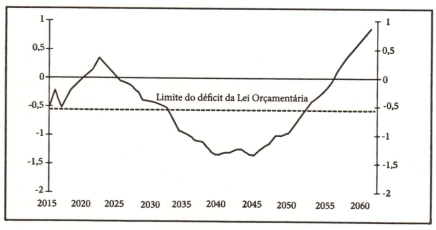

Fonte: Ministério das Relações Econômicas e do Interior.

---

[47] Repare o leitor no contraste. Na Dinamarca, um país rico, estão tomando desde já medidas para a situação em perspectiva em 2045. No Brasil, com todos os nossos problemas, o regime geral da Previdência apresenta déficit de caixa desde 1995 e até agora continuamos sem fazer uma reforma mais profunda, enquanto continuamos permitindo aposentadorias muito precoces.

As reformas dos últimos anos fortaleceram as finanças públicas. Se nada mudar, o déficit voltará a aumentar. Por isso o país está passando por duas reformas. Uma que visa ajustar gastos até 2025, e outra, de mais longo prazo. O programa de convergência baseia-se no objetivo de alcançar um orçamento equilibrado até 2025.

O principal obstáculo é o desenvolvimento da produtividade, que, no caso dinamarquês, foi comparativamente fraco por muitos anos. Isso contribui para as perspectivas moderadas. A taxa de crescimento está projetada em 1,8% em 2018. No período de médio prazo até 2025, a taxa de crescimento deverá ser de 2% a.a. até 2020, e de 1,5% de 2021 a 2025.

As reformas, incluindo a da aposentadoria, têm como objetivo aumentar o emprego estrutural — e, portanto, a capacidade de produção da economia dinamarquesa — nos próximos anos. Sem reformas, sem crescimento. Os Gráficos 20 e 21 mostram a trajetória dos gastos e dos impostos sem reformas.

Os comentários acerca do conjunto de reformas se baseiam na plataforma *"For et friere, rigere og mere trygt Danmark"*[48] (Para uma Dinamarca mais livre, mais rica e mais segura). O governo buscará uma política econômica sólida e responsável, manterá a taxa de câmbio fixa e terá uma política fiscal que deverá respeitar a Lei do Teto. Ele pretende diminuir os gastos públicos totais, mas incrementando gastos de consumo e investimento que aumentariam a base do crescimento. A proposta das reformas é retirar transferências, dos mais velhos para investir na qualificação dos mais jovens, incluindo gastos em saúde. O plano atualizado para o quadro fiscal até 2025 especifica:

- O objetivo de aumentar o emprego em 55 mil a 60 mil pessoas e aumentar a riqueza em DKK 80 bilhões — cerca de R$ 40 bilhões.
- A meta de reduzir estruturalmente a pressão das despesas públicas.
- Um crescimento do consumo público real de 0,3% a.a. no âmbito de uma pressão de despesa reduzida.

---

[48] Denmark's Convergence Programme 2017. Ministério das Relações Econômicas e do Interior. Disponível em: <https://ec.europa.eu/info/sites/info/files/2017–european-semester--convergence-programme-denmark-en.pdf>.

- Incentivo à eficiência dos estudantes no ensino superior, diminuindo orçamentos das universidades com foco em eficiência.
- Novos investimentos públicos em infraestrutura.
- Redução estrutural da carga tributária.

Gráfico 20
Despesa em % do PIB, sem novas iniciativas

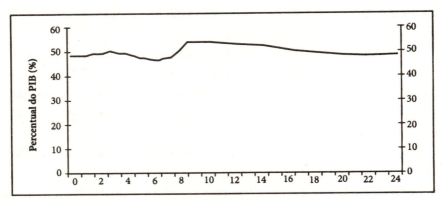

Fonte: Ministério das Relações Econômicas e do Interior.

Gráfico 21
Carga tributária em % do PIB sem novas iniciativas

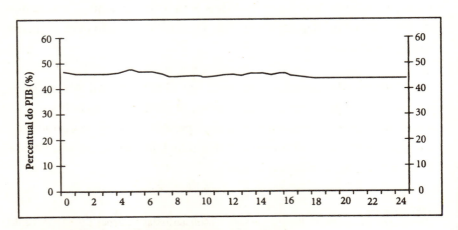

Fonte: Ministério das Relações Econômicas e do Interior.

Um crescimento real básico anual do consumo público de 0,3% com diminuição de impostos requer uma gestão apertada de despesas, uma operação eficiente das instituições públicas e um foco nítido nas tarefas básicas. O governo trabalhará sistematicamente com propostas que aumentam o espaço fiscal para novas iniciativas de alta prioridade e todas as principais áreas de atuação estarão sujeitas à contribuição anual de priorização de 2%. A CBS, onde um dos autores leciona uma vez por ano, precisou reduzir seus gastos em 2% a.a. nos últimos dois anos e ainda tem mais dois anos de aperto pela frente.

Até o orçamento de proteção social está diminuindo. Era de 23% do PIB em 2017 e deverá caminhar para 20% no futuro. A ideia não é acabar ou mudar significativamente o contrato social de bem-estar social no país, mas simplesmente melhorar a eficiência e a gestão da coisa pública. O mundo moderno não admite desperdícios. Isso podia acontecer no passado, quando poucas pessoas se aposentavam e todos os países passaram por um grande bônus demográfico. Alexis Tsipras, primeiro-ministro da Grécia e que assumiu com a promessa de tornar o país uma referência do socialismo, disse em 2015, em alto e bom som, em discurso aos membros de seu partido, em uma sofrida autocrítica ideológica, que "a festa acabou". Os países bem gerenciados, como Alemanha e Dinamarca, continuam reformando seus sistemas para serem resilientes a choques internos e externos.

Hoje, a França está buscando o mesmo, com reformas capitaneadas por Macron. A Argentina deu alguns passos. O Chile continua aprimorando sua inserção global. Isso vale para a China e para o Japão. Reformas também acontecem em países pobres. Gana, a economia que mais cresce no mundo em 2018, está fortalecendo os direitos de propriedade para estimular investimentos. A Índia fez uma ambiciosa reforma tributária, e também busca investir para diminuir as diferenças entre gêneros — em um país onde as famílias valorizaram mais ter filhos que filhas, muitas meninas acabam recebendo pouca atenção da sociedade. Diversos países ricos e pobres continuam reformando suas economias para enfrentar os desafios contemporâneos. Não podemos ficar para trás.

O modelo de mercado de trabalho dinamarquês

Precisamos copiar as coisas boas do mundo. Isso não é colonialismo nem "síndrome de vira-lata". Temos duzentos países fazendo políticas públicas em diversas áreas. A maioria erra. Muitas soluções boas não são passíveis de importação, mas algumas políticas de sucesso podem ser adaptadas à realidade brasileira. Neste capítulo, estamos descrevendo algumas das políticas que consideramos que podem ser bem-sucedidas no Brasil. Os exemplos vão da Dinamarca até a Índia.

Os direitos trabalhistas não protegem bem o conjunto dos trabalhadores. Esse é um dos mais persistentes mitos sobre a legislação trabalhista brasileira. O que as leis trabalhistas fizeram, no Brasil e em grande parte do mundo, foi proteger certas classes de indivíduos em detrimento de outros, além de forçar uma realocação de recursos produtivos em favor de grupos de interesse, sejam eles certos tipos de empresas ou trabalhadores, sindicalizados ou não. Por exemplo, a existência do FGTS e da multa de 40% em caso de demissão sem justa causa beneficia empregados mais velhos em relação aos mais novos, o que é bastante comum no Brasil, um dos países que mais pune as novas gerações para favorecer as mais antigas. As barreiras à demissão também privilegiam os empregados em relação aos desempregados, e o fato de que dois indivíduos com o mesmo cargo não possam receber valores diferentes redistribui recursos dos mais produtivos aos menos produtivos, além de reduzir a produtividade agregada.

O fato de as leis trabalhistas serem redistributivas — e não justas — não é motivo, por si só, para aboli-las. Por exemplo, a existência do salário mínimo diminui a possibilidade dos trabalhadores brasileiros menos produtivos de alcançar um emprego formal. Contudo, a sociedade considera as perdas sociais causadas por isso — maior desemprego do que haveria sem o salário mínimo e as transferências de renda para apoiar os trabalhadores menos produtivos — menores que seus benefícios, como diminuição do poder de negociação das empresas com trabalhadores menos qualificados e maior renda desse tipo de trabalhador em indústrias com demanda inelástica por emprego pouco qualificado. É algo legítimo e que faz sentido como escolha social, dentro de determinados limites.

APELO À RAZÃO

O objetivo dos direitos trabalhistas é maximizar uma função de bem-estar social na qual os custos, em termos redistributivos, são menores que os benefícios, que são mensuráveis. Argumentos morais, como justiça social, são muito menos importantes do que entender realmente as consequências de cada uma das medidas e, mais ainda, da interação entre elas. É por isso que vale a pena analisar como outros países do mundo tentaram resolver o dilema proteção/desemprego. A Dinamarca é um caso interessante.

Aos olhos de muitos observadores, Noruega, Finlândia, Suécia e Dinamarca são uma espécie de semiparaísos socialistas, ricos, homogêneos, sustentáveis e um modelo a ser seguido pelo mundo. Certo? Na verdade, não. Esses países já deixaram de ser socialistas há muito tempo. Um bom exemplo está na política dinamarquesa de *flexicurity*, que é baseada em um tripé de flexibilidade, segurança e políticas trabalhistas ativas. Mesmo na CBS, os professores podem ser demitidos — ou contratados — com razoável facilidade. Em 2017, o governo dinamarquês anunciou cortes no orçamento das universidades. A CBS resolveu, então, que diminuiria o corpo docente em 72 professores. Fez um plano de demissão voluntária não muito generoso, mas com o anúncio de que, se 72 professores não se desligassem voluntariamente, seria feita uma demissão em massa e, nesse caso, mesmo a estabilidade de alguns não contaria. Tudo foi feito de maneira transparente. No final, apenas vinte professores foram demitidos — os outros pediram demissão.

O tripé do modelo *flexicurity* da Dinamarca é baseado em flexibilidade, segurança e políticas ativas. O modelo se concentra em "empregabilidade", ou seja, facilidade de encontrar um emprego, em vez de estabilidade. Ao promover flexibilidade em vez de estabilidade no trabalho, com rede de segurança para ajuda aos desempregados, a dinâmica do mercado de trabalho muda: os trabalhadores e as empresas se tornam mais produtivos; ambos podem arriscar mais; contratações — e demissões — aumentam, assim como a média salarial; trabalhadores mais velhos têm mais incentivos a ser produtivos — e recebem por isso — e recursos da sociedade são alocados de maneira mais eficiente, tanto em termos privados (via mercado de trabalho) quanto públicos.

Um exemplo de como o sistema funciona está na alocação de direitos como férias e fundos de pensão privados. Em ambos os casos, esses direitos estão ligados aos indivíduos e não ao trabalho. Assim, trabalhadores podem mudar de emprego sem perder direitos que estariam relacionados àquele emprego. As empresas também, por sua vez, podem demitir e contratar sem muitas barreiras. Como parte da renda do trabalhador é garantida pelo sistema de seguridade social, tanto trabalhadores quanto empresas podem assumir mais riscos, o que significa que, no agregado, o Estado gasta menos com seguridade social, pois o tempo médio de um desempregado cai bastante e o aumento de rotatividade é friccional. A maior parte dos gastos passa a ser com políticas ativas de treinamento e recolocação, que ajudam trabalhadores demitidos a conseguir recontratações rapidamente. Os resultados são diretos: trabalhadores dinamarqueses trocam muito mais de empregos do que em outros países; o desemprego é baixo; e trabalhadores jovens têm facilidade de encontrar empregos, algo incomum na Europa.

É claro que é impossível importar esse modelo diretamente da Dinamarca para o Brasil, e o que funciona para um país razoavelmente igualitário de 5,5 milhões de pessoas não funcionaria na "Belíndia", descrição ainda adequada a um dos países mais desiguais do mundo, com um lado Bélgica e outro Índia. Contudo, precisamos de experimentos para trazer o Brasil para o século XXI, e seria relativamente simples estabelecer um sistema desigual. Por exemplo, para trabalhadores com renda anual menor do que um nível de R$ X a ser definido pelo Congresso, as leis trabalhistas continuariam iguais, enquanto haveria um sistema completamente diferente e muito mais flexível para os trabalhadores com salário maior que esse valor. Se a "linha de corte" for de R$ 10 mil por mês, por exemplo, isso afetaria cerca de três milhões de indivíduos, que é a proporção relativa da população economicamente ativa que recebia mais que dez salários mínimos no censo de 2010 — o que é um número que, não por coincidência, se aproxima do tamanho do mercado de trabalho da Dinamarca.[49] Os benefícios de um experimento como esse seriam:

---

[49] No momento em que este livro está sendo concluído, o salário mínimo é da ordem de R$ 1.000, daí a referência nominal citada.

- Aumentar a produtividade de empresas e empregados, principalmente aqueles que trabalham em setores de alto valor agregado.
- Incentivar a tomada de risco tanto por empresas quanto por empregados, que poderiam explorar o mercado de trabalho sem perda de direitos por tempo de serviço em uma empresa.
- Diminuir o desemprego.
- Aumentar a renda da camada de trabalhadores que ganha pouco menos que esse valor, já que empresas teriam incentivos para aumentar a renda desses trabalhadores a fim de tornar sua empregabilidade flexível.
- Diminuir a demanda por serviços judiciais no Brasil.
- Testar se o contrato social brasileiro estaria preparado para uma maior flexibilização futura das leis trabalhistas.

Claro que nenhuma mudança de legislação está livre de riscos. A maioria deles estaria associada a uma mudança de cultura de trabalho para essa camada de trabalhadores. Além disso, trabalhadores marginalmente produtivos, mas protegidos pelas atuais leis trabalhistas, poderiam não conseguir recolocação, mesmo em um mercado de trabalho flexível. Como mudanças de leis trabalhistas geram muita ansiedade na população brasileira, uma das melhores maneiras de testar se um mercado flexível de trabalho funciona em nossa realidade seria estabelecer um mercado no qual essa flexibilização afetaria uma camada pequena da população. Claro que esse plano ainda precisaria ser detalhado, para determinar que direitos poderiam ser flexibilizados, que tipos de contratos seriam permitidos — temporários e permanentes — e como funcionaria o mecanismo de recolocação etc. Ainda assim, seria um modo rápido e relativamente indolor de aproximar o Brasil do século XXI, ainda mais importante em um momento de crise econômica, com desemprego elevado em todas as faixas de trabalho.

Armadilha da renda média e saída pelas reformas: Brasil, Índia e o sistema tributário

Construir um país próspero, com menor desigualdade e protegendo o meio ambiente é possível, mas é uma tarefa de décadas. O Brasil está preso na chamada "armadilha da renda média". Conseguimos sair da pobreza, mas estamos empacados em uma situação de baixa produtividade, além de índices abomináveis de violência. Entre as dezenas de reformas, sabemos que uma das principais é a tributária. Nem sempre os exemplos de melhores práticas vêm dos países mais ricos — a Índia está promovendo uma grande reforma que começa a dar resultados.

Na Índia, apenas em 2016, a renda *per capita* ultrapassou a marca de US$ 1.000 por ano — aqui é quase dez vezes maior —, mas os indicadores econômicos impressionam: o PIB tem crescido e continua crescendo em torno de 7% a.a., com baixa inflação. É o maior país democrático do mundo e, assim como o Brasil, tem como principais obstáculos uma elite que deixa a desejar, muita corrupção e uma população com baixo nível educacional. E tinha um sistema tributário tão ruim quanto o brasileiro. Por isso, em julho de 2017, foi implantado um imposto chamado Goods and Services Tax (GST). Esse é um tributo indireto de valor agregado que substitui todos os impostos sobre consumo e acaba com as guerras fiscais, limitando a evasão: o equivalente no Brasil seria a substituição de ICMS, IPI, PIS, Cofins e ISS por um imposto único. Essa reforma está reduzindo imensamente a complexidade tributária na Índia. Os resultados até o momento são bastante animadores.

Do ponto de vista do consumidor, as medidas foram progressivas, já que há limites na incidência sobre os produtos que afetam os mais pobres ou são mais relevantes para o crescimento de longo prazo. Serviços de educação e saúde não recolhem o GST, assim como cereais, leite e outros produtos da cesta básica. Ar-condicionado e geladeiras, considerados bens de luxo em um país muito pobre, têm alíquotas de 28%, com a tributação sobre carros ainda maior. Por outro lado, o GST é recolhido na região de consumo e não na da produção, favorecendo as regiões menos pobres.

A primeira versão do GST começou a tramitar em 2006. Diversos governadores tentaram bloquear a implementação do novo tributo até o último momento, e a negociação entre a federação e as regiões foi complicada; mudanças em alíquotas para alguns produtos aconteceram até mesmo minutos antes do anúncio do pacote completo. Várias exceções espúrias ainda causam problemas.

É claro que, no começo, uma mudança dessa magnitude apresenta dificuldades de adaptação, mas essa reforma vai aumentar o potencial de crescimento do país. É bom lembrar que não se precisa fazer progressividade com impostos, necessariamente. Isso pode ser feito por meio de transferências de renda, como o Bolsa Família, um excelente programa. Um tributo que simplifica o sistema, diminui a incerteza e ainda tem menor efeito sobre os mais pobres — porém, é claramente preferível ao desatinado sistema tributário anterior da Índia e ao atual do Brasil.

Aqui, uma reforma tributária é condição necessária, mas não suficiente, para escaparmos da armadilha da renda média. Desde que nos entendemos por gente, ouvimos que devemos fazê-la. Na Índia, mais pobre e com problemas federativos parecidos com os nossos, a reforma demorou mais de dez anos mas, finalmente, foi posta em prática. E nós — ficaremos no discurso até quando?

À guisa de conclusão

É evidente que cada país tem suas particularidades, que o consenso político e social é mais fácil de alcançar quando as principais necessidades materiais estão satisfeitas e que o espaço para alcançar pactos como os mencionados até aqui é menor em países com menor grau de desenvolvimento que a Alemanha e a Dinamarca. Porém, na essência, as mensagens que devem ficar registradas a partir desses dois casos continuam permanecendo válidas, mesmo após essas qualificações, porque se aplicam a qualquer caso nacional.

A primeira delas, reforçada pela avaliação do caso indiano, é: ninguém fica parado. Reformar um país se assemelha ao que acontece em uma casa com muitos cômodos: sempre há algo para consertar. Eventualmente, pode haver situações em que uma "safra" de reformas se torna mais importante, assim como em uma casa às vezes se faz uma obra grande. Porém, tal como em uma residência, há sempre uma janela a consertar, um vidro a trocar, uma pintura a fazer. Um país não pode "dormir no ponto" nunca, caso contrário, perderá competitividade, ou a inflação vai aumentar, ou a dívida pública vai subir. E isso é válido para qualquer país: "não fique parado" é uma recomendação que deve ser levada em conta pelo governante da Alemanha ou do Brasil, da Dinamarca ou da África do Sul. Quem ficar parado perderá espaço no mundo de hoje. E quem pagará por isso será a população.

A segunda mensagem é: reformas em geral dão certo, após algum tempo. Quando um país se ajusta para ser mais competitivo, tempos depois poderá expandir suas exportações. Quando as taxas de juros aumentam para controlar a inflação, depois esta cairá. Quando se adotam cortes de gastos ou aumentos de impostos, cedo ou tarde a dívida pública cederá. Os ajustes são dolorosos: conter o salário real, aumentar juros ou implementar cortes de gastos ou aumentos de impostos são coisas que governo nenhum quer fazer, mas que acabam trazendo resultados posteriormente na forma de progresso. E então, com a economia ajustada, os bons indicadores aparecem: o PIB cresce, a inflação cede, o emprego aumenta, o déficit público cai etc. Quem persiste no esforço acaba se beneficiando com isso.

Finalmente, a terceira mensagem é: acordos políticos são importantes. A cultura dos acordos é mais fácil em países desenvolvidos do que nos emergentes; em países com poucos partidos do que naqueles politicamente fragmentados; e em países pequenos do que em países grandes. Porém, há países desenvolvidos com muitos conflitos (como é o caso da Espanha) e países subdesenvolvidos com uma cultura política propensa ao diálogo (como o Uruguai); países bipartidários com níveis elevados de conflito (como os EUA) e países com muitos partidos, mas onde os acordos funcionam (como a Holanda); e países pequenos politicamente conturbados, como a Bolívia e países grandes com um razoável consenso, como a Alemanha. O Brasil é um país, nesse sentido, em que os desafios são grandes, porque somos uma nação com muitas carências, com um grau de fragmentação partidária que beira o absurdo e constituímos um território grande onde a figura de "sentar à mesa para conversar" é certamente mais complexa do que, por exemplo, no Uruguai, onde em três ou quatro horas de carro, praticamente, é possível ir de qualquer lugar do país a outro. De qualquer modo, a mensagem, válida desde os EUA até Israel e desde a Bolívia até o Japão, é essencial: acordos políticos, em uma democracia, demandam a prática da conciliação e o exercício da negociação. Para isso, é necessário ter um diagnóstico da situação, um "plano de voo" definindo aonde se quer chegar, uma proposta na mesa e grande habilidade negociadora para saber o que é inegociável, o que pode ser objeto de concessão e onde não se deveria ceder, mas eventualmente pode ser motivo de algum tipo de troca ("ok, aceitamos isto, mas em compensação será necessário que vocês cedam naquilo").

Voltemos à mensagem mais importante de todas: mudar para melhorar. E o mundo, que todos os dias nos parece similar ao do dia anterior, *eppur si muove...*

15. Lições da China

"Enriquecer é glorioso."

Den Xiaoping, líder da China
durante o período de reformas

Do mesmo modo com que no passado buscávamos soluções baseadas na economia japonesa, a mais pujante da segunda metade do século XX, hoje não há nada mais impressionante que a transformação da economia chinesa. Sem dúvida a China é o país mais capitalista do mundo — sim, isso parece um contrassenso, mas não é. E que tem boas e más lições a nos ensinar. Como nesta parte do livro queremos conhecer o que está ocorrendo no mundo, não há como fazê-lo sem mencionarmos a evolução da sociedade chinesa.

Há poucos lugares mais distantes do Brasil do que a China. Tanto em termos geográficos quanto culturais. Mais razões, então, para conhecermos melhor o país. Se na parte anterior do livro vimos como países podem ficar presos na armadilha da renda média, precisamos agora analisar o caso chinês para entender como eles estão lidando com isso. A China fez o salto para escapar da pobreza. Resta saber se vai empacar como o Brasil ou dará um novo salto.

A sociedade chinesa foi a que mais cresceu nos últimos anos, saindo da extrema pobreza para a renda média, com o objetivo de se tornar uma nação desenvolvida até 2030. A China nos fornece lições importantes, se entendermos o contexto correto. Vamos tratar aqui da realidade de um país com uma população sete vezes maior que o Brasil e que hoje tem uma renda *per capita* maior que nosso medíocre país. Trata-se de uma nação que, na prática, foi abandonando os princípios do comunismo e abraçou um modo peculiar do que muitos poderiam qualificar de "capitalismo selvagem". O ator Jacques Mailhot, antes da "onda Macron", quando a França parecia resistir ao capitalismo, disse certa vez, acerca da tendência à migração de capitais que estava se observando, que "na França, o dinheiro é um pecado muito sério. É por isso que os franceses vão se confessar cada vez mais na Suíça". Na China, ganhar dinheiro já deixou de ser pecado há muito tempo.

Este capítulo tem como objetivo não só trazer as experiências de outro país, mas também tocar em assuntos que consideramos extremamente importantes, mas que não teremos como tratar com a profundidade que gostaríamos. Então, para apresentar tais assuntos de maneira agradável, tentamos continuar nossa rota de apelo à razão com um contexto diferente do que é visto no Brasil. É bom lembrar que nossa luta por racionalidade é global, com a xenofobia e o extremismo sendo cada vez mais comum em países ricos ou pobres.

A economia chinesa é repleta de paradoxos. Em que outro lugar do mundo se pode ministrar um curso de educação para executivos de um fundo de *venture capital* estatal com US$ 15 bilhões de capital? Mais do que isso, como a empresa é estatal, todos os funcionários foram obrigados a assistir à aula, como se estivessem no primário. Qual é a principal reclamação dos executivos do fundo? Que os dados das empresas em que eles estavam investindo ou nas quais gostariam de investir não eram confiáveis. Ou seja, em um fundo estatal de investimento de novas empresas (com elevado risco, portanto), o maior risco era a corrupção local, que resultava em manipulação de dados de balanço. "*Venture capital* estatal" é quase uma contradição em termos. Somados à desconfiança em dados básicos, isso mostra como há uma linha tênue entre crescimento econômico e eficiência.

A corrupção, esse câncer

Sabemos que é difícil de imaginar, mas a corrupção na China é muito, mas muito, maior que no Brasil. Ainda assim, o país cresce de 4 a 14% a.a. pelo menos desde a década de 1980. Dois exemplos de corrupção do dia a dia: quando um dos autores dava aula na Universidade de Nottingham, em Ningbo, o funcionário encarregado das instalações esportivas queria cobrar uma propina para acender as luzes da quadra de tênis; em outro caso, bem maior, para que um empresário local, irmão de um professor da universidade, tivesse permissão para construir um prédio, ele precisou comprar carros novos para o Corpo de Bombeiros. Assim como no Brasil, a relação de corrupção é extremamente forte entre os sistemas político e empresarial. Nosso capitalismo de compadrio, nesse sentido, não é muito diferente em relação ao chinês.

Por que, então, a China é bem-sucedida e aqui estamos parados no tempo? Na verdade, tanto a China quanto o Brasil têm um teto a seu desenvolvimento, que os economistas chamam de armadilha da classe média. Países corruptos conseguem sair da pobreza, mas não conseguem dar o salto seguinte. Corrupção diminui o PIB potencial e os países empacam. Podemos ver isso ao analisarmos a relação entre a percepção de corrupção — índice da Transparência Internacional no qual 100 representa um país completamente livre de corrupção, e 0, um país inteiramente corrupto — e a renda *per capita*. Como mostra o Gráfico 22, há claramente uma correlação estrutural — países mais corruptos simplesmentes são mais pobres.

Gráfico 22
Percepção de corrupção e renda *per capita* (US$ PPP)

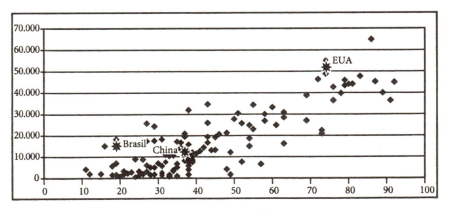

Fontes: Transparência Internacional e Banco Mundial.

Para realmente se desenvolver, os países devem combater a corrupção. É por isso que os casos chineses e brasileiros são tão interessantes. Em ambos a corrupção está nas primeiras páginas de jornais há alguns anos. Na China, o premier Xi Jinping, que assumiu o comando do sistema político do país em dezembro de 2012, colocou como um dos pilares de sua administração o combate contra esse verdadeiro câncer. Para tal, iniciou uma gigantesca campanha para reformar as instituições do Estado, que continua até hoje e não tem data para acabar. O consumo de produtos de luxo no país, então, desabou, inclusive com queda das ações de cassinos em Macau e empresas de luxo do Ocidente, resultado do medo dos burocratas chineses de serem alvos das novas medidas de moralidade.

Resta uma grande dúvida: essa campanha é para valer ou é apenas parte da estratégia de Xi Jinping para consolidar seu poder? Com certeza, sua campanha anticorrupção teve um efeito prático: mais de 100 mil burocratas foram punidos, seja com sanções administrativas ou prisão. O fato é que a reboque foram-se também alguns inimigos políticos do presidente. O caso mais famoso é o de Zhou Yongkang, ex-membro do Politburo, composto pelos nove políticos mais importantes do país. Ele foi expulso do Partido Comunista Chinês (PCC) em 2014 e condenado à prisão perpétua por corrupção em 2015. Bens de sua família no valor de US$ 15 bilhões foram bloqueados e, em 2016, sua mulher e seu filho também foram presos. Em mais uma semelhança com o Brasil, diversos executivos da Petrochina ou dos reguladores do setor de petróleo chinês, como Zhou Bin, Li Hualin e Jiang Jemin, todos da rede de Zhou, também foram presos com provas de enriquecimento ilícito. Prisões de "medalhões" não se resumiram à rede de Zhou. Outro membro do Politburo e o segundo em comando na hierarquia militar, Xu Caihou, também foi preso, acusado de receber propina em troca de facilitar promoções dentro do serviço público. Alguns analistas acreditam que a campanha moralista tem como efeito apenas remover oponentes políticos para permitir que Xi Jinping se mantenha no poder por mais um mandato, algo que não acontece desde Mao Tsé-Tung e que seria extremamente irregular, dadas as regras do PCC.

Combater a corrupção, por si só, não vai trazer crescimento econômico de curto prazo. Ao contrário, como mostram os exemplos brasileiro e chinês, ao mudarmos as formas de negociação entre agentes públicos e privados o nível de investimento, inicialmente, cai no curto prazo, o que ajuda a explicar os dados de crescimento — negativo — brasileiro em 2015 e em 2016 e parte da diminuição do crescimento chinês. Contudo, uma mudança institucional pode representar, se somada a outras reformas que fortaleçam os pilares

APELO À RAZÃO

institucionais, um aumento no crescimento potencial nas próximas décadas, o que levaria a uma porta de saída da armadilha de classe média na qual se encontram diversos países, entre eles os grandes emergentes, como Rússia, Brasil, Turquia e, claro, a China.

Começando a explicar as diferenças: a meritocracia milenar

Já nos perguntamos "por que, então, a China é bem-sucedida e aqui estamos parados no tempo?". Vamos começar a responder a essa pergunta crucial. Nada mostra tanto a importância de normas sociais e de como políticas públicas levam muito tempo para frutificar como o caso do "concursismo" chinês. Ele é diferente ao do Brasil e gerou uma grande pressão por educação de qualidade por parte das famílias, algo que quase não existe por aqui.

Meritocracia plena não existe nem nunca vai existir em lugar nenhum do mundo, já que para que ela exista é preciso real igualdade de oportunidades. Mobilidade social, porém, é fundamental para o verdadeiro desenvolvimento de um país. Quanto mais as pessoas puderem se esforçar para crescer, melhor para toda a sociedade. Na China, diferentemente da maioria dos outros países, há pelo menos uma forma de mobilidade social aberta há mais de mil anos a todas as pessoas de qualquer idade: o exame imperial, que em sua versão moderna é dividido em dois tipos: os concursos públicos, parecidos com os do Brasil, e o *gaokao*, similar ao ENEM. A diferença é que ao passar no exame imperial, na China o indivíduo passa a ser o que no Brasil seria a classe média — enquanto não há o pulo direto para a elite no caso de grande parte dos concursos públicos no Brasil.

Ainda, na Ásia, essa pressão para sair da pobreza para a classe média gera uma feroz competição pelas melhores escolas — as famílias sacrificam muitos recursos para incentivar os filhos a galgar o sistema educacional, que na China é melhor do que no Brasil justamente porque as famílias demandam e estão dispostas a gastar mais recursos em educação.

O caso chinês é interessante porque mostra o poder da evolução de normas sociais e como elas impactam o presente, apesar de terem surgido há dezenas de gerações. O exame imperial chinês foi criado há mais de 2 mil anos, na dinastia Han, e desde meados da dinastia Tang (que durou de 618 a 901 a.D.) até 1905, quando foi abolido, era a principal forma de entrada na burocracia chinesa. Assim como no Brasil hoje, com o sistema de concursos públicos, o exame imperial era um modo de ascender à elite. Como o exame imperial durou mais de mil anos e esteve durante esse tempo combinado a um sistema imperial no qual as possibilidades de ascensão social eram praticamente inexistentes, ele gerou, com o tempo, uma grande demanda por investimentos educacionais por parte das famílias chinesas. Cabe perguntar como, no caso chinês, as famílias venciam a miopia do curto prazo, que hoje aflige o Brasil? Lá, como aqui, um concurso público garante estabilidade em um ambiente inseguro — embora na China nenhum funcionário público chegue perto dos salários das elites públicas no Brasil.

A resposta é uma combinação de normas sociais diferentes e um prazo realmente longo para que os sinais do mercado de trabalho criem maiores investimentos educacionais. Em especial, a pobreza absoluta e os períodos de miséria tornaram a unidade familiar na China o principal construto social, no qual os sacrifícios de curto prazo e os mecanismos de seguro intrafamília são a norma, de modo a suportar períodos traumáticos. O resultado é uma quebra do curto-prazismo pelo foco no sacrifício familiar. É por isso que muitos dos países asiáticos estão entre os mais poupadores do mundo e também entre aqueles que mais investem recursos familiares em educação. Sempre houve o exame imperial como saída da pobreza e a unidade familiar, como superior ao indivíduo, possibilita tomadas de decisão com prazo mais longo.

Se no Brasil também temos o ENEM e os famosos concursos públicos, com milhares de concurseiros dedicados a uma vaga no setor público, por que na China os concursos geram mobilidade, mesmo que imperfeita — lá existe a figura dos "príncipes", filhos da elite militar que são malvistos por terem gostos extravagantes frutos da corrupção — e aqui não? São três as razões: na China, os concursos geraram externalidades positivas porque motivaram todas as famílias a investirem mais em educação; os salários são em média menores do que no setor privado, embora mais altos que a média dos salários do país; e, por último, as normas sociais não veem o Estado como provedor — a competição por educação gera também maior competição no mercado de trabalho, com uma população muito mais produtiva que no Brasil ou em outros países de renda média.

O exame imperial no passado e o *gaokao* hoje criaram uma pressão da sociedade por educação que não encontra paralelo em outras economias mundiais. Esse investimento familiar em educação é fundamental para explicar o recente sucesso econômico da China e é parte do modelo de meritocracia com características chinesas. Infelizmente, como nada é só bom, esse modelo também é usado para excluir as classes menos privilegiadas: como as melhores escolas públicas ficam nas áreas mais ricas e o acesso a elas é por proximidade, a elite tem grande vantagem em se manter como tal. Pelo menos, porém, os mais pobres acreditam que com esforço conseguirão sair de sua situação de pobreza, algo que não é comum no Brasil.

Migração ilegal

Muitas vezes acreditamos que nossos problemas não têm paralelo no mundo. Afinal, somos um país de renda média com uma péssima distribuição de renda, algo incomum. Muitos países, porém, lidam com questões similares aos do nosso dia a dia, como a exclusão de classes sociais, o legado de processos de migração que formaram bolsões de pobreza e até a formação de cidadãos de segunda categoria, o que sedimentaria essa exclusão. No Brasil, nossa política de substituição de importações teve um lado muito perverso. Os estímulos à indústria, concentrada no Sudeste, significaram um aumento relativo elevado nos salários dos trabalhadores em relação ao de outras atividades, como a agricultura. Basicamente ignoramos o setor agrícola, o que gerou uma gigantesca migração das regiões mais pobres do Brasil para o Sudeste. Veremos a seguir como a China está tratando do tema. Infelizmente, não há saída fácil para essas questões.

Na procura pelo desenvolvimento, é importante entender como outros países fazem escolhas sociais com impacto significativo sobre a sociedade. Chineses podem ser migrantes ilegais em seu próprio país. No Brasil, houve historicamente uma discriminação importante em relação a migrantes de regiões mais pobres, mas não chegamos aos pés do desenho do sistema de controle social chinês. Os critérios para concessão de cidadania chinesa são bem estritos: pelo menos um dos pais deve ser chinês, a criança deve nascer na China e seu registro estará associado de maneira quase permanente à região onde nasceu, por meio de um sistema chamado *hukou*, que nada mais é do que uma carteira de identidade vinculada ao lugar de nascimento.

Todo cidadão chinês possui um *hukou* ligado a seu nascimento — em tese, é muito difícil obter o direito de se mudar de região. Uma família com *hukou* de Anhui, uma região pobre, só pode viver lá. Se a família mudar para outra região da China, torna-se, na letra da lei, ilegal. A maior distinção é entre *hukous* urbanos e rurais. Os direitos de cada cidadão estão intrinsecamente ligados a essa distinção. O acesso aos serviços públicos se dá apenas na região de nascimento. Uma vez que os centros urbanos, como Xangai e Beijing, são mais ricos, com melhores escolas e hospitais, esse sistema cria de fato duas classes sociais, e as famílias urbanas seriam legalmente privilegiadas. Não há, na China, a ideia de que todos são iguais perante a lei.

O maior impacto disso é a criação de uma onda de migrantes, a maior parte de homens, que saem do campo para a cidade para enviar dinheiro para a família. Há uma geração de chineses nas áreas rurais criada pelo restante da família, que vê os pais uma ou duas vezes por ano. É bom lembrar que mais de 40% da população chinesa, de 1,4 bilhão de pessoas, ainda vive no campo.

Os governos regionais chineses usam o sistema *hukou* para regular a entrada de migrantes. Em épocas de crescimento econômico, o sistema é relaxado, com incentivos concretos como promessas de mudança de *hukou* para áreas mais prósperas sendo utilizados para atrair pessoas de áreas mais pobres. Quando um município ou estado considera que o número de recém-chegados é muito grande, seja por uma recessão ou simplesmente pela falta de infraestrutura, começa a fazer valer a lei, deportando alguns migrantes como sinal para que menos indivíduos queiram fixar residência, ainda que temporária, na região.

O sistema não é estático. Há muitas inovações, já que o Estado tenta ao mesmo tempo manter certo controle sobre fluxos migratórios e estimular o desenvolvimento de várias regiões. Isso significa mudar o *status* de cerca de cem milhões de habitantes, criando um sistema de transformar *hukous* rurais em urbanos, sob certas condições. As cidades maiores e mais atraentes, como Beijing, Xangai, Guangzou (antiga Cantão), Shenzhen, Chengdu, Xian e Wuhan usam um sistema de pontos, bem parecido com o de países como Inglaterra e Austrália, que aceitam prioritariamente imigrantes mais qualificados.

O grande problema do sistema *hukou*, assim como aconteceu no Brasil, é criar bolsões de pobreza nos centros urbanos. As favelas brasileiras são resultado direto das intervenções econômicas das décadas de 1950 a 1970, nas quais os governos promoviam a industrialização pela substituição de importações. Os subsídios às indústrias em centros urbanos criaram gigantescos incentivos à migração para São Paulo, Rio de Janeiro e outras capitais. Como a preocupação com os mais pobres nunca foi historicamente algo importante na política brasileira, assim como não é na China, criamos cidadãos de segunda classe, infelizmente. O mesmo acontece no gigante asiático. Isso é um problema que só aparece quando o crescimento desacelera. O desenvolvimento chega a todos, mas a uns muito mais que a outros.

O meio ambiente e a armadilha do crescimento econômico

O desenvolvimento sustentável é fundamental para a sobrevivência da humanidade. Infelizmente, como nenhum livro pode conter tudo o que os autores gostariam de ponderar, não teremos como nos aprofundar nas políticas para o meio ambiente no Brasil. Claramente, estamos ainda enamorados por estratégias de crescimento, custe o que custar. Afinal, ninguém constrói uma Belo Monte ou vibra com a descoberta do pré-sal se vive em uma sociedade que tenta combinar crescimento com menor impacto ambiental. Vale a pena conhecer de que modo países que sofrem ainda mais com isso, como a China, têm tratado o tema. Afinal de contas, Brasil e China são países de renda média e têm como um dos principais dilemas da sociedade o crescimento econômico *versus* o impacto ambiental. No papel, o Brasil tem as melhores leis do mundo. Até o novo Código Florestal, ainda que não seja perfeito, estabelece regras claras sobre atividades agrícolas, por exemplo. Mas sair do papel para a realidade é difícil. Por um lado, regras por demais restritivas limitam investimentos no setor agrícola. Por outro lado, se ignorarmos o impacto da atividade econômica, os produtores vão avançar Amazônia adentro para ficar no símbolo de nossa dificuldade de combater atividade econômica ilegal, o desmatamento. Aqui mostraremos os problemas que a China enfrenta e como ela os está combatendo, para fazer os paralelos com o Brasil mais à frente.

Também é importante ressaltar que se ouvia muito dizer no Brasil na década de 1970 que "a poluição é o preço do progresso", ignorando-se os danos ao meio ambiente que chegaram a levar a cidade de Cubatão, em São

Paulo, a ser chamada de "Vale da Morte". Na China, hoje, a vida é regrada pelos aplicativos que dão o nível de poluição no dia. Em cidades como Xangai ou Beijing, em dias de poluição muito forte, as escolas pedem que as crianças fiquem em casa. Na New York University Shanghai, no e-mail de boas-vindas, o novo funcionário já é avisado de que o prédio da instituição conta com filtros modernos de ar e tem monitoramento constante do nível de partículas no ar. Muitos dos professores usam máscaras nos dias de pior poluição, e a palestra de um cientista que explicava as consequências da poluição no organismo ficou abarrotada de público.

O pacto social implícito entre o PCC e a sociedade é bastante simples: enquanto o partido continuar entregando progresso, não há razão para grandes revoltas. A última delas, na praça Tiananmen, em Beijing, em 1989, deixou centenas — ou milhares, ninguém sabe ao certo — de mortos, com o governo decretando estado de sítio. Não coincidentemente, os anos de 1989 e 1990 foram os últimos de "recessão", com a economia crescendo apenas 4% naqueles anos e um grande medo acerca do futuro, com a memória do desemprego e a alta inflação ainda presentes na mente das pessoas. Depois desses anos, porém, a economia decolou e cresceu constantemente, com nenhum ano abaixo dos 8% de crescimento, até 2012. A "queda" do crescimento e o medo de uma crise, em 2015, ainda deixam a economia em posição muito melhor que a do final dos anos 1980, já que a projeção de crescimento é de mais de 6% a.a., pelo menos até meados da década de 2020.

De qualquer modo, o contrato social está mudando. Afinal, de que adianta ter crescimento econômico se a pessoa pode ter problemas respiratórios ou mesmo morrer por causa da poluição? Um exemplo é Beijing. A embaixada dos EUA publica de hora em hora a qualidade do ar na cidade, com indicadores de partículas finas PM2.5, que criam as névoas de poluição e podem causar diversos problemas respiratórios. Os critérios normais são de que até cinquenta partes por metro cúbico não são nocivos e valores acima de quinhentos são tão ruins que os medidores normais não conseguem mensurar adequadamente. No caso de Beijing, a média foi de 84 no primeiro trimestre de 2017, com quase um terço dos dias apresentando índices acima de cem — nocivos a pessoas sensíveis — e onze dos noventa dias tendo índices acima de duzentos, que a Organização Mundial da Saúde considera muito insalubre, causando aumento generalizado de doenças respiratórias (Gráfico 23).

Gráfico 23
Concentração PM2.5 em Beijing, medida diariamente às 8 da manhã, 2017

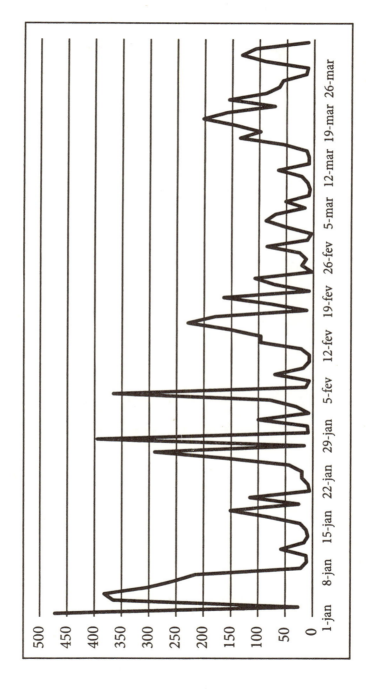

Fonte: Embaixada dos EUA em Beijing, 2017.

A China ainda é o país que mais polui no mundo — embora, por pessoa, o título ainda seja dos EUA —, como mostra o Gráfico 24. As mudanças, porém, ocorrem cada vez mais rápido, caso contrário a reação da sociedade à poluição pode colocar em risco a sustentabilidade do PCC. O país, que até 2015 inaugurava uma nova usina termelétrica a carvão a cada semana, em 2016 apresentou queda de quase 5% no consumo de carvão, embora essa fonte extremamente poluente ainda corresponda a 62% das fontes de energia do país.

Gráfico 24
Emissão de CO_2 por país no total mundial, 2016

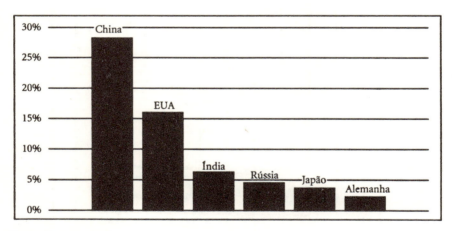

Fonte: Germanwatch.

Como tudo na China, a evolução não é linear. Por incrível que pareça, o Governo Federal não é todo-poderoso. Para cada iniciativa que busca a sustentabilidade ambiental, como a criação do primeiro mercado de títulos corporativos "verdes", que em 2016 fez com que as empresas captassem US$ 36,9 bilhões, ou subsídios à energia solar e eólica, temos governos locais ignorando as regulações mais básicas, como impedir o despejo direto de rejeitos químicos em rios.

Diferentemente do Brasil, com suas leis ambientais de Primeiro Mundo e a maior bacia hidrográfica mundial na Amazônia, a China é um país com pouca água potável, já tendo destruído a maioria de seus rios. Em uma coisa somos iguais, não há como negar. Muitas políticas ambientais fazem sentido social e político, mas diversas vezes esbarram em interesses econômicos de muito curto prazo. Conciliar crescimento econômico com desenvolvimento socioambiental não é uma bandeira vazia para o PCC, mas uma condição necessária para sua sobrevivência.

No Brasil, desenvolvimento sustentável não dá voto. É realmente difícil conciliar todos os muitos objetivos de políticas públicas por aqui. Mais de cinquenta milhões de pessoas vivem abaixo da linha de pobreza. Temos um país imenso, onde pobreza e desmatamento convivem em um círculo vicioso e a violência urbana faz dezenas de milhares de vítimas, enquanto não conseguimos nem o mínimo de universalização do saneamento básico em grandes aglomerados urbanos. Poluição não é progresso e é um custo que podemos tentar minimizar se desenharmos e implementarmos políticas públicas de maneira mais eficiente.

Reformas microeconômicas na China e algumas comparações com o Brasil

Se há uma área na qual devíamos realmente aprender com a China é que reformas microeconômicas têm um efeito gigantesco ao longo do tempo. O sucesso econômico chinês desde o final da década de 1970 é impressionante e multifacetado. Não existe apenas uma razão para ele, é claro, mas entre muitas características, como câmbio desvalorizado e política monetária frouxa, as mais importantes foram, sem dúvida, as reformas microeconômicas. Margareth Thatcher, em uma de suas tiradas mais ferinas, disse certo dia que "o socialismo acaba quando acaba o dinheiro dos outros". Sem espaço para progredir, pode-se dizer que a China aposentou, na prática, o socialismo nos anos 1970 — mesmo sem admiti-lo publicamente.

Reformas microeconômicas mudam os incentivos econômicos das pessoas e das empresas. Elas incluem alterações nas regras de direitos de propriedade, impostos, alocação de crédito, emprego, Previdência, atividades rurais e regras de uso de propriedade comum, entre outras.

A China começou suas reformas no final da década de 1970 com Deng Xiaoping e apenas depois delas o país começou a crescer desenfreadamente.

As reformas começaram na agricultura, que na época concentrava quase 90% da população. As principais entre elas foram acabar com a coletivização da produção agrícola e introduzir o sistema de responsabilidade familiar, no qual cada família passou a ter a posse de sua terra, desde que continuasse vendendo parte de sua produção ao Estado. Somente essas mudanças aumentaram a produtividade agrícola chinesa em 25% em poucos anos. Nas áreas urbanas, a principal transformação foi o abandono do planejamento central, com incentivos à produção e ao consumo privados. Em um primeiro momento, a burocracia estatal ainda tentava direcionar preços, subsídios e crédito — o sistema *jingji ganggan* —, mas aos poucos os mecanismos normais de mercado foram estabelecidos. Um dos principais exemplos é o de propriedades residenciais. Até 1980, o governo alocava unidades residenciais a famílias, que pagavam um aluguel subsidiado que mal cobria os custos de manutenção dos imóveis. Naquele ano, o governo anunciou que as pessoas poderiam vender, comprar e construir suas próprias residências. Mais reformas, em 1988, 1991 e 1994, aumentaram a segurança jurídica dos proprietários de imóveis em áreas urbanas e facilitaram as vendas de terras públicas para a construção de imóveis comerciais e residenciais, dando início ao *boom* de construção que existe até hoje no país. Essa transferência de propriedade tinha prazo de validade limitado: setenta anos para imóveis residenciais e quarenta para comerciais. Isso significaria que, após esse período, os imóveis retornariam para as mãos do Estado. Na prática, em 2017 o governo indicou que mudará o sistema mais uma vez, garantindo o direito de propriedade efetivo dos detentores de imóveis.

O que vale para os imóveis vale também para empresas estrangeiras, facilidade de comércio internacional, pagamento de impostos, acesso ao crédito e tudo mais que compõe o ambiente capitalista moderno. Entre 2001 e 2004, o governo privatizou quase metade das empresas estatais, que hoje são muito menos importantes — com exceção dos bancos comerciais — do que já foram no passado. Até 1986, empresas estrangeiras não podiam ter subsidiárias na China sem parceiros locais. Mesmo até meados da década de 2010, subsidiárias sem parceiros locais eram extremamente discriminadas, pagando mais impostos e tendo muito mais insegurança jurídica. Isso também vem sofrendo transformações e diversas regras continuam mudando e tornando mais fácil o investimento direto estrangeiro. Até 2016, por exemplo, não era permitido a estrangeiros abrir empresas de consultoria sem requisitos mínimos de investimento, mas isso, como muitas outras regras, evoluiu com o tempo.

O resultado de todo esse esforço de modernização e reformas microeconômicas pode ser visto na evolução recente do ambiente de negócios na China e sua comparação com o Brasil. Em todas as dimensões, nos últimos dez anos, tem ficado cada vez mais fácil fazer negócio na China, enquanto o mesmo não pode ser dito daqui. Uma das maneiras de ver isso é por meio de uma medida chamada "distância de fronteira", que mede quanto um país se compara com quem é o melhor país do mundo — que, na escala, tem valor 100 — em determinada categoria. A fonte dos dados é o Banco Mundial. Ou seja, quanto maior o valor, melhor. No caso da facilidade de pagar impostos, a China tem melhorado a cada ano, ultrapassando o Brasil em 2009 e nos deixando "comendo poeira". Hoje, a diferença entre os dois países é gritante — e continuamos um dos piores países do mundo em esforço e tempo para pagamento de impostos.

Abrir negócios também tem ficado mais fácil na China, que nesse item igualmente ultrapassou o Brasil, como se vê no Gráfico 25. Ou seja, até em licenças de construção, a pior parte da corrupção chinesa, o país tem evoluído, enquanto o Brasil segue estacionado.

Gráfico 25
Facilidade de obter licença para construção

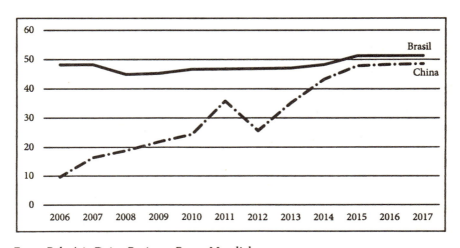

Fonte: Relatório Doing Business, Banco Mundial.

Ainda, antes das reformas de 2004, era muito mais difícil para que pessoas e empresas conseguissem crédito na China. Enquanto por aqui isso tem ficado mais difícil, lá a facilidade de acesso a crédito nos últimos 10 anos mais que triplicou. O Brasil é um dos países mais fechados do mundo ao comércio internacional, enquanto na China — cujo coeficiente de abertura saiu de 9% em 1960 para quase 40% hoje — cada vez mais há facilidade para importar e exportar.

A China ainda tem muito que evoluir em diversos aspectos sociais. Em termos de direitos econômicos, porém, ela, formalmente "comunista", já está bem à frente do supostamente "capitalista" Brasil. Reformas econômicas são extremamente importantes e explicam grande parte do sucesso chinês. Esse movimento pela modernidade é uma das grandes lições para os países empacados na armadilha da renda média. O foco do Brasil deveria ser em reformas microeconômicas, como estamos vendo ao longo deste livro. Elas podem não garantir o crescimento um ano depois, mas devem realmente criar as condições para um futuro próspero no médio e longo prazos.

Desenvolvimento chinês e lições para o Brasil

Vamos finalizar este capítulo fazendo mais uma comparação entre Brasil e China. Afinal, poucos brasileiros conhecem o contexto chinês, e as experiências internacionais deveriam servir mais de base para o que fazemos. Muitas vezes queremos reinventar a roda no país. Aqui, já vimos muita gente atribuindo o sucesso chinês às empresas estatais e ao câmbio desvalorizado, mas elas não foram fundamentais. Hoje essas empresas são mais um estorvo que qualquer outra coisa, e o câmbio controlado já deixou de ser desvalorizado até antes mesmo de a China capitular a um ataque especulativo ao yuan, em 2015.

Não é fácil tirar lições do crescimento chinês para o Brasil, mas podemos resumir as diferenças das trajetórias que possibilitaram o salto dos dois países da pobreza para a classe média em algumas dimensões (Tabela 14).

Tabela 14
Comparação entre instituições, sociedades e economia: Brasil e China

Dimensão	Brasil	China
População	209 milhões	1,38 bilhão
População projetada (2040)	228 milhões	1,38 bilhão
Início da industrialização massiva	1950	1980
Abertura comercial	País extremamente fechado	Relativamente aberto
Sistema político	Oligárquico	Autocrático
Burocracia	Alta e ruim	Alta e ruim
Facilidade de negócios (ranking)	123º	78º
Movimento de capitais	Livre	Controlado
PIB *per capita* (nominal)	US$ 8.703 (2016)	US$ 8.481 (2016)
PIB *per capital* (real — PPP)	US$ 15.485 (2016)	US$ 16.676 (2016)
PIB *per capital* projetado (PPP)	US$ 18.298 (2020)	US$ 23.960 (2020)
Inflação projetada 2018	3,5%	1,5%
Parceiro comercial	China é a 1%	Brasil é o 8%
Investimento estrangeiro (entrada)	US$ 75 bilhões	US$ 130 bilhões
Desigualdade de renda	Altíssima	Alta
Rede de segurança social	Média	Baixíssima
Sistema de saúde	Universal e ruim	Subsidiado mas não universal
Impostos/PIB	35%	28%
Assassinatos por 100 mil habitantes	25	1
Participação emprego na indústria (%) do total	22%	29%
Participação emprego na agricultura (%) do total	10%	28%
Expectativa de vida ao nascer	76 anos	76 anos

Dimensão	Brasil	China
Mortalidade infantil (por 1.000 nascimentos)	16	11
Corrupção	Alta	Alta
Mídia	Concentrada	Controlada
Nacionalismo	Baixo	Alto
Emissão de CO_2 por pessoa (toneladas por ano)	2,3	6,7
Facilidade de comércio exterior (ranking)	149	96
Universidades entre Top 100	0	3
Universidades entre Top 500	2	15
Ranking educação fundamental (Ciências, Matemática e Leitura)	67º, 65º e 61º	10º, 6º e 27º
Nível educacional passado	Baixíssimo	Médio
Nível educacional presente	Baixíssimo	Alto
Sistema tributário (ranking)	181 de 186	131 de 186
Empresas estatais	Ineficientes	Ineficientes
Judiciário	Altamente rentista e elitista	Elitista
Liberdades individuais	Média-alta	Baixa
Industrialização	Substituição de Importações	Orientada para exportações

Fonte: Elaboração dos autores com base nos dados do Banco Mundial, da OCDE e da *Times Higher Education*.

A diferença mais importante, hoje, está no fato de que a China é capitalista de verdade, enquanto, no Brasil, competição é uma palavra quase proibida. Na China, há concorrência até pelos recursos do sistema educacional: as escolas públicas são ranqueadas pelos resultados dos alunos — e as melhores recebem mais recursos. Para conseguir uma matrícula em uma boa escola, é preciso morar perto dela. Assim, quando escolas se destacam, famílias mais ricas se mudam para a região, o que garante mais recursos e mais famílias ricas chegando, em um mecanismo de retroalimentação positiva.

É mais difícil para as escolas em áreas mais pobres, é claro. O sistema chinês não tem nada de justo. O mais importante, porém, é que a sociedade chinesa é inovadora. Até o governo não tem medo de tentar novas ideias — desde que não tragam perigo ao controle do PCC, é claro. A prefeitura de Xangai e uma universidade local são parceiras, e o governo chinês subsidia parte da mensalidade dos alunos locais na NYU Shanghai, por exemplo. A ideia é trazer para dentro do país uma das melhores universidades do mundo, a fim de formar jovens chineses com visão global, mas sem que eles precisem sair da China. Mais ainda, metade dos alunos deve vir de fora. O governo chinês subsidia temporariamente uma universidade estrangeira para investir na China e na formação de ponta no país, com a maioria de professores estrangeiros. Qual a probabilidade de uma inovação como esta, com vistas à abertura intelectual e à integração com o mundo, ocorrer no Brasil com a bênção do MEC? Não existe probabilidade negativa, mas se houvesse, essa seria a probabilidade no caso brasileiro...

Até burocratas competem entre si, para o bem e para o mal. Se não entregarem baixo desemprego e alto crescimento — além da estabilidade política e social —, não sobem na estrutura do partido. Mesmo no sistema financeiro, novas empresas privadas podem concorrer e tirar mercado dos bancos estatais.

O que a China tem a ensinar ao Brasil é abraçar a modernidade. Não só uma globalização controlada, mas um olhar e uma integração de verdade ao mundo. Esse processo, no caso chinês, vem com características locais, mas a abertura a novas ideias e à concorrência empresarial e até burocrática possibilitam à sociedade evoluir. Aqui, estamos presos no passado.[50] O mundo se move para retirar privilégios e não permitir que elites destruam o bem-estar social. No Brasil, em que "se plantando tudo dá", as jabuticabas não param de se reproduzir. Os desníveis salariais entre os setores público e privado são muito altos. Pessoas podem se aposentar com menos de 60

---

[50] Por uma enorme coincidência, no mesmo dia em que estávamos realizando a revisão final deste capítulo, em março de 2018, o site de notícias G1 colocava no ar a seguinte matéria: "Motoristas precisarão fazer curso e prova teórica para renovar a Carteira Nacional de Habilitação". E também no mesmo dia os jornais traziam artigos sobre diversas decisões judiciais concedendo liminares para os sindicatos manterem a cobrança obrigatória da contribuição sindical, que a reforma trabalhista tornou opcional. São dois exemplos emblemáticos, quase caricaturescos, de apego ao passado, em um mundo que se move rapidamente. O contraste com as mudanças retratadas nesta parte do livro não poderia ser maior.

anos de idade em um mundo onde a população fica mais velha. Nós combinamos o pior do capitalismo de compadrio com a complacência social, em que nada é nossa culpa e qualquer crise, pessoal ou social, é sempre culpa do outro: as crises nacionais sempre são culpa do estrangeiro — o FMI, o imperialismo norte-americano, a crise financeira ou uma recessão mundial. No nível individual, emblematicamente, um brasileiro que anda acima do limite de velocidade e é multado coloca a culpa no pardal — um objeto inanimado e que cumpre sua função com regras claras. As elites locais na China não extraem tantos recursos quanto às brasileiras: funcionários de estatais, donos de cartório, juízes e até professores de universidades federais não ganham dez, vinte ou cinquenta vezes o que ganha um trabalhador mediano no setor privado.

A China é repleta de paradoxos, da dicotomia autocracia/capitalismo até a questão de como o PCC coloca a liberdade como característica fundamental do sonho socialista. O verdadeiro desenvolvimento econômico é difícil e envolve dezenas de ações, reformas e mudanças institucionais, além de algo essencial: a integração ao mundo.

16. A uberização global

> "A tecnologia é dominada por dois tipos de pessoas:
> as que entendem o que não conseguem gerenciar e
> aquelas que gerenciam o que não entendem."
>
> Archibald Putt (pseudônimo, escritor)

As questões tratadas nos capítulos iniciais deste livro estão associadas a problemas conhecidos, como déficit público, envelhecimento da população, desperdício de gastos públicos, entre outros. O mundo, porém, está mudando cada vez mais rapidamente, a ponto de empresas do novo setor de energias renováveis (no caso, a eólica) trazerem à discussão novas questões regulatórias — uma proposta de um deputado continha a criação de *royalties* pelo vento.

Inovações disruptivas estão mudando o mundo. Nós escrevemos o livro entre Brasil, Dinamarca e China. Um colega chegou em Xangai e ficou dois meses pulando de apartamento em apartamento via AirBnb. Um dos autores faz supermercado via Taobao, uma Amazon + eBay + Carrefour chinesa. E, batendo em nossa porta, temos os avanços em inteligência artificial, computação quântica e edição de genes que podem mudar completamente a maneira como vivemos, mais ainda do que já mudamos nas últimas décadas.

Neste capítulo, vamos descrever alguns mercados de fronteira no mundo — *fintechs* na China ou como o Uber lida com confiança na Índia, entre outros exemplos de mudanças que podem transformar o mundo nas próximas décadas. Afinal, o discurso de políticas públicas muitas vezes é voltado para o passado e, no máximo, lida com questões de nosso dia a dia, mas precisamos preparar o país para os desafios futuros. É muito mais do que reformar a Previdência para não quebrarmos! Queremos ir além, apresentando questões que podem ser importantes para tirar o Brasil de seu marasmo.[51]

Fintechs na China — carteira para quê?

Como bons brasileiros, tomamos cuidado com nossas carteiras. Estamos sempre atentos — não precisamos explicar por que, para quem vive no Brasil. O autor Rodrigo Zeidan, que mora na China, já se viu algumas vezes saindo de casa sem sua carteira. Na verdade, ela se tornou algo desnecessário. Para tudo é possível usar Alipay ou WeChat — uma versão melhorada do Whatsapp. É possível pagar qualquer coisa via aplicativos, desde transporte até o vendedor de frutas na esquina. Com um bom histórico de crédito, a pessoa pode tomar dinheiro emprestado por vários aplicativos para usar como quiser. A China caminha para um mundo completamente digital e é até mais avançado que na Dinamarca, onde Zeidan também ensina. Nos dois países, usar dinheiro fica cada vez mais raro. Em algumas lojas, não se aceita mais yuans ou coroas — as moedas dos respectivos países.

Enquanto isso, nosso outrora avançado sistema financeiro ficou para trás. Os bancos brasileiros continuam anunciando estratégias digitais — que não saem muito do lugar. Em pleno 2018, o novo presidente do Bradesco anunciou que uma de suas principais missões era digitalizar o banco. Ele tem razão, mas se estivesse em outro país o Bradesco já teria sido engolido pela concorrência digital há muito tempo.

No Brasil, estamos presos em um equilíbrio de baixo valor para a sociedade. Somos hiperconservadores. Enquanto discutimos se nosso Banco Central deveria ser independente ou não, mantemos barreiras gigantescas à inovação e à competição, além da questão do crédito direcionado a diversos setores preferenciais — embora, com a criação da TLP, este último problema

---

[51] Curiosamente, o título de um antigo livro de um dos autores, em coautoria com Armando Castelar Pinheiro, era justamente *Rompendo o marasmo*. E o livro foi publicado em 2006! Agora, ao redigir este capítulo, a expressão veio naturalmente. E passaram-se doze anos... É uma pequena evidência anedótica de como somos de uma lentidão exasperante para mudar.

APELO À RAZÃO

tenha se tornado menor. Em um mundo de *fintechs*, empresas de tecnologia do setor financeiro, nossa grande "inovação" — até necessária — foi liberar o pagamento de contas em casas lotéricas.

Há uma explicação para o conservadorismo das autoridades: a estabilidade do sistema. Realmente, nosso sistema financeiro é praticamente o mais seguro do mundo. Assim, no futuro nunca teremos uma crise como a que abalou a economia internacional em 2008. O problema é que pagamos alto por isso, na forma de juros elevados em relação aos mercados internacionais e de serviços caros. Além disso, parte da população e a maioria das pequenas empresas têm pouquíssimo acesso ao crédito e há uma concentração em poucos bancos, sem muita concorrência entre eles. Não devemos desregulamentar tudo, mas certamente deveríamos deixar nosso extremo conservadorismo um pouco de lado para trazer muito mais competição ao setor financeiro.

Na China, mais de 800 milhões de pessoas usam WeChat Pay. O sistema de pagamentos via celulares, a maior parte sem envolver bancos diretamente, movimentou cerca de RMB 200 trilhões[52] (pouco mais de R$ 100 trilhões) em 2017 — mais de 200% do PIB do país. Os bancos chineses, até 2020, perderão metade das receitas de serviços para os novos meios de pagamento. As pequenas empresas não estão presas às altas taxas de cartões de débito e crédito. O Banco do Povo da China, o banco central deles, permite e incentiva a competição, mesmo que os maiores bancos sejam estatais, e as *fintechs*, privadas. Três em quatro empréstimos via celulares no mundo acontece na China, e a maior parte é entre pessoas — *peer-to-peer lending*. O Alipay acabou de abrir em 36 países. O sistema evolui rapidamente.

Enquanto isso, no Brasil, a regulação é tão rígida que torna praticamente impossível novos concorrentes. Cada rodada de mudança regulatória demora meses e vem cheia de poréns. E, quando alguém consegue oferecer melhores serviços ao cliente, como recentemente a XP Investimentos, um grande banco adquire a empresa e o CADE aprova sem maiores problemas.

Novas tecnologias podem destravar o acesso a serviços financeiros no país, fazendo a taxa de juros cair mais — especialmente pela redução de

---

[52] Yuan (¥) e renminbi (RMB) são a mesma coisa, simplesmente duas maneiras de se referir à moeda chinesa. No dia a dia, ainda se usa a palavra kuai, cuja tradução literal é pedaço ou coisa.

spreads — e viabilizando que as empresas tenham mais acesso a recursos para o crescimento. Para isso, o Banco Central e a Comissão de Valores Mobiliários (CVM) devem agir como facilitadores. No mundo, *fintechs* estão causando uma verdadeira revolução nos serviços financeiros.

Em dezembro de 2017, a China contava com 772 milhões de usuários de internet, ou mais do que toda a população da Europa. E, no entanto, esse número representa apenas 56% da população chinesa. Talvez o dado mais significativo de todos seja que mais de 95% dos usuários da internet da China acessam a web por meio de um dispositivo móvel.[53]

Os bancos chineses notavelmente pouco sofisticados contrastam marcadamente com a infraestrutura tecnológica bem desenvolvida e a crescente demanda de serviços financeiros no país. Durante muito tempo, os bancos comerciais da China, que são principalmente de propriedade estatal, concentraram-se principalmente no atendimento de empresas estatais chinesas, negligenciando as crescentes necessidades financeiras das micro, pequenas e médias empresas (MPMEs) e dos chineses comuns. De acordo com dados do Banco Mundial, em 2014 apenas 10% dos adultos chineses tinham acesso a crédito de uma instituição financeira, que inclui não apenas bancos, mas também cooperativas de crédito, cooperativas e instituições de microfinanças. Da mesma maneira, de acordo com a Pesquisa Empresarial 2012 do Banco Mundial, as MPMEs chinesas receberam menos de 25% dos empréstimos concedidos pelos bancos chineses, apesar de representarem mais de 60% do PIB da China e 80% do emprego urbano. Essa discrepância no crédito bancário era atribuída à falta de garantias qualificadas e ao histórico de crédito entre esse tipo de empresas.

As *fintechs*, percebendo esse excedente de indivíduos e a existência de MPMEs pouco desenvolvidas, entraram para preencher o vazio. Os pagamentos móveis e os empréstimos on-line, que respondem diretamente às demandas de gastos e crédito dos consumidores, são os dois setores mais proeminentes das *fintechs* chinesas.

O caso do WeChat mostra também como normas sociais e permissão à concorrência tornam possível o surgimento de novas empresas e a me-

---

[53] Para mais informações, ver: Wang, Wei; Dollar, David. What's happening with China's fintech industry? Disponível em: <https://www.brookings.edu/blog/order-from-chaos/2018/02/08/whats-happening-with-chinas-fintech-industry/>.

lhoria dos serviços. O Alipay foi criado em 2004, e durante boa parte de sua história era um monopólio. Para entrar no mercado, a Tencent — que é dona do WeChat — desenhou uma forma de mandar dinheiro, chamada de "envelope vermelho", que remonta às tradições do país no Ano-Novo chinês.

Durante as festividades para celebrar o Ano-Novo chinês — cujo calendário é lunar e normalmente acontece no final de janeiro ou em fevereiro —, as pessoas colocam dinheiro dentro de envelopes vermelhos, a cor da prosperidade do país, para presentear familiares ou prestadores de serviço. A capacidade de enviar esses envelopes on-line por meio de contas do WeChat revolucionou uma prática de séculos. Em 2017, mais de RMB 46 bilhões (R$ 23 bilhões) foram trocados por meio de envelopes vermelhos durante o período de férias de seis dias para celebrar o ano-novo. Em 2018, a Tencent informou que 768 milhões de pessoas mandaram envelope vermelho durante o ano-novo.[54]

A concorrência por participação no mercado impulsionou inovações que conectam pagamentos on-line com transações de varejo. Os códigos de barra dos aplicativos, QR, têm sido fundamentais para facilitar a interação *off-to--online* e são amplamente utilizados nos negócios de varejo da China, desde vendedores ambulantes de rua até a Starbucks. Os códigos QR podem ser usados em qualquer direção: um comerciante pode exibir um código que os clientes digitalizam com seu celular para iniciar um pagamento, ou a conta do cliente de WeChat ou Alipay pode gerar um código único e específico da transação que um varejista verifica para completar uma transação. Em ambos os casos, o celular funciona como um tipo de cartão de pagamento. A transferência de dinheiro entre as partes também é tão simples quanto enviar uma mensagem de texto.

Em resumo, o "mundo uberizado" é aquele no qual as tecnologias invadem nossas vidas de modo ainda mais rápido do que já tem acontecido. No Brasil, ainda somos extremamente fechados a tudo, desde novas ideias até produtos e empresas. Ficar para trás será custoso. Exploraremos isso daqui a algumas páginas.

---

[54] Lucas, Louise. Chinese embrace digital red envelopes for lunar new year. *Financial Times*, 22 fev. 2018.

Tecnologia gera desemprego? O caso dos carros autônomos

A combinação de carros autônomos, inteligência artificial, desintermediação via *fintechs*, computação quântica e, talvez o mais interessante, o avanço na genética a ponto de estarmos perto de editarmos genes em larga escala torna o futuro, ao mesmo tempo, excitante e assustador.

Não faltam artigos sobre as "ondas de desempregados" que surgirão por causa das novas tecnologias. Carros sem motorista vão destruir os empregos dos motoristas de caminhão, da mesma maneira que os cartões de transporte mataram a necessidade de trocadores de ônibus. É de quase dois milhões o número de caminhoneiros no Brasil. O que faremos com todas essas pessoas desempregadas?

São argumentos que geram uma preocupação natural nas pessoas diretamente afetadas e na sociedade em geral. É natural. Vejamos, porém, essa questão mais de perto. Em capítulo anterior, dissemos que uma análise do impacto de novas tecnologias sobre a economia não pode ser feita via equilíbrio parcial, e sim equilíbrio geral. Mesmo que amanhã tivéssemos caminhões autônomos e todos os motoristas de caminhões fossem para a rua, isso só traria desemprego se eles não conseguissem se recolocar. A questão relevante não é se avanços tencológicos vão ou não causar desemprego, mas qual será o impacto dessas tecnologias sobre a qualidade dos empregos.

No Brasil, no final de 2017, vereadores do Rio de Janeiro aprovaram uma lei para trazer de volta a profissão de trocador nos ônibus. Esse tipo de medida de retrocesso é típica de países emergentes que acreditam que podem legislar a criação de empregos. Já discutimos antes que a saída do Brasil da armadilha da renda média é o aumento da produtividade. Reativar a profissão de trocador à força diminuiria a produtividade da economia e teria dois efeitos reais sobre a sociedade: cairia um pouco a renda de todo o país — pela piora da produtividade média — e transferiria renda do restante da sociedade para os trocadores e suas famílias. Seria preferível pagar uma bolsa a potenciais trocadores para arrumar qualquer outro emprego do que forçar a realocação de recursos da sociedade para manter empregos que não mais deveriam existir.

A questão principal não é sobre a quantidade de empregos, mas sobre precarização. A precarização é um fenômeno real — no mundo globalizado, não há razão para esperar que economias criem empregos formais de qualidade a fim de que todos tenham certa estabilidade e um padrão de vida adequado. A "uberização" global tem como principal efeito criar empregos

APELO À RAZÃO

excelentes para uma parte da sociedade e limitar a qualidade dos empregos para outra. Ou seja, piora a desigualdade de renda no mundo, mas apenas antes das transferências do Estado para a sociedade. Ou seja, o grande risco, porém, permanece: o da precarização. Ele realmente existe — e é sério. Já vemos isso acontecendo. Normalmente, as pessoas definem "precarização" como falta de direitos trabalhistas, mas aqui queremos ir além. São muitos os empregados precários no mundo, mesmo quando há um emprego formal. Trabalhos honestos e formais, como o de trocador, podem ser precários. Afinal, a sociedade que queremos é aquela na qual um indivíduo passa 35 anos trocando dinheiro em um ônibus, sentado e respirando poluição?

Em todo o mundo, uma das formas de combate a esses efeitos é via transferências. Imposto de renda progressivo, Bolsa Família etc. são formas de transferência de renda. O mundo uberizado requer mudar os modos de atuação do estado na regulação da atividade econômica. A preocupação não deveria ser sobre forçar a criação de empregos ruins, mas sobre como reorganizar incentivos para que surjam empregos que alavanquem a produtividade do país.

Há, também, um pouco de medo infundado em relação às mudanças causadas pelas novas tecnologias. A probabilidade de caminhões autônomos desempregando subitamente dois milhões de caminhoneiros é ainda muito remota — não vai começar a acontecer em pelo menos dez anos, tempo mais que suficiente para que reformas econômicas surtam efeito e limitem o dano potencial causado. Nesse período, parte dos caminhoneiros irá se aposentar e simplesmente não será reposta, outra terá tempo para se reciclar etc.

A tendência da evolução das economias é que alguns empregos sejam extintos, mas em compensação surjam outros. Qual é o sentido, por exemplo, de termos ascensoristas no mundo de hoje? Ou operador de telex? E eram profissões com muitos empregados no passado. Ao mesmo tempo, se algum de nós falasse para nossos avós há trinta anos que talvez seu neto fosse *web designer*, eles iriam perguntar: "O quê?!" Era algo simplesmente impossível de conceber naquela época.

Dan Hanson apresenta bons argumentos sobre o otimismo exagerado em relação à automatização de frota de caminhões.[55] Muitos trabalhos parecem simples, mas na verdade são bastante complexos quando se mergulha nos detalhes. Os camionheiros não apenas dirigem caminhões. Eles também

---

[55] Hanson, Dan. Will truckers be automated? (from the comments). Disponível em: <http://marginalrevolution.com/marginalrevolution/2018/02/will-truckers-automated-comments.html>.

monitoram as cargas, incluindo determinar o que carregar primeiro e por último e como amarrar tudo com segurança. Atuam como agentes do processo de intermediação. Verificam que o que estão carregando seja o que está previsto. São o sistema de alerta precoce para a manutenção do veículo. Lidam com os agentes do governo em estações de pesagem. Ao dormir na boleia, agem como segurança para a carga. Se houver um acidente, colocam o triângulo na estrada e contatam as autoridades. E lidam com qualquer problema, desde um pneu furado até a carga balançando. Têm um conhecimento que não é facilmente transferível; sabem as peculiaridades das rotas; mantêm relacionamentos com os clientes; aprendem a melhor maneira de navegar em determinadas áreas; entendem como otimizar dividindo cargas ou providenciando cargas de retorno no destino etc. E também aprendem quais clientes pagam prontamente, quais fornecem suas cargas de maneira que seja fácil entrar no caminhão, quais geralmente têm sua papelada em ordem etc.

Automação não acontece da noite para o dia. "Ludismo moderno" não faz sentido.[56] Pelo contrário — o Brasil deve abraçar a abertura às tecnologias e às novas ideias. O sistema econômico é dinâmico e gera, sim, empregos precários, formais ou não. Temer inovações não faz sentido, mas preparar a sociedade para as mudanças, sim.

O código do Uber na Índia: criando confiança

Já vimos que, se tivermos que resumir em uma palavra as condições para o desenvolvimento de um país, ela é confiança. Claro que confiança é muito mais fácil de ser conquistada em um país pequeno e que até pouco tempo atrás era bastante homogêneo, como a Dinamarca. Afinal, se os dinamarqueses não criassem laços de confiança para se defender — ou atacar —, seriam derrotados e virariam protetorado de alguma nação mais forte.

Na Índia, país que vai se tornar o mais populoso do mundo nos próximos trinta anos, a (falta de) confiança é um problema. Assim como em muitos países pobres, o tratamento das pessoas ainda é muito desigual — algo potencializado pela divisão das famílias em castas. Uma maioria perseguida é a das mulheres. Embora seja um país em geral seguro (no sentido, por exemplo,

---

[56] Ludismo refere-se a grupos de trabalhadores ingleses que, no início do século XIX, saíam destruindo máquinas de tecelagem porque acreditavam que a evolução tecnológica destruiria seus empregos.

de que o risco de ser assaltado na rua é baixo), existe uma clara desvantagem em ser mulher — um histórico de machismo e casos de estupro coletivo deixam as pessoas apreensivas em cidades grandes. O funcionamento do Uber depende de confiança em diversos níveis: de que a empresa não vai usar fraudulentamente os dados do cartão de crédito; de que o mapa do aplicativo funciona; e, principalmente, de que o motorista é uma pessoa de confiança. E esse último passo limitava o crescimento da empresa nas cidades indianas. Principalmente para mulheres — como saber se o motorista era confiável?

A empresa resolveu isso por meio de um código de segurança de quatro dígitos. A pessoa, ao pedir uma corrida, recebe um código quando um motorista aceita fazê-la. Apenas depois de conferir que está tudo certo, o usuário dá o código para o motorista, que então começa a corrida. Se houver alguma desconfiança, o usuário simplesmente vai embora e reporta à empresa.

Esse sistema é trabalhoso e ineficiente, mas o caso indiano mostra como custa criar confiança. Quanto menor a confiança, mais mecanismos burocráticos devem ser criados para proteger os lados em uma transação. De modo geral, no Brasil estamos entre Oriente e Ocidente em termos da dicotomia entre contato e contrato, como mostra a Figura 5.

Figura 5
Características dos processos de negociação entre países

CONTRATO X CONTATO

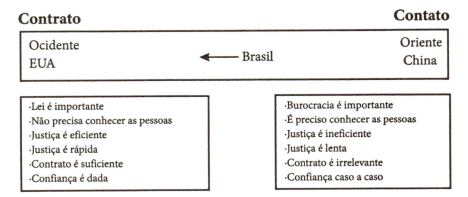

Fonte: Figura elaborada por Paulo Vicente Alves para notas de aulas, 2018. Reproduzida com a permissão do autor.

É claro que é possível crescer economicamente no modelo oriental. O Japão é a prova cabal disso, mas é um caso particular. Lá é importante conhecer as pessoas, mas a confiança, ao contrário de outros países asiáticos, é dada. Crianças aos 8 anos de idade passam a pegar trens sozinhas para irem ao colégio porque podem confiar na sociedade — se precisarem de algo, podem perguntar a qualquer pessoa no trem, que as ajudará imediatamente. No Brasil, a burocracia vence porque não há confiança — precisamos de firma reconhecida, já que não se pode confiar nem na assinatura de uma pessoa. E isso começa desde cedo, quando os pais — compreensivelmente, dado o lugar onde vivemos — ensinam aos filhos a não conversar com estranhos na rua. Diversos estudos mostram que por aqui os indivíduos confiam muito na família, bastante nos amigos — e só. Confia-se pouco na sociedade em geral, muito pouco nas empresas — e nada no governo. E há razões históricas para isso — mas, em algum momento, o país precisa começar a mudar.

O caso indiano nos mostra como a confiança gera produtividade — ou como a falta de confiança limita os ganhos de produtividade. É preciso colocar um nível de burocracia, os códigos para início da corrida, já que não há confiança implícita entre passageiro e motorista.

No Brasil, também temos nossas "jabuticabas" no Uber. Aqui, somos um dos únicos países onde passamos a obrigar passageiros a colocar exatamente o destino no aplicativo. Se quisermos mudar o destino no meio da corrida, precisamos digitar o novo endereço. Isso por causa de nossa velha — e má — malandragem. Muitas pessoas estavam selecionando corridas curtas no aplicativo e pedindo para o motorista ir para outro destino, mais distante. Depois ligavam para a empresa reclamando que só haviam requerido uma corrida curta e que o trajeto efetivo estava "errado", e pediam o ressarcimento. Isso, em qualquer lugar do mundo, chama-se fraude. No Brasil, é visto mais ou menos como algo normal. O Uber teve, então, que criar mais burocracia — sempre ela — para se adaptar à falta de confiança — e de honestidade — de muitos consumidores. É o velho resultado: pagam os justos pelos pecadores.

Edição de genes e o futuro do setor de saúde

Nas discussões sobre grandes agregados econômicos, um dos principais é a taxa de desemprego. Um objetivo de política macroeconômica é o pleno emprego. Trata-se de uma meta realmente importante, mas no contexto deste livro, que trata do longo prazo, precisamos nos preocupar com a qualidade dos empregos. Veremos ainda como poderíamos ter um sistema educacional melhor no Brasil. É preciso, porém, deixar claro que seremos simplesmente atropelados pelas inovações tecnológicas.

Por um lado, essas inovações melhoram enormemente a qualidade de vida de toda a população, mesmo para os mais pobres. Por mais que a desigualdade de renda do Brasil seja extremamente alta, todos nos beneficiamos de saltos relativos à melhora da Medicina moderna. Mesmo que a qualidade de nosso sistema de saúde seja baixa, apenas copiar as inovações de outros países já garante melhoria na ponta para os usuários do sistema. Só nos últimos vinte anos, a expectativa de vida ao nascer no Brasil subiu de 68 para os atuais 76 anos. Se recuarmos mais no tempo, o salto é ainda maior. Com certeza, esse aumento não foi devido à melhora da prestação de serviços. Quase todo ele, no Brasil e no mundo, se deu por saltos tecnológicos: maior conhecimento sobre medicamentos, equipamentos melhores etc. Por outro lado, deixamos muitos ganhos potenciais na mesa, ao não pensarmos na evolução do sistema de saúde com os incentivos corretos. O acesso à saúde deve continuar a ser universal e gratuito, mas precisamos criar mecanismos inteligentes para acelerar o uso das melhores práticas do setor, trazendo mais que médicos cubanos para cuidar de nossas populações mais carentes.

Afinal, os avanços na área vão continuar. Dana Caroll deixa isso claro.[57] Ela permite delinear o impacto da edição de gene sobre o futuro da medicina. O novo método de edição de genes, CRISPR-Cas, só tem quatro anos. Os reagentes CRISPR-Cas provaram ser bastante eficientes na modificação do genoma em uma ampla gama de organismos e configurações experimentais. Isso significa que, em um futuro próximo,

---

[57] Carroll, D. Genome editing: progress and challenges for medical applications. *Genome Medicine*, v. 8, n. 1, p. 120, 2016.

deveremos conseguir editar nossos genes para diminuir riscos associados a várias doenças. Como um exemplo, Angelina Jolie fez uma mastectomia porque tinha o gene BRCA, associado à maior possibilidade de desenvolver câncer de mama. Ou seja, fez uma cirurgia preventiva por um gene "defeituoso". Editar genes pode estender ainda mais a longevidade da população mundial.

Como a tecnologia é nova, ela ainda não é usada em humanos. Mas, entre os muitos exemplos de experimentos científicos, macacos com distrofia muscular foram produzidos por injeção de materiais CRISPR-Cas diretamente em ovos fertilizados. E porcos com predisposição a doenças cardíacas, neurológicas e outras foram criados tanto por injeção embrionária quanto por transferência nuclear de células somáticas. Esses modelos de doenças facilitam o teste de várias abordagens terapêuticas: farmacológica, nutricional e genética.

Um último exemplo técnico: no caso da identificação de alvos, cientistas conseguiram, por meio da técnica, localizar os genes celulares necessários para a infecção pelo vírus do Nilo Ocidental — parecido com a dengue. Essas mudanças de fronteira chegarão aqui, cedo ou tarde (provavelmente, mais cedo que tarde). Elas representam um aumento significativo da produtividade, tanto do lado da oferta quanto da demanda. Vai acontecer uma melhora na qualidade de vida de todos.

O Brasil conta com bons pesquisadores na área, mas a maior parte das inovações virá de fora. Isso é inevitável, já que o mundo uberizado requer confiança. Aqui, pesquisadores batalham com a Receita Federal para trazer reagentes químicos e equipamentos de pesquisa. A pesquisadora Suzana Herculano-Houzel, neurocientista famosa por seus estudos sobre o cérebro humano, deixou isso claro quando anunciou que deixaria o país para fazer pesquisa nos EUA: "Engessamento me fez deixar o país."[58] Um trecho de sua entrevista descreve o que pesou em sua decisão:

> É um engessamento que se aplica a vários aspectos: à questão salarial;
> a essa ideia de isonomia que é maldita para a academia, que tem
> como princípio a busca por conhecimento e o fato de que pessoas

---

[58] Lopes, Reinaldo José. "Engessamento me fez deixar o país", diz a neurocientista Suzana Herculano. *Folha de S.Paulo*, 5 mai. 2016.

diferentes têm capacidades diferentes; [e ao] engessamento administrativo. Os US$ 600 mil que eu recebi de um prêmio dos EUA [da Fundação James McDonnell] são administrados pela UFRJ, ou seja, vão para a conta da União. Queria usar esse financiamento para contratar pessoas para um projeto sobre a relação entre metabolismo e número de neurônios, mas nunca consegui, porque não dá para contratar alguém sem concurso público. Volta e meia eu tenho de pedir "compra por favor US$ 10 mil desse anticorpo" e preciso arrumar cartas do fabricante atestando que só eles fabricam aquilo. Se você tem a sorte de usar algo que só uma empresa fabrica no mundo, como a gente — porque eu trabalho com literalmente dúzias de espécies diferentes, então não é qualquer produto que vai funcionar — maravilha, não precisa sofrer com licitação. Mas ainda assim leva no mínimo três meses de trâmite, mais impostos absurdos, mais burocracia.

Tudo fica caro e burocrático. Por que um laboratório faria pesquisa no Brasil? É importante entender que o que se faz em uma ponta vai chegar também na outra. É nosso dever acelerar esse processo e preparar a estrutura da sociedade para tirar o máximo proveito dessas inovações. Não podemos mais ficar fechados ao mundo.

Combatendo as mudanças climáticas

Vimos nas últimas subseções como os avanços tecnológicos mudarão nossa vida. É impossível articular as mudanças dos últimos trinta anos, uma passagem de quando a maioria das pessoas datilografava em máquinas de escrever para um mundo onde todo o conhecimento humano está ao alcance de qualquer pessoa por meio de um reles celular.

Paulo Vicente Alves, amigo dos autores, é um grande estudioso das tendências tecnológicas e gosta de traçar cenários sobre o que deve vir por aí nos próximos anos e décadas. Entre coisas que parecem saídas de livros de ficção científica, como um elevador espacial, temos os avanços em robótica, terapia de genes e as novas formas de geração de energia.

Não podemos deixar de falar sobre mudanças climáticas em um capítulo sobre avanços tecnológicos e sociais no mundo. Afinal, não teremos novos robôs se simplesmente a sociedade mundial entrar em colapso por causa das consequências negativas das atividades humanas. Esta pequena subseção tem como objetivo, então, discutir como precisamos de novas soluções para limitar os impactos de aquecimento global e outros efeitos de nossas atividades sobre o meio ambiente em um mundo uberizado.

Da mesma maneira que ocorre com as questões distributivas, muitas discussões em economia ignoram a temática ambiental. Nosso decálogo antes mencionado mostra que não podemos deixar de considerar os impactos ambientais de políticas públicas e reformas de mercado. Sabemos que, no longo prazo, eventos que aumentam o custo de produção e limitam o crescimento da produtividade têm um efeito pernicioso: diminuem o potencial de produção. No caso do meio ambiente, temos um dilema. Quanto mais travarmos a produção com regras ambientais, menor o crescimento econômico. Ao mesmo tempo, quanto mais deixarmos a produção de gases do efeito estufa aumentar, menor será a prosperidade de longo prazo. Como exemplo desse último ponto, dois autores estimaram recentemente os impactos econômicos globais das mudanças climáticas usando uma síntese de pesquisa sistemática e descobriram que, com um aquecimento de três graus centígrados, a renda do mundo diminuirá 2,0%.[59] Se o aquecimento for de 6°C, o PIB mundial deverá cair 8,1 (± 2,4)%. Ou seja, o mundo inteiro sentiria, ao longo do tempo, o efeito parecido com a recessão econômica brasileira de 2015–2016. Isso poderia levar à estagflação — mistura de estagnação com inflação — ou mesmo a uma depressão econômica. Ignorar as mudanças climáticas em nome do crescimento de curto prazo fará com que as economias cresçam menos no futuro. No final das contas, precisamos encontrar um equilíbrio que direcione a produção das empresas para limitar a emissão de CO_2 e outros poluentes, enquanto não se trava a dinâmica de criação de novos negócios.

Os dados são bem claros. O Gráfico 26 mostra como a média de CO_2 na atmosfera não para de crescer.

---

[59] Nordhaus, W. D.; Moffat, A. A. Survey of Global Impacts of Climate Change: Replication, Survey Methods, and a Statistical Analysis (No. w23646). National Bureau of Economic Research, 2017.

Gráfico 26
Média do CO_2 na atmosfera, em partes por milhão

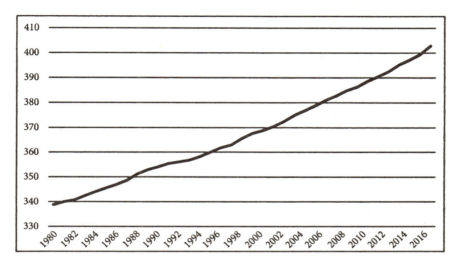

Fonte: National Oceanic & Atmospheric Administration.

As mudanças climáticas são um dos maiores riscos para o futuro da humanidade. Isso traz, no entanto, muitas oportunidades para países desenvolvidos e em desenvolvimento. Mesmo que haja um claro dilema entre o crescimento econômico e o meio ambiente, isso não é absoluto. Vimos que a tecnologia, em sentido amplo, é o principal motor de prosperidade no longo prazo. Idealmente, as inovações ajudam a reduzir a quantidade de dióxido de carbono e outros gases de efeito estufa que são gerados a partir da atividade humana, algo que vem crescendo desde a Revolução Industrial.

A armadilha malthusiana — a teoria de Thomas Malthus, de 1798, de que o crescimento da população superaria o crescimento agrícola e levaria à fome — foi evitada com a inovação e o crescimento da produtividade. A inovação também está no centro da prosperidade para os países ricos. Como eles já alocam bem o capital, o trabalho e os recursos naturais, apenas os avanços na tecnologia podem aumentar o crescimento econômico.

A indústria automobilística está se movendo em direção à adoção de carros elétricos como substitutos de veículos a gasolina e a diesel. A Noruega pretende acabar com a venda de carros a gás e diesel até 2025; a Índia pretende fazê-lo até 2030; e o Reino Unido e a França se comprometeram a uma proibição total até 2040. Enquanto isso, as empresas estão se deslocando tecnicamente no sentido de melhorar a tecnologia da bateria elétrica para apoiar uma nova infraestrutura para veículos elétricos. As empresas chinesas, alemãs e norte-americanas estão investindo pesadamente em grandes fábricas de bateria. Um exemplo é a Tesla, cuja instalação de fabricação de baterias de íons de lítio deverá produzir 35 gigawatts-hora, o que pode alimentar cerca de dez milhões de casas.

Os avanços na produtividade são fundamentais para aumentar a produção agrícola para uma população mundial maior — e a inovação é o núcleo da descarbonização da economia. Não há garantia de que tais investimentos possam compensar os choques adversos das mudanças climáticas e outros efeitos ambientais, mas o impulso para mitigar os efeitos de eventos de risco relacionados ao clima pode trazer crescimento econômico para muitos países — nossas reformas devem contemplar a retirada dos subsídios a toda a cadeia do petróleo, por exemplo.

Mudanças climáticas se resolvem por meio de um misto de regulação do Estado, incentivos via mercado e mudanças no comportamento dos consumidores. Nossa última proposta de reforma deve ser parte de um acordo internacional. Nesse ponto, colocamos a realidade econômica à frente da política.

Como a maioria dos economistas, somos extremamente favoráveis a um imposto sobre o carbono. John Cochrane, da Hoover Institution da Universidade de Stanford, disse como um complemento para uma publicação no *Wall Street Journal*: "Eu sou a favor de um imposto de carbono uniforme em vez de todos os outros regulamentos de energia direta e subsídios." Independentemente do desenho de boas políticas econômicas para ajudar a mitigar os riscos das mudanças climáticas, precisamos começar por descartar os subsídios a indústrias com intensa emissão de dióxido de carbono.

Os subsídios para a indústria de combustíveis fósseis, por exemplo, foram criados em razão do vínculo entre investimentos de companhias de petróleo e gás e empregos diretos e indiretos nessas indústrias. Não há muita dúvida de que hoje estas são algumas das políticas menos eficazes do mundo. Como observam os editores da *Bloomberg*, "são as políticas públicas mais estúpidas do mundo", já que os subsídios são ineficientes, caros, ambientalmente destrutivos e desnecessários. Além disso, muitos subsídios são concedidos por países emergentes que não podem pagar por eles. Os subsídios ao consumo

APELO À RAZÃO

de combustível fóssil totalizaram quase meio trilhão de dólares em 2014, com a maioria proveniente do Irã, Arábia Saudita, Rússia e Venezuela. E Brasil. Alguns pesquisadores estimam que, se os subsídios de produção e consumo de combustíveis fósseis fossem cortados, as emissões globais de dióxido de carbono diminuiriam mais de 20% e as receitas do governo aumentariam US$ 2,9 trilhões ou 3,6% do PIB mundial.

Isso não significa que a redução desses subsídios virá sem custo. Não existe almoço grátis. No entanto, transferir esses subsídios para as energias renováveis poderia potencialmente ajudar a manter a mesma quantidade de atividade econômica e melhorar os resultados ambientais. Tal mudança viria tão perto de um almoço grátis quanto podemos obter em economia. O mundo precisa reduzir o uso de combustíveis fósseis. Criar um mercado de créditos de carbono com redução dos subsídios a indústrias de combustíveis fósseis seria a melhor maneira de diminuir a poluição no mundo. Não resolveria, mas nesse caso, como em todos os outros deste livro, não há saídas fáceis e rápidas.

Parte V

Brasil 3.0

Aqui trataremos do que denominamos "Brasil 3.0", por oposição ao passado. O "Brasil 1.0" foi o Brasil pré-independência. Ele vai desde a chegada dos primeiros europeus no "país" — na época, uma enorme extensão de terra — até o momento em que nos tornamos autônomos em relação a Portugal. O "Brasil 2.0" é o que vem de 1822 até agora. Bem ou mal, sem dúvida, ainda que lentamente e aos tropeções, evoluímos. Ainda estamos no século XIX em alguns aspectos, mas certamente temos áreas da sociedade que já chegaram ao século XX, e umas poucas que estão no século XXI (um exemplo é o reconhecimento do casamento entre pessoas do mesmo sexo). Esperamos ajudar o Brasil a fazer a transição para o século XXI como uma nação desenvolvida e civilizada, aberta ao mundo, inserida nas tendências globais e de mentalidade moderna, que aceite e celebre as diferenças e conviva com a diversidade. Um Brasil 3.0.

Começamos, como não poderia deixar de ser, com a questão da educação no país. Afinal, sempre afirmamos que educação é nosso maior problema, mas é difícil sair do abstrato para o concreto. No entanto, é o que pretendemos fazer neste capítulo. Como há muitas concepções erradas sobre educação no Brasil, desfazemos alguns mitos antes de entrar em propostas. Na verdade, o resultado mais importante para um Brasil 3.0 é o que mostra como investimentos na primeira infância trazem muito mais retorno social do que em outras partes do sistema. É esse fato importantíssimo que norteia nossas propostas. Fizemos simplesmente o contrário disso nos últimos dezoito anos — criamos todo tipo de políticas para expandir o ensino universitário, desde algumas boas, como o ProUni, até outras desastrosas, como o Ciência sem Fronteiras, mas esquecendo a parte mais importante do sistema.

Passamos pela educação para tratar de outras questões que fazem parte de nosso decálogo de proposições para sairmos da armadilha da renda média. O capítulo seguinte trata da microeconomia massacrada e de como precisamos de inúmeras reformas a fim de liberarmos os avanços de produtividade necessários para nos desenvolvermos. Tratamos, principalmente, de duas questões neste capítulo: insegurança jurídica e desburocratização. Resolvendo essas duas travas, saímos do buraco.

O capítulo posterior complementa as reformas microeconômicas com incentivos à maior competição. Isso vale para questões internas, como mudanças que aumentem nossos indicadores de competitividade, e externas — propomos uma abertura comercial mesmo que unilateral. Mostramos, ainda, que os argumentos morais sobre o tema estão errados. Tal abertura seria benéfica aos mais pobres. Finalmente, discutimos um dos poucos casos de sucesso da economia brasileira, a agricultura.

Por último, reiteramos que estamos perdendo o bonde da história. Em um mundo dinâmico, ficar parado vai tornar nossa convergência com o restante do mundo impossível. Sem reformas fundamentais, continuaremos sendo uma sociedade sem mobilidade social, em um processo de suicídio em câmera lenta. Precisamos acordar.

17. Problemas da educação no Brasil: mitos, evidências e propostas

"As raízes da educação são amargas, mas os frutos, doces."

Aristóteles

A ideia deste capítulo é simples:[60] resumir as evidências científicas sobre o mercado de educação no Brasil, desenhando propostas possíveis. Em primeiro lugar, tentaremos desmistificar o sistema educacional brasileiro e então, na sequência, sugerir soluções que combinem o melhor da evidência científica com propostas que ataquem os principais problemas do sistema educacional brasileiro. Fizemos um capítulo mais técnico porque a questão da educação não apenas é primordial, mas os resultados científicos são contraintuitivos e qualquer mudança no sistema enfrenta barreiras ideológicas, e não somente dos grupos de interesse diretamente afetados.

O mito de que gastamos pouco com educação

Já discutimos que as escolas do passado não eram melhores. Em 1970, apenas pouco mais de 4% da população em idade universitária no Brasil estava matriculada em uma faculdade. Não há como um país ser mais

---

[60] Parte deste capítulo vem de Zeidan, Rodrigo. *Os problemas da educação no Brasil*: diagnósticos e propostas de solução. Rio de Janeiro: Editora Altabooks, 2016.

elitista do que isso. De 1980 a 1990 — nossa década perdida —, esse índice até recuou, de 11,2% a 10,8%. De lá para cá houve uma expansão significativa do acesso ao ensino superior. Ainda assim, nosso índice em 2017, de pouco mais de 30%, ainda é muito inferior ao do restante do mundo. Para os argentinos, por exemplo, a proporção bruta de matrículas no ensino superior chega a quase 90% da população em idade universitária. Se considerarmos apenas os países de renda média, entre US$ 10 mil e US$ 20 mil em poder de paridade de compra, o Brasil só fica à frente de Azerbaijão, África do Sul e Botswana.

Ou seja, "democratizamos" o ensino superior, mas ele está longe de ser plenamente democrático e, ainda por cima, é muito ruim. O que é normal — em um sistema em expansão muito rápida, normalmente a qualidade cai e apenas quando a taxa de crescimento do número de usuários diminui é que a qualidade tende a aumentar. É por isso que por aqui muitas universidades são verdadeiras fábricas de diploma. Se ter um diploma significa ganhos maiores — embora menos que no passado —, vale a pena "pagar" por um sinal de que se tem alguma habilidade a mais — isso é ainda mais forte quando sabemos que 70% da população ainda não têm acesso nem ao nosso sistema de ensino superior ruim. E, por mais contraintuitivo que seja, mostraremos que provavelmente não vale a pena investir na continuação das políticas de "democratização", já que os maiores ganhos potenciais para a sociedade não estão aí. Infelizmente, não teremos como continuar aumentando o orçamento para a educação — já gastamos muito. Teremos que gastá-lo melhor.

É mito afirmar que gastamos pouco com educação. É o contrário: somos o segundo país de renda média que mais gasta com essa rubrica no mundo — apenas a Costa Rica gasta mais do que nós, em proporção do PIB. Nosso sistema de ensino básico, embora universal, peca por reproduzir a extrema desigualdade da sociedade. Os dados do INEP e IBGE são claros: não só gastamos muito, mas também aumentamos bastante a participação dos gastos com educação como proporção do PIB, como mostra o Gráfico 27. E é bom lembrar que nesses dados não entram os compromissos com subsídios do FIES, já que esses subsídios são, em tese, parte de um contrato de empréstimo entre indivíduos e universidades — o problema é que a garantia é do Tesouro. Em 2017, com a mudança de regras, o secretário de Acompanhamento Econômico do

Ministério da Fazenda, Mansueto Almeida, afirmou que esperava que a inadimplência caísse para "meros 30%". É uma saída de recursos que não está no gráfico e não tem contrapartida em outros países. Ou seja, os dados estão subestimados.

Gráfico 27
Gastos totais com educação como % do PIB — Brasil

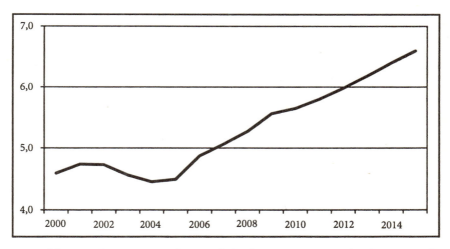

Fonte: Elaboração dos autores com base em dados do INEP, Ministério da Educação e *Folha de S.Paulo*. Disponível em: <http://portal.inep.gov.br/indicadores-financeiros-educacionais>.

No Gráfico 28, selecionamos os países com renda média — medida pela paridade do poder de compra — próxima à do Brasil, entre US$10 mil e US$ 30 mil. O gráfico simplesmente cruza os dados do INEP para o Brasil e os do Banco Mundial para o restante dos países próximos ao Brasil.

Entre os países sul-americanos, o Brasil é, disparado, o que mais gasta: 40% a mais que o Chile e o Uruguai, que obtêm muito mais retorno para seus investimentos no setor educacional. Gastamos muito, mesmo em comparação com países muito desenvolvidos, como EUA (5,2% do PIB) e Grã-Bretanha (5,8%). O que importa entender não é apenas que já gastamos muito com educação. Poderíamos talvez gastar mais. O pior é que gastamos mal, na ponta errada do sistema.

Gráfico 28
**Relação entre gastos com educação e PIB *per capita*
para países de renda média, 2012-2014**

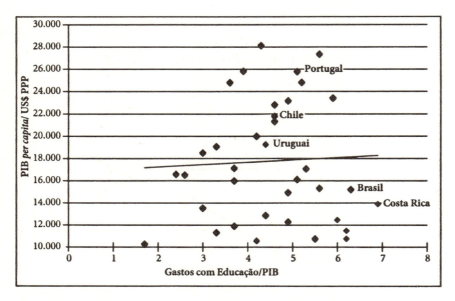

Fonte: Elaboração dos autores com base em dados do INEP e Banco Mundial.

Por que investir em educação

Todo brasileiro, incluindo os autores, gosta de repetir o bordão: "O problema do Brasil é a educação" — na verdade, a falta dela. Para discutir esse problema, é importante deixar claro que existe um conflito inerente na discussão sobre educação: retorno privado *versus* retorno social. Em um mundo utópico, todas as pessoas seriam extremamente bem educadas e toda a sociedade se beneficiaria. Na realidade, qualquer investimento em educação pode ser dividido em retorno privado e social — e o conflito nasce daí. Queremos, sempre, que haja maior investimento para nosso retorno. Gostamos de afirmar que devemos investir mais em educação quando, muitas vezes, queremos dizer, implicitamente, que precisamos que invistam em nossos filhos. É importante deixar clara a natureza dos retornos privados e sociais, que estão resumidos no quadro a seguir.

APELO À RAZÃO

Quadro
Retornos públicos e privados de maior escolaridade

Tipo de benefício	Privado	Social
Mercado	Empregabilidade	Maior produtividade
	Maior renda	Mais pagamento de impostos
	Menos desemprego	Menor dependência de programas sociais
	Mobilidade	Maior crescimento do país
Não mercado	Melhor eficiência de consumo	Redução de crime
	Melhor saúde privada e familiar	Famílias menores
	Maior felicidade	Maior coesão social
		Participação eleitoral
		Menor transmissão de doenças infecciosas

Fontes: Psacharopoulos, G. The returns to investment in higher education. In: *Using data to improve higher education*. Rotterdam: Sense Publishers, 2014, pp. 121–48; e Saxton, J. Investment in education: Private and public returns. In: *Joint Economic Committee*. Washington D.C.: United States Congress, 2000.

Retornos privados, como empregabilidade e renda, são facilmente entendidos: em quase todos os países, pessoas com maior escolaridade ganham mais e têm maior probabilidade de encontrar empregos. Outros efeitos privados, como melhor saúde familiar e felicidade, são estranhos à primeira vista, mas confirmados pela literatura acadêmica. Por exemplo, um melhor nível educacional traz bem-estar, principalmente por meio de menor incerteza sobre o futuro e resiliência a choques exteriores, como perda de emprego e problemas de saúde, entre outros.

Os retornos sociais são, do ponto de vista de promoção de políticas públicas, muito mais importantes. Se a educação é a saída para o Brasil, qual seria o resultado de um Brasil mais educado? Do ponto de vista puramente econômico, maior nível de educação leva a maior crescimento potencial, já que o aumento da produtividade expande a fronteira de possibilidades de produção de um país. Contudo, no caso brasileiro, os principais retornos sociais estariam relacionados a questões não associadas ao mercado — em especial, a um dos principais problemas brasileiros, que é a violência. Somos responsáveis por 12% do total mundial de assassinatos, o que é algo terrível, uma marca que deveria envergonhar a todos os brasileiros. Embora um melhor nível educacional não resolva, individualmente, esse problema, trata-se de uma condição necessária para o desenvolvimento econômico brasileiro. Os outros retornos sociais, como maior coesão social, participação democrática etc. ajudam a promover a ligação entre maior nível educacional e desenvolvimento social.

Além da definição dos distintos tipos de retorno, para determinar políticas de melhoria da estrutura do ensino brasileiro é fundamental lembrar que os benefícios privados e sociais mudam ao longo do ciclo educacional. Por exemplo, o ensino superior traz mais benefícios privados que sociais, enquanto a educação básica gera maiores benefícios sociais. Além disso, um melhor nível educacional básico tem forte conexão com a redução de criminalidade e até mesmo com a redução da transmissão de doenças infecciosas, mas esses efeitos são muito pequenos na passagem da educação de nível médio para nível superior. De modo geral, podemos simplificar a evolução dos retornos privados e sociais do nível educacional de um indivíduo por meio da Figura 6.

Figura 6
Retornos de maior escolaridade ao longo do ciclo educacional

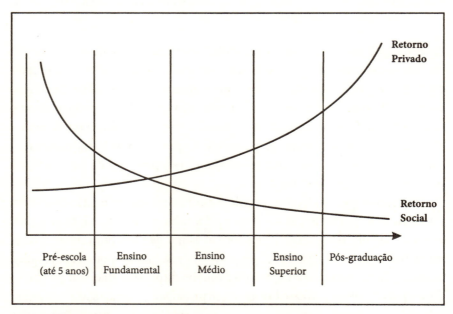

Fonte: Elaboração dos autores.

A Figura 6 mostra o retorno marginal de cada ano adicional de educação, para a sociedade e para o indivíduo. O retorno aumenta privadamente somente depois de meados do ensino médio porque basicamente quase todo brasileiro, hoje, completa o ensino fundamental. Assim, o aumento real de retornos privados acontece na ponta do sistema, no ensino universitário. Por outro lado, a literatura mundial mostra que o retorno social é maior quanto antes começarmos a investir em educação. Voltaremos a este tema mais à frente.

A diferença entre retornos privados e sociais ao longo do tempo é a razão pela qual, na maior parte do mundo, a provisão de educação básica é papel do Estado, enquanto é aceitável que o sistema privado forneça parte do ensino superior. E aqui temos a primeira lição para o Brasil: não faz sentido falar em universalizar ensino superior quando o básico é péssimo.

Entre as principais autoridades mundiais sobre educação, está o brasileiro Flávio Cunha, hoje professor da Rice University, e que foi orientado, em seu doutorado, pelo prêmio Nobel em economia, James Heckman. O trabalho de Flávio Cunha e James Heckman de 2010, "Investing in Our Young People", é um resumo dos principais resultados da literatura científica sobre o desenvolvimento de habilidades por meio da educação. A relação entre escola e aprendizado não é tão direta como nos antigos modelos educacionais. Podemos dividir as habilidades individuais em dois tipos: cognitivas e não cognitivas. No primeiro caso estão o conhecimento formal, o QI e a alfabetização e, no segundo, as características sociais, como autocontrole, motivação, esforço e temperamento. Essa divisão é muito importante, pois a escolaridade não age da mesma maneira sobre todas as diferentes habilidades individuais e, em alguns casos, elas se reforçam mutuamente.

Aqui resumimos parte do excelente trabalho de Cunha e Heckman: as habilidades individuais, cognitivas e não cognitivas, são afetadas pelos investimentos feitos em seu desenvolvimento — por exemplo, tempo dedicado pelos pais, tempo passado nas escolas, ambiente e carga genética etc. No modelo que esses autores descrevem, as habilidades cognitivas e não cognitivas se desenvolvem de maneira diferente ao longo da vida de um indivíduo — e eles identificam períodos determinados nos quais a melhora de certa habilidade é mais rápida do que em outros. Esses períodos especiais são, então, críticos para a evolução de capital humano e, portanto, os mais passíveis de intervenção pública ou privada. As habilidades também são acumulativas, por meio de um mecanismo de autoprodutividade: adquiridas em um determinado período, elas se mantêm e ajudam na aquisição de mais habilidades no futuro. Por último, as habilidades cognitivas e não cognitivas são complementares: o desenvolvimento de habilidades não cognitivas reforça a aquisição de habilidades cognitivas e vice-versa. Não é difícil perceber que a maturidade emocional aumenta a capacidade de absorção de conhecimento e que um melhor ensino ajuda no progresso de características como paciência e esforço, entre outras. Isso gera um efeito multiplicador, no qual os investimentos em estágios críticos apresentam ganhos mais que lineares no futuro de um indivíduo.

A importância da relação de complementaridade entre habilidades cognitivas e não cognitivas é evidente pelo fato de que, por exemplo, aumentar as habilidades não cognitivas ao seu máximo reduz a probabilidade de evasão escolar, para crianças de habilidades cognitivas medianas, a praticamente zero. Aumento nas habilidades não cognitivas resulta em menor incidência de uso de cigarros e outras drogas por parte dos meninos, principalmente. A velha ideia de que a genética é a maior responsável pelo desenvolvimento do capital humano está simplesmente ultrapassada. Habilidades cognitivas são até mesmo afetadas por experiências no útero materno, e mesmo variáveis ambientais e sociais afetam testes de QI até os 10 anos de idade — os artigos científicos medem habilidades além dos testes de QI. Essas e outras evidências mostram como é relevante, para o desenvolvimento da sociedade, combinar a promoção de habilidades cognitivas com outras não cognitivas.

Os investimentos sociais, principalmente os que começam ainda antes do nascimento, são responsáveis pela evolução significativa de habilidades não cognitivas que, por sua vez, complementadas por habilidades cognitivas, levam à melhora de indicadores educacionais, sociais e de saúde ao longo da vida dos indivíduos. Um dos exemplos da brecha entre crianças pobres e ricas e que pode ser reduzida por meio de intervenções socioeducacionais está no trabalho de Hart e Risley, de 2003.[61] Nele, os autores demonstram que

---

[61] Hart, B.; Risley, T. R. The early catastrophe: The 30 million word gap by age 3. *American Educator*, v. 27, n. 1, p. 4–9, 2003.

crianças mais pobres ouvem, em média, trinta milhões de palavras a menos que crianças em famílias ricas, até os 3 anos de idade. Ou seja, existe uma diferença quantitativa, na simples exposição de crianças ao aprendizado, que é fruto da diferença de ambiente social e que é caro tentar resolver por meio do ensino escolar, pois quando as crianças entram na escola, já pode ser tarde demais.

Nos últimos quinze anos, diversos estudos começaram a mapear o retorno dos investimentos em educação. O resultado principal deles pode ser resumido na Figura 7, de uma apresentação de Heckman e que, depois de ganhar o prêmio máximo na área, tem dedicado seus esforços a fim de transformar o conhecimento sobre o modo como devemos concentrar nossos investimentos. Recomendamos fortemente seu projeto, *Heckman Equation*, que tem parte do material em português.

Figura 7
Taxas de retorno de investimento em capital humano, para a sociedade

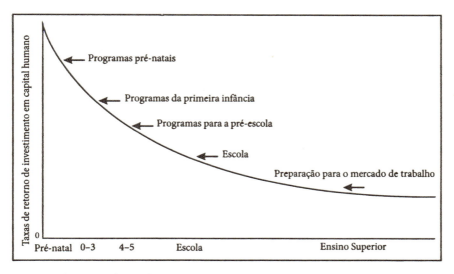

Fonte: Heckman, J. The Heckman Equation.

A Figura 7 mostra a taxa de retorno do investimento em capital humano com relação à idade do indivíduo. O resultado é claro, e demonstra que há retornos decrescentes de intervenções educacionais à medida que elas acontecem em indivíduos mais velhos. Essa imagem evidencia uma relação custo/benefício decrescente ao longo da vida das pessoas. Do lado dos benefícios, o efeito multiplicador da evolução conjunta entre habilidades cognitivas e não cognitivas, que é maior no pré-natal e no início da vida, faz com que intervenções educacionais e sociais gerem muito mais resultados se feitas precocemente. Do lado dos estudos, é muito mais caro intervir em educação de nível superior do que primária e ainda mais custoso do que nos anos pré-escolares.

Sabemos que é possível recuperar adolescentes que ficaram para trás, por exemplo. Contudo, é muito mais caro — e difícil — intervir em adolescentes do que em crianças de 0 a 3 anos. O caso da educação superior mostra ainda mais quanto é caro intervir nos estágios mais avançados de ensino, já que um aluno de ensino superior custa quatro vezes mais ao ano do que em outros estágios de instrução. Programas como a criação de novas universidades federais, portanto, não têm como resolver nossas lacunas em educação, pois são extremamente caros em termos dos possíveis benefícios sociais. Simplesmente, deveríamos trocar as intervenções nos estágios superiores do sistema educacional por um foco maior no período pré-escolar. A razão pela qual o investimento social em educação pré-escolar gera tantos retornos é o fato de que as habilidades cognitivas e não cognitivas, a autoprodutividade e os efeitos multiplicadores se desenvolvem mais nos estágios iniciais do ciclo educacional, e não no final.

Se os resultados são tão diretos, então por que não há uma revolução sobre como os países investem em intervenções pré-natal e educação pré-escolar? Uma das respostas tem a ver com a desigualdade intergeracional — o fato de que o processo político é dominado por uma geração que, não necessariamente, tem os mesmos interesses que as gerações mais novas. Esse é um problema clássico em Ciência Política: o sistema acaba dominado pelas classes que têm mais peso. Um amigo nosso sintetiza a questão assim: "bebês e crianças não votam". Como pessoas mais velhas tendem a votar mais e ter mais renda que os mais novos, há uma apropriação do Estado para priorizar o atendimento aos mais idosos. Nos EUA, por exemplo, programas como Medicare e Medicaid basicamente garantem um serviço de saúde universal para os mais idosos, enquanto os mais jovens devem "bancar" seguros de saúde privados ou arcar com multas, após a última reforma do sistema de saúde americano — conhecido como Obamacare. No Brasil, a situação não é diferente. Temos aposentadorias rurais, especiais e regras que diminuem os gastos com transportes e eventos culturais para os mais idosos. Políticas públicas, na maior parte dos países, de fato tendem a privilegiar as gerações mais antigas, embora no Brasil a desigualdade em prejuízo dos mais jovens seja particularmente grande. Para que modificar essa relação? Precisamos de um novo contrato social, no qual a educação pré-escolar seja vista como essencial a uma visão de desenvolvimento econômico e social de longo prazo.

Reformando o sistema educacional brasileiro: algumas questões preliminares

Vamos agora tratar das propostas de solução para as questões aqui abordadas. É importante entender que redesenhar todo o sistema educacional brasileiro é uma tarefa hercúlea, utópica e, provavelmente, inútil. Não há como começarmos do zero. Já temos um legado de injustiças, sistemas estabelecidos e burocracias arraigadas. Em economia, nunca conseguimos, de fato, "a" solução de primeira ordem, o chamado *first-best*. Isso não impede que desenhemos o sistema "perfeito". Ainda assim, em vez de nos concentrar no mundo ideal, vamos elaborar propostas que sejam factíveis, em maior ou menor grau. Essas propostas podem ser divididas em três grandes grupos.

Para sair do diagnóstico para as propostas de solução, precisamos entender que temos problemas de oferta e demanda. Vimos que o problema não é a falta de recursos, pois gastamos muito mais do que a média de países de renda média. Ainda assim, as propostas serão desenhadas com base nas seguintes ideias:[62]

---

[62] Não vamos entrar em mudanças pedagógicas de maneira direta. Não é nossa área, e nosso problema não está aí. Não somos a Finlândia, que pode abolir a divisão do conteúdo escolar por disciplinas. Podemos e devemos selecionar e melhorar a capacidade dos professores e talvez a Pedagogia, mas vamos nos restringir aos mecanismos administrativos de seleção, retenção, remuneração e treinamento, e não aos mecanismos pedagógicos.

a) Precisamos reduzir a desigualdade de renda intergeracional — ou seja, transferir renda para os mais novos.

b) As propostas têm que ser fiscalmente neutras. Como já gastamos muito em educação, precisamos realocar recursos, e não criar novos gastos. Em especial, devemos ser muito cuidadosos em evitar criar qualquer tipo de gasto fixo.

c) As mudanças só terão efeitos no longo prazo. Não existe solução de curto prazo para os problemas educacionais no Brasil.

d) Não há solução simples, porque os problemas de fato são complexos.

e) Não há solução nacional: o Brasil é um país continental com problemas regionais muito diferentes.

f) Falhas de governo são tão importantes quanto falhas de mercado.

Vamos então às propostas.

Educação pré-escolar

Não adianta apenas aumentar o número de escolas ou professores. Temos que acompanhar as crianças, especialmente as menos favorecidas. É claro que tal acompanhamento é caro. Não existe um manual de melhores práticas, e as evidências científicas são baseadas, em sua maioria, em experimentos em países desenvolvidos — embora, em muitos casos, em regiões mais pobres desses países.

Do ponto de vista estrutural, precisamos dividir as atividades do MEC em dois grandes grupos — um Departamento de Educação Infantil e outro de Educação Formal. No primeiro, precisamos sair de uma estrutura burocratizada para algo mais flexível, experimental e participativo. Isso parece um sonho, mas não é. Existem casos de sucesso no Brasil e no mundo, onde estruturas estatais ou paraestatais tomaram para si funções do Estado em arranjos institucionais novos. Dois exemplos são o IMPA no Brasil e o Behavioural Insights Team, no Reino Unido. Precisamos pensar em educação infantil ao longo do tempo por meio de um modelo de ciclo de vida de políticas educacionais, como o da Figura 8.

Figura 8
Ciclo de vida de políticas educacionais

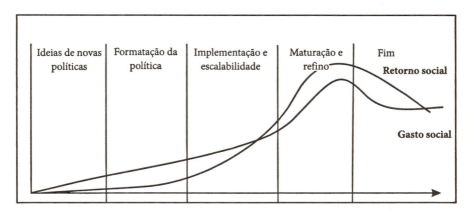

Questões principais	Há evidências de que funciona? É condizente com a realidade local? Há como financiar?	As pessoas usam? Elas gostam? Os incentivos estão corretos?	Operação e mensuração dos efeitos e desperdícios.	Ampliar para os casos mais difíceis.	Redução dos desperdícios e desmobilização de parte dos recursos.
Condições necessárias	Consenso científico e multidisciplinar.	Participação social e transparência.	Recursos perenes e competência burocrática.	Participação social e transparência.	Consenso científico e multidisciplinar.
Métricas de sucesso	Desenhos dos resultados esperados.	Definição das métricas.	Resultados de pequenos grupos.	Consenso científico sobre resultados.	Estudos sobre retornos *versus* gastos sociais.
Riscos	Captura do regulador; incompetência.	Captura do regulador; ineficiência.	Ineficiência operacional e efeitos não antecipados.	Falta de incentivos e incompetência.	Incentivos à manutenção do *status quo*.

Fonte: Elaboração dos autores.

Pensar em políticas públicas de maneira dinâmica seria algo novo no Brasil. Como nosso ciclo político é curto (quatro anos), os incentivos são para a execução de políticas de governo e não de Estado, com pouco foco no longo prazo. Uma exceção é o objetivo da universalização do ensino fundamental, política iniciada na década de 1990 e que continua até hoje. Contudo, os maiores retornos sociais já foram conseguidos e precisamos de inovação em políticas públicas educacionais que possibilitem a emulação de casos como o da escola Augustinho Brandão, no Piauí, ou de algumas escolas públicas de excelência de Sobral, no Ceará. É por buscar inovações quando as políticas anteriores estão maduras que países como a Finlândia podem experimentar, apesar de já estarem no topo da qualidade da educação no mundo. E é por manterem políticas datadas, sem inovações, que países como a Suécia têm escorregado em termos de qualidade. As etapas para reformular o sistema educacional infantil (pré-escolar) seriam:

A — Criação de organizações sociais regionais — ou até mesmo locais — nos moldes e governança do IMPA, com participação da sociedade civil e sem criação de empresas estatais.

B — Estabelecimento de regras de financiamento para as organizações e projetos educacionais, com recursos vinculados, mas que não financiem totalmente as organizações.

C — Entrega das ferramentas burocráticas que possibilitem a essas organizações desenhar, implementar e fiscalizar políticas de educação e acompanhamento infantil — até a entrada das crianças nas escolas — com ou sem *randomized controlled trials* (RCTs).[63]

D — Promoção de mecanismos transparentes de fiscalização da atuação dessas organizações pela sociedade, de preferência de maneira descentralizada (com cobrança das populações e organizações locais).

E — Estabelecimento de diretrizes gerais para as atividades de pesquisa e desenvolvimento (P&D) e posterior implementação de políticas socioeducacionais.

---

[63] RCTs são a principal maneira de se fazer Ciência em várias disciplinas. Cria-se um grupo-controle e outro experimental, com monitoramento das variáveis de interesse e seus efeitos sobre os dois grupos.

Por último, precisamos de recursos para isso. Nossa proposta é que eles venham da diminuição, pura e simples, dos orçamentos das Instituições Federais de Ensino Superior (IFES), mas com contrapartida na consolidação e na liberação das universidades para buscar recursos privados. Três pontos seriam fundamentais para isso: colocar no orçamento das IFES os salários de ativos e inativos; conceder mais autonomia orçamentária para as IFES com o estabelecimento de regras de transferência; e aproximar as IFES dos modelos internacionais. O fato de que os salários de docentes e funcionários sejam pagos pela União distorce os incentivos das IFES, que sempre buscam aumentar o número de professores, independentemente de qualquer necessidade de ensino ou pesquisa. Há muitas falhas no sistema de ensino superior brasileiro para tratarmos neste livro.

Políticas educacionais que começarmos hoje, com foco no período de vida inicial das crianças — se possível, até antes do nascimento — apenas gerarão retorno no longo prazo. Mais uma razão para reformularmos todo o sistema educacional brasileiro o mais rapidamente possível. Inovar, criar propostas socioeducativas, testá-las, explorar e dar escala às melhores ideias, financiar organizações com recursos públicos e privados, com competição das organizações por reconhecimento, verbas e prestígio são passos iniciais e essenciais para que possamos inaugurar esse processo o quanto antes.

Reformulando o ensino básico e médio

Sabemos que nossa estrutura está errada e que investimentos em idade pré-escolar geram muito mais retorno social do que os feitos na outra ponta do sistema. Ao mesmo tempo, é possível recuperar as crianças cujas diferenças são artificialmente grandes, tanto em termos cognitivos quanto não cognitivos, dentro do sistema escolar, porém é muito mais caro do que investir precocemente. Ou seja, se investimos mal na primeira infância, criando diferenças gritantes entre gurpos de alunos (pobres e ricos, por exemplo), ainda é possível elevar os resultados dos que ficaram para trás — mas é muito mais caro do que investir corretamente em cada etapa do ensino, focando, nesse momento, mais na primeira infância. Não vamos virar uma Coreia do Sul da noite para o dia, já que o material de entrada de nosso sistema é muito inferior ao dos países asiáticos de classe média ou alta, em geral.

Porém, certamente podemos melhorar os resultados de nossos investimentos em educação, se nos concentrarmos no que realmente importa: a qualidade de nossos professores.

Professores importam porque aprendemos, nas últimas décadas, a estabelecer relações de causalidade entre a qualidade de seu trabalhol e os resultados dos alunos, tanto em termos de *outputs* sociais quanto, principalmente, em relação ao impacto sobre a renda futura. Estudos como os de Eric Hanushek resumem os principais resultados da literatura. Existem diversas dificuldades em determinar essa causalidade, e as duas principais são o ranqueamento dos professores e o isolamento do efeito professor de todos os outros efeitos que impactam a renda futura dos alunos. Para determinar esse efeito, usamos duas medidas: o percentil em que se encontra o professor — por exemplo, o nonagésimo percentil indica que ele ou ela se encontra entre os 10% melhores professores — e o desvio-padrão, ou seja, como o efeito do professor afeta o aprendizado dos alunos em termos de melhoria dos últimos em relação à média.

Como exemplo, Hanushek[64] estima que um professor no 84º percentil, com vinte alunos por ano apenas, aumentaria a renda agregada desses alunos em mais de US$ 400 mil ao longo de suas vidas e em mais de US$ 2 milhões, em termos agregados, se tiver somente cinco turmas por ano. É claro que esse valor não cresce de modo constante e não adiantaria ficar "entupindo" esse professor com mais turmas, mas sem dúvida ele cresce linearmente até um número razoável de turmas.[65] Outra maneira de ver isso é por meio do conhecimento dos alunos. Um estudante que tenha aula com um professor do 90º percentil aprende, em um ano, quase um ano e meio de material. Enquanto isso, um aluno que tem como professor aquele no 10º percentil aprende, em um ano, somente seis meses de conteúdo. Não são apenas as greves que limitam o acesso a conhecimento por parte dos alunos. Professores ruins simplesmente não conseguem fazer com que uma turma aprenda todo o material do ano. Os resultados são universais. Artigos que testam isso em outros países encontram os mesmos resultados. Infelizmente, a simetria nesses resultados se mantém em todas as dimensões.

---

[64] Hanushek, E. A. The economic value of higher teacher quality. *Economics of Education Review*, v. 30, n. 3, p. 466-479, 2011.

[65] E dinheiro também não é tudo. Mas ajuda bastante, especialmente para os mais pobres.

APELO À RAZÃO

Os artigos de Hanushek evidenciam que um professor no 16º percentil, ou seja, muito abaixo da média, destrói US$ 400 mil de renda futura de seus alunos. É bom lembrar que esses resultados se concentram apenas nos resultados financeiros e não incorporam os ganhos não cognitivos dos alunos. Mais importante ainda é o fato de que o conhecimento permanece com os alunos ao longo do tempo. Por exemplo, alguns estudos mostram que os resultados no jardim de infância permanecem e afetam os rendimentos dos adultos, enquanto resultados no ensino médio se dissipam rapidamente.[66] Bons professores no jardim de infância impactam mais a renda futura do que diferenças na qualidade do ensino após o ciclo fundamental.

Melhorar o ensino básico e médio, então, só depende de uma condição: melhorar o desempenho agregado dos professores. É isso, essencialmente, que faz a diferença. Já universalizamos o sistema. O que precisamos agora é fazer com que apenas professores competentes estejam presentes no sistema educacional. Existe uma série de reformas pedagógicas em curso no mundo que mostra quais as técnicas que funcionam e que professores podem ser treinados, além de revelar que é possível aferir o resultado dos professores via medições de conhecimento dos alunos — e não necessariamente com provas padronizadas. Há uma condição, porém, da qual não temos como escapar: não há como gerar ganhos sociais simplesmente criando incentivos para os bons professores. Precisamos tirar da sala de aula os profissionais ruins ou melhorar sua qualidade. Se a sociedade simplesmente substituísse os professores ruins por professores medianos, os ganhos sociais seriam imensos!

Ser professor não é apenas um dom. É preciso ter um conjunto de habilidades que podem ser aprimoradas por meio de treinamento e da prática. Estamos evoluindo nesse aspecto, e é necessário desenvolvermos políticas de treinamento para que professores pratiquem técnicas de sala de aula que funcionem no ambiente brasileiro. Como somos economistas, queremos desenhar mecanismos de incentivo corretos. O que realmente precisamos mudar é a carreira de professor. Sempre reclamamos que professores ganham pouco — e muitas vezes é verdade. Bons professores geram uma enormidade de

---

[66] Chetty, R.; Friedman, J. N.; Hilger, N.; Saez, E.; Schanzenbach, D. W.; Yagan, D. How does your kindergarten classroom affect your earnings? Evidence from Project STAR. *The Quarterly Journal of Economics*, v. 126, p. 4, p. 1.593–1.660, 2011.

valor à sociedade. Temos que criar uma carreira de professor completamente diferente da atual, na qual pagamos a todos esses profissionais, bons ou ruins, salários mais ou menos iguais, evoluindo conforme o tempo de serviço. Na maior parte do mundo, pagam-se salários inversamente proporcionais ao valor gerado à sociedade. Nós pagamos mais aos administradores escolares — que geram menor impacto sobre o conhecimento dos alunos — do que aos professores.

Nesse caso, devemos seguir o exemplo de Singapura, que criou uma carreira competitiva de professores na qual os melhores podem ganhar significativamente bem, sem precisar se dedicar a qualquer atividade administrativa. Precisamos sair da norma social de inspiração socialista, segundo a qual seria injusto pagar salários diferentes a professores que ensinam a mesma matéria. Não é.[67] Professores ruins destroem um valor gigantesco da sociedade e devem ser demitidos ou transferidos para atividades administrativas. E, por outra parte, os bons professores devem ser bem remunerados, com uma escala que não dependa de títulos. Podemos ter Ph.Ds. que sejam verdadeiras calamidades lidando com crianças, da mesma maneira que podemos ter professores com formação básica que sejam geniais na tarefa de inspirar alunos, cativar seu interesse e ensinar bem a matéria, que é o que se espera de um bom professor. Precisamos de mecanismos de seleção e identificação de bons professores. Hoje, como a carreira não oferece salários atrativos, é impossível trazer todos os bons profissionais dispostos a serem professores. Por que não um salário de R$ 150 mil por ano, por exemplo, para um bom professor de ensino fundamental? Se estabelecermos que 15% de todos os professores poderiam estar nesse patamar, em um ano conseguiríamos incentivar que os bons professores se destacassem, tendo um mecanismo salarial para selecionar os melhores.

---

[67] Existe um forte componente ideológico na resistência à maior remuneração por mérito aos melhores professores. Há nisso algo curioso: praticamente todas as pessoas, se pudessem, levariam seus filhos aos melhores médicos. Por que, então, não reconhecer que, da mesma maneira que há médicos bons e outros nem tanto, o mesmo se aplica ao ensino e que, do mesmo modo que um profissional da Medicina cheio de títulos cobra uma consulta mais cara do que um médico jovem, é justo que professores muito bons recebam salários melhores do que outros colegas que não tenham o mesmo destaque? Afirmar que isso significa "transformar o ensino em comércio" é o mesmo que condenar os alunos à mediocridade mais absoluta em nome de um igualitarismo tosco.

A busca de aprimoramento do capital humano, no Brasil, passa por selecionar, treinar e remunerar bons profissionais. Não temos outra saída que não seja reformular a carreira de professor, medindo seus resultados e remunerando-os de acordo com seu desempenho em sala de aula. O argumento comum não é o de que professores de ensino fundamental de escolas públicas ganham pouco e devemos valorizá-los? Pois bem, é hora de sair do argumento comum para a prática. Precisamos criar uma carreira com critérios claros de promoção e remuneração, que sirva para atrair bons profissionais para a sala de aula, além de incentivar os bons professores a manterem e melhorarem seu desempenho. Poucas coisas são piores para um bom professor do que saber que seu esforço não será recompensado. Hoje, essa recompensa vem dos alunos e dos pais ou da satisfação de um trabalho bem-feito. É pouco. Nada pode ser melhor para a sociedade, no longo prazo, do que colocar dinheiro no bolso dos profissionais que educarem melhor a geração.

Um dos problemas de longo prazo é treinar professores que possam ensinar alunos no contexto do século XXI. Reformular a carreira do Magistério para criar incentivos financeiros e não financeiros, como melhores condições de trabalho, tem a vantagem de utilizar a oferta potencial de bons professores, que hoje estão longe do Magistério ou em escolas particulares. Tornar a carreira atraente pode trazer para a sala de aula muitos profissionais capazes e bem-treinados que hoje estão distante das escolas públicas, pois pagam mal e oferecem condições de trabalho ruins a seus funcionários. No futuro, precisaremos também melhorar as instituições que treinam professores, mas isso será muito mais fácil quando essa carreira for um verdadeiro objeto do desejo.

Reformas no ensino superior

O sistema de ensino superior cresceu muito nos últimos quinze anos, utilizando uma enorme quantidade de recursos públicos. O resultado é um sistema marginalmente mais acessível às camadas pobres, mas ainda, no agregado, ruim, injusto, elitista, ineficiente e irrelevante no mundo. Imagine o leitor todas as dificuldades de uma pessoa pobre para entrar em uma universidade, seja ela particular ou pública. Além disso, do ponto de vista social, quem deveria ter direito a acesso ao ensino superior subsidiado pelo Estado? De outro modo, temos um conjunto de pessoas que deveriam estar no ensino superior e não estão, outras que não deveriam estar e estão, e um terceiro grupo, menos relevante, de pessoas que não estão e não deveriam estar no ensino superior.

Quem queremos subsidiar ao ensino superior e como devemos fazê-lo? Afinal, já o fazemos hoje, por meio de universidades públicas gratuitas, cotas, FIES, ProUni etc. Para responder a essa pergunta, precisamos das respostas a outras três questões: quem deve ser o aluno subsidiado de ensino superior privado; quem deve ser o aluno subsidiado de ensino público; e como devemos estruturar a universidade pública? Tudo isso com uma restrição: o sistema de ensino superior precisa ser mais barato do que o atual, já que a sociedade brasileira gasta uma quantia significativa de recursos em um sistema elitista e ruim.

O Brasil cometeu um erro fundamental no subsídio aos alunos de ensino superior, sejam eles privados ou públicos, que é o fato de não considerar no cálculo o custo de oportunidade do tempo dos estudantes de ensino superior. Ou seja, aumentamos a oferta de cursos "gratuitos", seja por meio de FIES, ProUni ou do aumento do número de vagas em universidades públicas, mas esquecemos que os alunos, principalmente os mais pobres, têm uma escolha importante — cada hora em sala de aula pode ser passada trabalhando e sendo remunerado. Isso torna claras as prioridades do aluno carente de ensino superior: o ensino só vem depois do trabalho, seja do próprio aluno ou da família. Precisamos redesenhar isso de dois modos.

Em primeiro lugar, criar, nos mecanismos de subsídios que envolvam empréstimos, maneiras de financiar também o tempo que o aluno passa estudando. Em segundo, devem ser oferecidas bolsas de estudo, nas universidades públicas, para que os alunos mais pobres possam se dedicar apenas aos estudos. Gostamos de pensar que a Dinamarca é o tipo de país a ser seguido? Pois bem, lá todo aluno de ensino superior recebe uma bolsa de estudos de cerca de € 700 por mês para que possa se dedicar integralmente e garantir independência da família. Isso, é claro, seria completamente impossível no Brasil, seja pela diferença de pirâmides populacionais ou pelas atuais restrições orçamentárias. Ainda assim, é imperativo subsidiar também o tempo de estudo e não apenas o valor da mensalidade. Como fazer isso? No caso dos empréstimos, a conta iria para o próprio aluno, que

APELO À RAZÃO

a pagaria após o período de carência. No caso das universidades públicas, não existe outra solução possível e fiscalmente neutra que não passe pela instituição do pagamento de mensalidades pelos alunos que possam pagar. Hoje, a assistência a alunos carentes é feita por meio do Plano Nacional de Assistência Estudantil (PNAES), que repassa recursos do Tesouro para as IFES. Infelizmente, esses recursos são um repasse direto do Tesouro e não necessariamente atendem à demanda ou são gastos de maneira efetiva. Não há verba de automanutenção. As diretrizes do PNAES visam "a inserção dos estudantes de baixa renda nas atividades de ensino, pesquisa e extensão, respeitado o desempenho acadêmico". Isso é necessário, mas antes precisamos garantir que os alunos possam ter renda para sua automanutenção, o que significa estender as bolsas aos alunos carentes, a fim de que não precisem trabalhar pelo menos nos dois primeiros anos. Caso mantenham notas e rendimento, esses alunos deveriam ser subsidiados durante todo o curso.

O pagamento de mensalidades por alunos de universidades públicas deveria, por sua vez, seguir dois princípios: discriminação de preços e financiamento de parte do custo operacional das universidades. Claro que o desenho do mecanismo de cobrança de mensalidade deve ser complexo, e não trataremos disso neste livro. Valores podem e devem ser discutidos, além de poderem ser diferenciados de acordo com os diferentes cursos. Medicina poderia custar mais, por exemplo, do que o curso de História.

Além do subsídio direto a alunos — mediante a extensão significativa do PNAES ou um novo programa que o substitua —, precisamos reformular a concepção da universidade pública. Fato é que nossas universidades apresentam indicadores de eficiência, em relação ao que delas se espera, bastante precários, com poucas exceções. Elas estão muito longe de se encontrar entre as melhores instituições do mundo e são, em geral, mal administradas, muitas delas apresentando déficits grandes, crescentes e sem solução. Em geral, as universidades públicas: i) vivem de recursos do Tesouro; ii) têm receitas próprias irrelevantes; e iii) apresentam um déficit completamente insustentável. São mais de cem IFES! A sociedade não tem como bancar recursos nesse montante. Além disso, a direção de cada unidade, sempre que pode, abre concursos para professores, que se tornam permanentes após um período de estágio probatório de três anos. Afinal, gastos com professores não entram no orçamento da instituição.

O resultado são desequilíbrios operacionais gigantescos, com corpos docentes inchados em algumas disciplinas e sem gerar grande valor à sociedade, seja em pesquisa ou ensino. Nos últimos anos, as ofertas de matrículas em IFES aumentaram bastante, mas ainda muito menos do que as vagas em universidades particulares. Precisamos rever todo o modelo de universidade, pública e privada, privilegiando a pesquisa de qualidade em ambas, assim como o ensino. Não podemos mais aceitar cursos ruins, especialmente subsidiados, ou pesquisas nas quais o único indicador que vale é o quantitativo. As IFES não devem virar um "escolão". A interiorização do ensino, bastante necessária, não deve ser feita contratando professores permanentes a alto custo e com baixa capacidade de geração de conhecimento. Qual deve ser o novo sistema? Ele deve ter alguns pilares:

- Autonomia universitária, com inclusão dos salários dos professores nos orçamentos das IFES.
- Determinação de regras de vinculação de orçamento como receita das IFES, para que possam se planejar no longo prazo.
- Incentivos à captação de recursos de pesquisa, públicos e privados, que deveriam ser parte significativa dos orçamentos.
- Reestruturação da carreira de professor, criando a figura do *tenure* — similar à nossa estabilidade —nos moldes internacionais.
- Discriminação de salários, para atrair e reter talentos e premiar pesquisadores de maior valor.
- Integração das IFES, para diminuir sua quantidade, ganhar escala e minimizar custos, otimizando sua função social.

Nas universidades, é preciso adotar uma gestão financeira responsável. A universidade pública é algo especial, que precisa alavancar o conhecimento e não ter recursos extraídos por grupos de interesse. Alunos de classes menos favorecidas devem ter acesso às IFES e receber auxílio de automanutenção. Os professores devem ter carreiras em que a *tenure*, nossa velha e boa estabilidade no emprego conseguida quase automaticamente por todo professor que passa em concurso, seja algo especial e na qual o conhecimento seja o produto principal das instituições, com o ensino a reboque. Nesse sentido, precisaríamos de algumas IFES de excelência em cada parte do país, mas com certeza não de cem delas. Devemos consolidar seu número, manter uma

APELO À RAZÃO

gestão responsável, priorizar pesquisa e ensino e criar incentivos corretos para alinhar os interesses dos professores com os do restante da sociedade.

Por exemplo, as IFES e os professores deveriam competir mais por recursos de pesquisa, públicos e privados. Hoje, eles existem tanto via entidades federais (como CNPq e FINEP) quanto estaduais (FAPERJ, FAPESP etc.). É importante revisar esse modelo. Nossa pesquisa, em geral, é ruim em comparação com países de renda média. Precisamos dar um salto em P&D. Isso passa, em resumo, pela elevação dos recursos de pesquisa e pela melhora no critério de seleção de projetos, com maior internacionalização das universidades públicas brasileiras.

18. A microeconomia massacrada

> "Não podemos prever todas as consequências de nossas ações,
> mas isso não é desculpa para não fazer nada."
>
> Hal Jordan (Lanterna Verde, super-herói)

Nossos problemas são estruturais. De desenho. Neste capítulo, vamos passar por anedotas e teorias para descrever os principais problemas econômicos do país. Como já vimos por aqui, para sairmos da armadilha da renda média precisamos aumentar a produtividade e adotar tecnologia de ponta. O problema é que a maior parte de nossos problemas é autoinfligida. A culpa é nossa! Somos nossas principais barreiras, por meios das escolhas que fazemos como país e do aceite da captura de todos por grupos de interesse.

Queremos desfiar exemplos de decisões populistas que constituem atentados contra a racionalidade econômica e geram efeitos perversos de médio e longo prazo. Nosso colega Bernard Appy costuma dizer que no Brasil muitos de nós, economistas, "perdemos mais tempo tentando evitar a aprovação de leis ruins que pensando em como aprovar leis boas". O caso da energia em 2012 é um clássico exemplo de intervenção populista que terminou com todos pagando uma alta conta, que na verdade vai se estender por muitos anos, já que diminui o interesse de qualquer empresa em investir em geração e distribuição de energia. Trataremos disso depois. Começamos com anedotas e passamos, depois, a apresentar propostas de soluções. Mário Henrique Simonsen se divertia afirmando que "o princípio da contraindução é supor que uma experiência que dá errado n vezes deve ser repetida até dar certo", e outra conhecida frase é de que "a definição da insanidade é fazer a mesma coisa repetidamente e esperar resultados diferentes".[68]

Um exemplo de como somos bizarros: em pleno século XXI, o Ministério da Saúde anunciou que aromaterapia, florais, bioenergética e outras terapias não científicas estarão à disposição da população pelo SUS, nosso Sistema Universal de Saúde. Em um país que não consegue atender com o mínimo de dignidade todos os cidadãos com problemas graves de saúde, gastar dinheiro em terapias alternativas sem validação da comunidade científica é um desperdício de dinheiro público e um exemplo grave de como alocação ruim de recursos limita a produtividade no longo prazo. Quantas pessoas estarão envolvidas com essa indústria que, no final, não deve gerar quase nenhum ganho para a sociedade? Esse e outros casos são fundamentais para entendermos por que estamos na rabeira do mundo em termos de ganhos de produtividade.

De anedotas para fatos — o Brasil em último lugar

Precisamos de tantas reformas, que não é fácil nem saber por onde começar. Muitas delas estão ligadas à micro e não à macroeconomia. Nossos problemas de baixa inflação e alto desemprego não serão resolvidos com receitas mágicas. Precisamos de reformas que facilitem o aumento da produtividade e, mais importante, reduzam nossa imensa desigualdade.

O que não falta no país são anedotas sobre a dificuldade de ser produtivo no Brasil — e note o leitor que não estamos falando sobre a facilidade de fazer negócios. Melhorar as condições comerciais é apenas parte de uma agenda de produtividade que engloba diminuir o desperdício de tempo e esforço de brasileiros para que possam perseguir exatamente o que quiserem — seja mais lazer ou trabalho.

Um dos resultados interessantes sobre mercado de trabalho é o de que quanto mais rico o país, menos as pessoas trabalham. É isso mesmo, embora

---

[68] Muitas pessoas atribuem a frase a Albert Einstein, mas ele não disse isso. O livro *The Ultimate Quotable Einstein* atribui a citação a Rita Mae Brown, no livro *Sudden Death*, de 1983, mas certamente ela é mais antiga.

soe aparentemente estranho. É que, a rigor, pensando bem, afinal de contas, em países pobres, onde há gigantescas barreiras à produtividade, as pessoas trabalham mais tempo para tentar sobreviver. Veja, a propósito, o Gráfico 29. Nele, quanto mais claro o dado, mais antigo ele é. A linha representa uma tendência baseada em uma função exponencial.

Gráfico 29
Horas trabalhadas e produtividade nos países da OCDE, 2000-2016

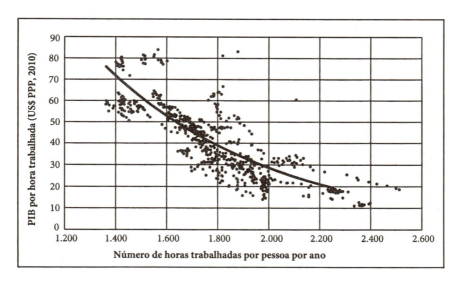

Fonte: Elaboração dos autores com base em dados da OCDE.

Na Europa, ao contrário do que o senso comum supõe, os gregos são os que mais trabalham. A figura folclórica do italiano relaxado enquanto o alemão trabalha muito também está errada: italianos trabalham mais horas por ano que os alemães. Quanto mais barreiras à produtividade, mais trabalho inútil para o mesmo resultado, o que é por demais ineficiente.

Aqui cabe mais uma história. Um amigo nosso, norte-americano, foi convidado para ser professor titular visitante na Universidade Federal Fluminense. Ele veio para o Brasil e demorou mais de um ano para conseguir o visto de trabalho. De fato, foram dezesseis meses entre pisar no país e conseguir o visto para então ter condições de abrir conta em banco e começar a receber salário. Isso sem contar algumas viagens para fora do país para não estourar o período de visto temporário. Ele gastou uma montanha de dinheiro e tempo para conseguir validar diploma, resolver as questões com a Polícia Federal etc. E isso tudo com a burocracia da UFF em ordem! Ou seja, a produtividade dele, nesses dezesseis meses, desabou. Na China, todo o processo demora duas semanas, no máximo, mas no instante em que a pessoa entrega o passaporte, recebe uma carta que lhe assegura condições de fazer tudo que for necessário para viver no país — pode, inclusive, usar para viajar dentro da China. Ao contrário de um país burocrático como o Brasil, as mudanças na China acontecem para tornar o sistema mais eficiente. "Revalidação de diploma" é sinônimo de reserva de mercado para professores locais. Na maioria dos casos, não faz o menor sentido. Por incrível que possa parecer, até hoje, um dos autores dá aula na China com o governo chinês tendo nada mais que uma cópia em preto e branco do diploma em português!

No Brasil, o que vale para o estrangeiro também vale para os locais. Quantas horas perdemos em bancos e cartórios? Ou em filas para serviços públicos? No Rio de Janeiro, quando há uma atualização do taxímetro, todos os taxistas da cidade acabam perdendo quase dois dias de trabalho por ano: um para trocar o taxímetro e outro para a inspeção veicular. Como são autônomos, isso significa uma perda de produtividade imensa e menos dinheiro na mesa da família. Se a fiscalização pelo menos funcionasse e não houvesse mais táxis piratas, isso poderia ser justificado. Parece que a burocracia gera sua própria reprodução.

O *Bateau Mouche*, um símbolo

O leitor mais jovem não deve se lembrar, mas provavelmente já ouviu falar do caso. Era a noite de 31 de dezembro de 1988 e, como de hábito, o Rio de Janeiro estava em festa. Infelizmente, Iemanjá e os deuses do mar não estavam com o melhor dos humores na ocasião, com ondas bastante hostis. Para quem estava na orla, a situação das ondas não fazia diferença. Para quem estava no mar, porém, foi a diferença entre a vida e a morte.

Naquela noite, há trinta anos, houve uma combinação de desleixo e azar. Não foram respeitados os cuidados elementares com a checagem da segurança; não havia equipamentos de salvamento para todos; a tripulação não estava preparada para lidar com uma situação extrema; e, para completar, o barco *Bateau Mouche* saiu do ancoradouro para encarar as águas da baía de Guanabara com muito mais gente do que sua capacidade, mesmo em circunstâncias normais. Com o mar bravo, ao virar o Pão de Açúcar e encarar a grandiosidade do Atlântico, as ondas aumentaram de tamanho e consumou-se a tragédia: o naufrágio. Ao fazer o balanço da noite, a estatística fatídica estava dada: dos 142 passageiros, 55 haviam morrido.

Um dos autores, amigo dos filhos da atriz Yara Amaral, morta no acidente, teve ali seu primeiro contato real com o descaso que é parte das normas sociais da cultura brasileira — limite de capacidade e checagens de segurança não são restrições reais, já que nada no Brasil é. Somos o país do "tanto faz", do descaso sistemático, onde tantos parecem dar tão pouca importância a tanta coisa. Isso, porém, tem custos — e por vezes podem ser fatais, como no caso em questão. Foram mortes estúpidas, absolutamente evitáveis se tivessem sido tomadas as precauções naturais de segurança e se o limite de capacidade tivesse sido obedecido. O *Bateau Mouche* tornou-se, de certo modo, o símbolo de nossa falta de cuidado.

Em anos posteriores, dramas similares voltaram a frequentar o noticiário. No Norte e no Nordeste do país, de vez em quando algum barco naufraga e algumas dezenas de pessoas perdem a vida de maneira igualmente absurda, como se aquela noite de 31 de dezembro não houvesse ensinado a todos que cuidados tomar e o que não descuidar nunca mais.

O Brasil sempre foi um pouco o símbolo desse desleixo. Somos o país do "deixa pra lá", do "não esquenta", que faz de uma atitude relaxada diante das dificuldades uma espécie de modo de vida. Há certa apologia a essa falta de disposição nacional a ir fundo nas coisas, a ser perfeccionista, a fazer de tudo para satisfazer ao cliente. Há um quê de positivo em ter esse espírito em doses (muito) moderadas: a vida pode ser muito chata e até insuportável se tudo virar motivo de correria, de tensão, de estresse. Levada acima de certo grau normal de bom senso, porém, a permissividade leva ao descuido, o descuido, à incompetência, e esta, no limite, à tragédia.

Insegurança jurídica

Nossa perda de produtividade está em todo lugar. Desde facilidade de abrir negócios até restrições legais e de obter licenças para trabalhar. Sabemos que o Brasil apresentou nas últimas três décadas uma das maiores taxas de juros do mundo. Não há apenas uma razão para isso, mas com certeza a insegurança jurídica é uma delas. Uma das condições para que pessoas tomem decisões de longo prazo é ter certeza das regras. Elas podem ser mudadas, é claro, mas as mudanças devem vir acompanhadas de uma racionalidade que traga o país para a modernidade e não para as trevas.

No Brasil, temos um tratamento para os devedores que é completamente diferente dos outros países. A legislação não permite a criação de um cadastro negativo permanente, e as punições aos devedores — como o nome no SPC, por exemplo — são extremamente brandas. Mesmo a criação de um cadastro positivo, com histórico de bom pagador, ainda não vingou no Brasil, embora haja uma reforma em curso. Com isso, os bancos não conseguem diferenciar, temporalmente, os prospectos de potenciais bons e maus pagadores. Os riscos são maiores e, assim, a taxa de juros é alta para todos. Como exemplo de outro arranjo institucional, nos EUA, um país extremamente puritano, o *score* de crédito acompanha o indivíduo durante toda sua vida e, portanto, um histórico de pagamentos em dia leva a menor taxa de juros, enquanto calotes — especialmente se sucessivos — encarecem o crédito dos indivíduos por toda sua vida. Claro que o sistema norte-americano também tem suas deficiências, punindo por tempo demais pessoas que podem ter tido problemas temporários, mas os juros são muito menores que os brasileiros também porque, de modo diferente em relação ao que ocorre aqui, um calote acompanha o indivíduo por muito mais tempo. Soma-se a isso, no Brasil, a demora da Justiça e a insegurança jurídica e visão favorável aos consumidores limitando a cobrança de dívidas bancárias, e tem-se então um coquetel que encarece o preço (juros) das operações financeiras.

O resultado dessa excessiva proteção aos devedores e insegurança jurídica é desastroso. O Brasil está na pior categoria em termos de força do direito de recuperação por parte dos emprestadores. O índice é uma das categorias do relatório de Doing Business do Banco Mundial (Figura 9).

Figura 9
Força do direito de recuperação de crédito

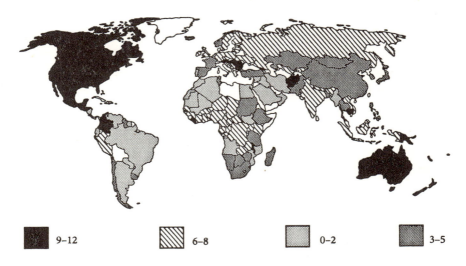

Da plataforma Bing
© DSAT for MSFT, GeoNames, Microsoft, Navteq, Wikipedia
Fonte: Banco Mundial. Os países em branco não possuem dados disponíveis.

A imagem é clara. Estamos na rabeira do mundo, junto com outros países onde os direitos dos credores são muito fracos. Quanto menor o direito dos credores, mais alta a taxa de juros para empréstimos. Independentemente do valor da SELIC, baixa ou alta, continuaremos com empréstimos na ponta muito caros enquanto não houver um equilíbrio entre credores e devedores.

Ou seja, como os bancos dispõem de poucos recursos livres para empréstimos, existe proteção regulatória contra a concorrência, não podem discriminar pessoas por meio de classificações de crédito de longo prazo — risco moral — e não conseguem recuperar parte significativa da inadimplência, os valores a serem emprestados envolvem custos muito altos. As taxas de juros absurdas no Brasil foram, historicamente, em parte, o resultado de uma combinação de todos esses fatores. Por um lado temos um sistema financeiro seguro, mas, por outro, pouco inovador e muito caro.

Reformas microeconômicas devem encontrar um equilíbrio entre os interesses de toda a sociedade. Nosso Código de Defesa do Consumidor é um contrassenso, pois acaba encarecendo os preços para todos. O mesmo vale para a excessiva proteção aos devedores. Podemos pegar dois casos diferentes. O primeiro é o dos aluguéis, que já foi discutido no capítulo 2, e o segundo é o dos empréstimos para compra de carros.

No primeiro caso, dos aluguéis, vale a pena destacar que temos nossa "jabuticaba" da fiança por conta da insegurança. Uma pessoa que deseja alugar um imóvel deve encontrar alguém de sua rede de conhecimento que tenha imóvel próprio e o coloque como colateral. Isso é algo exótico. Na China, o seguro fiança nada mais é do que o pagamento de três meses de aluguel adiantado. Se houver atraso no pagamento, a retomada de posse do imóvel é bem rápida e, portanto, não há como o proprietário tomar um calote, já que tem o valor do adiantamento em sua posse.

Em contraste com a morosidade observada no caso dos aluguéis para o despejo do inquilino está o caso de empréstimos de automóveis. Como a garantia do empréstimo é o próprio veículo e a retomada do mesmo é conseguida rapidamente, com muito mais empresas disputando esse mercado (já que cada montadora tem um braço financeiro para isso), os juros são muito menores do que a média de outros empréstimos. Temos então, diferentemente das outras modalidades de empréstimo a famílias ou pequenas empresas, um mercado competitivo com taxas razoáveis. Infelizmente, estávamos começando a retroagir. Muitos juízes estavam considerando que o pagamento de mais de 50% das parcelas tornava o carro inalienável. Ainda, para reaver um carro alienado por atrasos, bastava que a pessoa pagasse as parcelas vencidas. Isso tornava tudo muito custoso. Afinal, alguém atrasava, o banco pedia a alienação do automóvel, a justiça concedia, o oficial batia na porta da pessoa e só então o devedor perdia o uso do bem. Como o custo para ele era simplesmente pagar as parcelas atrasadas, muitos deixavam as parcelas vencer e então, na iminência de perder o bem, pagavam os atrasados. Era a velha — e má! — esperteza "tupiniquim" novamente em ação...

A mudança do Decreto-Lei nº 911/69, em 2015, é um exemplo de reforma microeconômica que melhora o resultado para a sociedade. Para os veículos alienados com pagamentos atrasados acima de noventa dias, o devedor deverá pagar o total do empréstimo para recuperar o bem. Embora nossa legislação sobre alienação fiduciária ainda seja ruim, é melhor do que no passado.

APELO À RAZÃO

Quanto mais segurança jurídica, mais produtivos somos todos. Isso vale para o mercado de automóveis, de aluguel e todos os outros. Nossa justiça é lenta e ineficiente: quanto menos brechas tivermos e mais equilibrados forem nossos contratos, melhor para todos.

O caso do setor elétrico[69]

Um dos casos mais emblemáticos de intervenção perversa do governo na economia foi o que aconteceu no setor elétrico em 2012, por meio da tristemente famosa Medida Provisória 579. Ela mudou drasticamente o mecanismo de formação de preços das empresas geradoras de eletricidade, colocando as geradoras que estavam perto do final do período de concessão das usinas diante de uma verdadeira "escolha de Sofia": se aceitassem renovar a concessão automaticamente — ou seja, sem receio de perdê-las —, manteriam o negócio sem disputa, mas perderiam o direito de alocar livremente sua oferta entre os mercados regulados e livres. Já as usinas que não se acolhessem à possibilidade de renovação teriam que se submeter a um novo leilão. Na prática, para quem assinasse os novos termos, qualquer decisão de investimento passaria a demandar uma autorização estatal superior das autoridades, sob pena de o mesmo não ser remunerado.

Como parte desse enredo, as concessionárias se viram privadas de uma parcela importante da receita, pelo fato de que parte da formação de preço não era reconhecida e, portanto, não era autorizada pelo governo. Em uma primeira etapa, isso foi recebido com grande beneplácito por segmentos importantes da indústria e — por que não dizer — da população em geral, por uma razão simples: que consumidor não gosta de ver a tarifa cair? Na esteira da queda do preço da energia — objetivo óbvio da intervenção —, o governo soube capitalizar politicamente a novidade e, durante alguns meses, houve certo ambiente de congratulação, com consumidores residenciais satisfeitos com as tarifas baixas, a indústria de "namoro" com o governo por comprar energia barata e o governo desfrutando de elevados índices de popularidade.

---

[69] Esta seção toma como referência para algumas partes o capítulo de Landau, E.; Dutra, J.; Sampaio, P. Uma agenda de trabalho para o setor elétrico. In: Giambiagi, F.; Porto, C. *Propostas para o governo 2015/2018*: agenda para um país próspero e competitivo. Rio de Janeiro: Editora Elsevier, 2014.

Com o passar do tempo, porém, os efeitos se revelaram verdadeiros desastres. Nos termos do arranjo adotado, as concessionárias tinham que honrar os contratos de fornecimento de energia assinados junto a grandes consumidores e, para fazer isso, em um regime que em termos pluviométricos começou a se complicar pela escassez de chuvas por um ou dois anos, tinham que acorrer ao mercado livre. Como no mercado livre os preços começaram a escalar a níveis muito superiores ao mercado regulado, as concessionárias se viram tendo que pagar preços astronômicos para conseguir a energia necessária para respeitar os contratos de fornecimento, ao mesmo tempo que, na ponta de venda, seus preços se encontravam entre os mais baixos da série histórica.

O resultado disso foi uma descapitalização dramática do setor, pois as estatais controladas pela União terminaram por renovar suas concessões — já que o governo as tinha sob controle — e enfrentaram uma queda abrupta de suas receitas, simultaneamente a um aumento de custos.

O final do enredo foi o de outras tantas situações tristes ocorridas ao longo da história, em que em vez de estimular um aumento da competição e da produção, medidas artificiais acabam tendo consequências nefastas no longo prazo. Quando chegou a conta, na forma de ônus assumidos pelo Tesouro Nacional — entre 2013 e 2015, a Conta de Desenvolvimento Energético (CDE) representou um gasto fiscal de mais de R$ 18 bilhões acumulados, transferidos para as empresas do setor elétrico à guisa de compensação pelos prejuízos incorridos — e de um violento e inevitável "tarifaço", particularmente na gestão do ministro Joaquim Levy, em 2015, já no segundo governo Dilma Rousseff. Assim, os preços da energia elétrica residencial, que são parte do IPCA e que em 2013 haviam sofrido uma queda nominal absoluta (deflação) de 15,7%, aumentaram 17,1% em 2014 e nada menos que 51,0% em 2015, quando o sonho das tarifas baixas se converteu em pesadelo.

Desburocratização

Um exemplo da burocracia inútil foi a criação de uma lei em 2015, no Espírito Santo, que proibia os restaurantes de colocar sal na mesa, sob pena de multa de mais de R$ 1.300. A melhor saída foi a de um restaurante chamado Ilha

APELO À RAZÃO

dos Caranguejos, que simplesmente passou a colocar saleiros pendurados em cordas acima — mas não em cima — das mesas. Problema resolvido, embora descumprir o espírito das leis (nosso famoso "jeitinho") normalmente cause mais problemas que soluções.

Ainda bem que o Tribunal de Justiça do Espírito Santo declarou que essa medida era inconstitucional. Infelizmente, o estrago estava feito. Criamos o "fiscal do sal" e gastamos tempo e dinheiro criando e desfazendo essa medida. Isso se repete no Brasil todos os dias. A cada amanhecer, temos cerca de trinta novas leis ou instruções normativas tributárias.[70] No Brasil, comemora-se a obrigação de empresas de ônibus manterem trocadores em todos os coletivos. A figura da reserva de mercado é a norma no país.

O resultado é que a produtividade do trabalho no Brasil está estagnada há mais de cinquenta anos. Essa é a principal razão do velho ditado de que o Brasil é o país do futuro — e que, desse jeito, nunca vai chegar. Mudar esse estado de coisas requer que façamos muitas pequenas e grandes reformas para acabar com as barreiras a pessoas e empresas. Entre elas, podemos destacar o seguinte "decálogo da desburocratização":

1) Fim dos cartórios.
2) Criação de um Imposto de Valor Adicionado nacional, como no exemplo da Índia.
3) Redução ao mínimo de todos os processos para abertura de novos negócios para, por exemplo, uma semana.
4) Ampliação do mandato das agências de defesa da concorrência.
5) Reformulação do Código de Defesa do Consumidor.
6) Estabelecimento de marcos regulatórios confiáveis, com poucas mudanças ao longo do tempo.
7) Criação de um processo nacional de desburocratização.
8) Reformulação do Simples, para permitir que as empresas cresçam.
9) Adoção de restrições à responsabilidade solidária.
10) Forte limitação da desconsideração da personalidade jurídica.

---

[70] Neitsch, J. País produz 30 novas normas tributárias ao dia. *Gazeta do Povo*, 18 out. 2012. Disponível em: <http://www.gazetadopovo.com.br/vida-publica/justica-direito/pais-produz-30-novas-normas-tributarias-ao-dia-2vslu2dfpmhkbblwl4wszjo0e>.

Temos uma das menores taxas de investimento no mundo. Afinal, por que alguém abriria uma empresa no Brasil se até o risco de perder mais do que se colocou no negócio existe? Fizemos uma reforma, em 2015, do Código de Processo Civil, que resultou em uma mudança importante, a formalização da desconsideração da personalidade jurídica, o que deveria ser uma oportunidade para criar segurança jurídica de qualidade, mas que foi desperdiçada. A desconsideração da personalidade jurídica significa que juízes podem atacar o patrimônio pessoal dos sócios, fazendo com que as pessoas físicas passem a ser corresponsáveis, sempre que, em detrimento do consumidor, houver abuso de direito, excesso de poder, infração da lei, fato ou ato ilícito ou violação dos estatutos ou do contrato social. No passado, basicamente, quando o juiz assim ordenasse, estava feita a desconsideração. A formalização do procedimento tornou a desconsideração mais estável. Temos, ainda, o instrumento de penhora on-line, um sistema no qual o juiz pode, por meio de um procedimento simples e ágil, bloquear valores bancários — até o limite da dívida — de sócios da empresa. No passado era ruim, e hoje, com o instrumento sendo mais usado, é pior. Afinal, quanto maior o risco para um empreendedor, menor o nível de investimentos. Fizemos uma reforma que não aumentou a segurança jurídica pelo lado das empresas. Simplesmente aumentou o número de casos de desconsideração e diminuiu o incentivo à criação de novas empresas.

Estamos voltando ao século XVIII. No início do século XIX, a criação da personalidade jurídica, na Inglaterra, foi uma das condições principais para a primeira Revolução Industrial. Finalmente, empreendedores podiam investir sem perder mais do que colocaram no negócio. Isso viabilizou a explosão de investimentos — na Inglaterra e depois no mundo. O argumento moral a favor da desconsideração da pessoa jurídica é claro: é injusto contra trabalhadores e fornecedores quando uma empresa vai à falência e os sócios continuam ricos. O problema é que a ratificação da desconsideração acaba por facilitar seu uso e traz um efeito de equilíbrio geral nefasto. Simplesmente, tornará investimentos mais caros, pois aumenta o risco dos empreendedores. A desconsideração não seria um problema se fosse resultado de fraudes e crimes explícitos. Empresários, nesse caso, deveriam perder recursos na pessoa física — crime deve ser punido, afinal. Contudo, a facilitação para casos nos quais a falência é resultado de questões de mercado — e sim, isso acontece na prática — cria uma barreira significativa para a realização de novos investimentos. Infelizmente, não existe "justiça" sem custo para a sociedade.

Nosso amigo Armando Castelar Pinheiro costuma dizer que "a sociedade brasileira se preocupa demais em expandir seu pedaço de bolo e de menos em aumentá-lo". É por essas e outras questões que a produtividade no Brasil está estagnada. Quanto mais travarmos o sistema econômico, pior para todos, inclusive os injustiçados para quem as leis, supostamente, foram criadas.

19. O fantasma da competição

> "Aprenda os fatos primeiro, aí então você
> pode distorcê-los à vontade."
>
> Mark Twain, escritor

Neste capítulo, veremos como a competição é fundamental para nos desenvolvermos. Não a competição no sentido de "meritocracia de botequim" — a diferença entre ricos e pobres já é gigantesca no final da primeira infância. Competição no sentido estrito do tempo — deixar de proteger as empresas para liberá-las de modo a alocar recursos de modo mais eficiente. Isso deverá, inclusive, ter efeitos importantes sobre a distribuição de renda e a qualidade dos empregos. Sem competição, estaremos presos a criar cada vez mais "trocadores de ônibus" — e não empregos de qualidade.

Vamos complementar o capítulo anterior mostrando como os entraves à produtividade e à competição fazem com que o país esteja muito atrás de seus pares em termos de indicadores de competitividade. Veremos como nosso maior caso de sucesso, o da agricultura, vem de incentivos corretos, um Estado que funciona — por meio da Embrapa — e, principalmente, da abertura comercial que possibilitou sermos muito mais produtivos que a média do mundo. E não porque aqui "em se plantando tudo dá". Afinal de contas, durante muito tempo o setor agrícola ficou travado. Depois, fizemos uma excelente reforma acabando com os latifúndios improdutivos e abrimos o setor para a competição internacional. Não precisou de muito mais para fazer do Brasil uma potência agrícola, em vez de mero exportador de café ou açúcar, como no passado.

Indicadores de competitividade e o verdadeiro custo Brasil

Estamos muito atrás de nossos pares em produtividade e competitividade. A maioria dos brasileiros não tem consciência de como somos fechados a tudo, de produtos a ideias. De certa maneira, ainda estamos presos ao modelo de substituição de importações, no qual o governo protege as empresas locais da competição internacional. Nossa elite empresarial é, em grande medida, muito ruim, pois luta, mais do que qualquer outra coisa, por manter seus privilégios (o maior deles é a restrição à competição internacional).

O chocante é que nossas empresas são razoavelmente sofisticadas. Muitas já estariam prontas para competir com o restante do mundo. O World Economic Forum produz um relatório anual chamado Global Competitiveness Index (GCI), que compara 137 países em doze pilares e diversas subcategorias. Os valores de cada categoria vão de 1 (o mais problemático) até 7 (o mais alto do mundo). A Tabela 15 mostra o resultado do Brasil em relação aos doze pilares, na comparação com o mundo.

Tabela 15
Pilares do GCI — resultados para o Brasil, 2018

Indicador	Ranking	Valor
Ambiente macroeconômico	124	3,44
Desenvolvimento sistema financeiro	92	3,70
Educação e saúde	96	5,41
Eficiência mercado de bens	122	3,79
Eficiência mercado de trabalho	114	3,68
Ensino superior e treinamento	79	4,21
Infraestrutura	73	4,11
Inovação	85	3,21
Instituições	109	3,35
Preparação tecnológica	55	4,57
Sofisticação das empresas	56	4,12
Tamanho do mercado	10	5,69

Fonte: World Economic Forum.

Aqui o ambiente macroeconômico não nos interessa muito. Já deixamos claro que o longo prazo é mais importante. Analisando os dados, surge claramente um retrato do Brasil como um país que desperdiça seu potencial. Temos um dos maiores mercados do mundo (10º), mas nossas instituições (109º) e como elas desenham a regulação nos mercados de bens (122º) e de trabalho (114º) são tão ruins que nesses quesitos estamos junto com países latino-americanos e africanos como os piores do mundo. Isso vale para quase todos os outros pilares. Somente a preparação (55º) e a sofisticação das empresas (56º) são um pouco melhores que a média mundial. Isso reforça nosso ponto de que as empresas estão preparadas para entrar nas cadeias globais de valor. Se deixássemos que elas concorressem em pé de igualdade com o mundo, só teríamos a ganhar — as melhores cresceriam e aumentariam gigantescamente sua produtividade, enquanto as ineficientes morreriam, o que é natural em um processo de competição.

Olhemos nossa produtividade nos últimos vinte anos. Para todos os governos, a média de crescimento da produtividade total de fatores é negativa! Isso mesmo, estamos piorando, como podemos ver no Gráfico 30. Infelizmente, queremos copiar — com razão — o bem-estar dos escandinavos, sem entender que uma das chaves de seu sucesso é que eles reformaram suas economias para serem competitivas e abertos ao mundo. Todos os países escandinavos são abertos — e muito produtivos.

Gráfico 30
Crescimento da produtividade total dos fatores (PTF)
no Brasil, 1997–2016

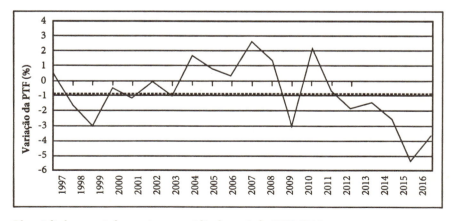

Obs.: A linha tracejada consiste na média do período 1997–2016.
Fonte: World Economic Forum.

O superciclo de *commodities* dos anos 2000 nos ajudou, mas foi tudo um sonho de verão. A média de todo o período é negativa, em quase 1% por ano. Assim não vamos a lugar nenhum.

Nas próximas páginas, faremos algo diferente. Vamos sair dos dados macro para as anedotas, diferentemente de outros capítulos nos quais contamos algumas histórias até chegar às propostas. Defendemos uma abertura comercial unilateral. Preferiríamos que o Brasil, por meio de e com o Mercosul, fizesse vários acordos multilaterais, mas isso tem se revelado muito difícil. Não só demora muito, como quando sentamos para negociar, sofremos milhões de pressões de grupos de interesse. No final das contas, uma abertura unilateral é melhor que o *status quo*.

A *"heladería"* cubana e a *"night"* de Brasília

É famoso o ritmo "devagar quase parando" com que se serve sorvete na principal sorveteria de Havana, a Copelia. Entre um *"mi amor"* caribenho aqui e outro *"corazón"* acolá, com mais gente querendo tomar um sorvete que a capacidade da loja de se adequar a isso, as leis da economia só admitem duas possibilidades: ou o preço aumenta — algo às vezes mais difícil em uma economia socialista com muitas coisas controladas — ou (o que é em geral o caso na terra dos Castro) a fila ajusta o descompasso. Na falta de competição entre pessoas, a fila torna-se a única variável de ajuste.

Em outros ambientes, em se tratando de outras questões para além da venda de sorvetes, temos um regime meio híbrido, que a literatura chama de "capitalismo de compadrio". Há empresas privadas, alguma competição, lucro etc. Porém, nesse tipo de regime, ter boas relações com o poder é essencial para o sucesso nos negócios, especialmente em determinados setores. É o arranjo que vigora no México do megaempresário Carlos Slim, na Rússia dos grandes oligarcas e, de maneira mais grotesca, na Venezuela da *"boliburguesía"*. "Vivir fuera del presupuesto es vivir en el error", dizem no México para quem se aventura no pedregoso caminho da independência.

O leitor que já foi algumas vezes a Brasília deve ter reparado que, no ambiente dos hotéis, a cidade fervilha às terças e quartas-feiras, que é quando as garotas de programa têm um aumento da demanda por seus serviços, quando as atividades de *lobby* proliferam. Evidentemente, nem todo mundo faz *lobby* em Brasília e nem todo *lobby* apela a esses expedientes mais toscos, mas o fato é apenas uma representação do que significa a dependência em relação ao poder de uma assinatura ou de uma emenda parlamentar para viabilizar negócios de milhões. Como mais de um colega economista ressaltou ao longo dos anos, quando uma empresa se preocupa muito mais com o detalhe da redação da norma a ser assinada em Brasília que em derrotar legitimamente o competidor que está em seus calcanhares disputando *market share*, não há eficiência ou inovação.

"Estamos sem sistema"

Por que a Amazon chegou aonde chegou? Entre outros fatores, porque idealizou um sistema de entregas que é o mais próximo possível da perfeição. É verdade que no coração do sistema de funcionamento na empresa há um investimento fenomenal em tecnologia. E é verdade também que uma parte importante do sucesso no dia a dia depende de eventos que alguma máquina controla. Não há dúvidas, contudo, que na filosofia da empresa está gravado o comprometimento com prazos. O empregado que não agir com base na ideia de um compromisso com excelência simplesmente não terá vida longa na empresa. É óbvio, por outro lado, que isso tem um preço: muitos trabalhos em empresas ultraeficientes tendem a ser "precários", no sentido de alguns deles limitarem os direitos dos empregados, por vezes até de ir ao banheiro fora de um horário estabelecido. Precisamos de mais competição e eficiência, mas não a qualquer custo. O segredo de bons arranjos econômicos e sociais está na mistura de respeito às leis do mercado e de respeito aos trabalhadores que estão na base do sistema.

É relativamente comum, no Brasil, enfrentar em uma repartição pública a situação de descobrir que o atendimento é impossível porque "estamos sem sistema". Trata-se de um evento — a queda do sistema — que pode ocorrer em qualquer situação, mas que, havendo uma equipe pronta para entrar em ação em situações de emergência, se resolve rapidamente. O leitor provavelmente passou alguma vez pela situação ou soube de alguém que tenha passado, de ir tirar a carteira de identidade, ou a carteira de motorista, ou a carteira de trabalho, e se defrontar com a mesma resposta insuperável, a barreira intransponível ("estamos sem sistema"). É uma combinação infame: certeza de horas de fila sem nenhuma garantia de que o problema seja resolvido a tempo.

No Brasil, até a emissão de passaportes é um processo burocrático, cuja marcação de horário por um sistema eletrônico não trouxe maiores benefícios — temos o direito de marcar um determinado horário, mas normalmente só tem vaga para meses depois e, quando chegamos, enfrentamos uma fila porque no país o horário marcado não é respeitado. Na era da internet, tudo isso é uma expressão de nosso atraso. Para quem está do lado seguro do balcão, tanto faz. Precisamos, porém, de incentivos corretos para aumentar a produtividade. E isso vem com maior competição. Se vai ser por privatização de parte da provisão de serviços públicos ou pela reformulação das carreiras, isso pouco importa nesta parte do livro. O essencial é a mensagem: precisamos ser mais produtivos — e a competição é a chave para isso.

Setor privado: melhor, *ma non troppo*

O setor privado tende a ser mais eficiente — mas não muito nem sempre. Basta nos atermos aos atendimentos em clínicas médicas particulares. O horário agendado é mera sugestão — temos que entender que o coitado do médico sempre marca mais gente do que pode atender porque, afinal, ele considera seu tempo mais valioso que o dos clientes.

Claro que maior concorrência não é tudo. Podemos ter equilíbrio ruim, mesmo com concorrência, como no caso dos supermercados: há muita concorrência, mas o serviço é desastrosamente ruim. Pelo menos os consumidores deixam claro, com seu bolso, que querem preços baixos. Os supermercados procuram fazer isso para atrair o cliente, mesmo que signifique ter menos caixas que o ideal para que as filas sejam pequenas. O grau de concorrência é que determina, em última instância, como o cliente é tratado. E o ambiente institucional em que a empresa e o consumidor se encontram, evidentemente, é fundamental. Não somos "liberais de quermesse": o Estado deve e precisa participar da vida econômica de todos nós, garantindo a defesa da concorrência, estabelecendo regras para que os mercados funcionem relativamente bem e buscando um equilíbrio justo entre eficiência e equidade.

Ojeriza a concorrência não acontece só no Brasil. Quem chegasse a Buenos Aires nos últimos dias de dezembro de 2017 no Aeroparque iria se defrontar com uma fila quilométrica na empresa que faz a operação de compra e venda de divisas. Por quê? Se o leitor arriscou a mesma explicação de sempre ("estamos sem sistema"), acertou. A pergunta é: por que isso não foi resolvido em cinco minutos? Ou, ainda, por que todos tinham que esperar pacientemente, enquanto um empregado com ar bovino informava com enorme expressão de tédio a quem perguntasse que não havia previsão para resolver o problema e que não podia dar nenhuma sugestão acerca do que o coitado do turista deveria fazer? A resposta a essas perguntas é: falta de concorrência. A empresa que age assim o faz porque não está premida pela concorrência. Ela sabe que o cliente, por mais irritado que esteja, nada pode fazer, pois está na mão da criatura a sua frente, mesmo que esta lhe inspire desejos assassinos. O cunhado de um dos autores tem uma boa frase para esse tipo de situação: "Não se briga com médico em hospital: hospital não é supermercado." O mesmo vale para operadoras de câmbio quando se está com três malas, não se tem moeda local e não há nenhuma outra casa de câmbio em um raio de 5 km. É uma doença latino-americana que coloca os países daqui sempre na vanguarda do atraso.

Aqui se faz, aqui se paga

Houve um tempo, no passado, no qual os fatores naturais eram decisivos para a instalação das fábricas em determinados lugares e não em outros. Em alguns casos, isso continua a ser inevitável: o petróleo só pode ser extraído onde ele está, por exemplo. Em outros, porém, as mudanças operadas no mundo e na tecnologia alteraram completamente os critérios das empresas na hora de decidir se fazem um projeto no país A ou no país B. O conhecimento dos empregados, a precisão da produção, a capacidade de adaptação a situações diversas e, *latu sensu*, a competitividade, se tornaram muito mais importantes que no passado.

Nosso jeito de "tanto faz", de naturalizar o cotidiano de ineficiência e rejeitar a competição tem um lado muito ruim. Transposta a questão para o ambiente internacional, queremos mostrar agora que esse espírito conta — e que é parte de nosso atraso. Desvalorizações cambiais foram o instrumento por excelência, no passado, para mascarar nossas ineficiências. O problema é que elas não serão mais suficientes para isso. Primeiro, pela inflação que provocam. E, segundo, porque no limite não há desvalorização que compense o atraso do país. Algo parecido ocorre com a competitividade: por estar fora, em grande parte, das cadeias globais de valor, o Brasil perde pela falta de crescimento de empresas que contariam muito para melhorar a situação do país. Tentamos até forçar a Apple a colocar parte de sua produção aqui. Claro que deu errado. A empresa esbarrou nos mesmos problemas de sempre — queria montar celulares aqui, importando algumas peças e produzindo outras. As tarifas eram tão altas, e o desembaraço das mesmas, tão ineficientes, que montar celulares no Brasil não criaria nenhuma vantagem para a empresa ou os consumidores. Enquanto isso, ela produz na China a maior parte dos celulares do mundo. Não poderia ser de outra maneira. Como já vimos, a China é o país mais capitalista do mundo e aberto a concorrência. O ponto a ressaltar aqui é: nossos erros e nossas deficiências custam caro — e têm consequências.

O exemplo da importação de Crocs, uma sandália bem simples e confortável, mostra como somos fechados à competição. Em tese, sandálias e sapatos não pagariam impostos de importação. Porém, como isso é inaceitável para nossa sociedade, já que nossa norma social é de ojeriza à concorrência, o governo colocou tarifas *antidumping* de valores diferentes para sapatos e sandálias.

A empresa importava seu produto classificando-o na Nomenclatura Comum do Mercosul (NCM) 6.402, que define a tributação do item "sandálias de borracha". A empresa, entretanto, teve seus produtos retidos no porto de Santos e escutou do auditor fiscal que a classificação correta da mercadoria deveria ser a da NCM 6.401, destinada a "sapatos impermeáveis".[71] Ela mudou, e um ano depois foi multada, pois outro auditor disse que obviamente as sandálias Crocs deveriam ter sido classificadas de outra maneira — como sandálias.

A empresa, então, recorreu às instâncias administrativas para i) determinar, afinal de contas, qual deveria ser a classificação; e ii) pedir anulação

---

[71] Ghersel, G. Carf julga tributação de Crocs: Calçado é sandália de borracha ou sapato impermeável? *Jota*, 11 set. 2017. Disponível em: <https://www.jota.info/tributos-e-empresas/tributario/carf-julga-tributacao-de-crocs-11092017>.

da multa, com razão, em função do que foi exposto. Isso envolveu ainda outro órgão público: a Câmara de Comércio Exterior (Camex) vinculada ao Ministério do Desenvolvimento, Indústria e Comércio Exterior (MDIC) elaborou um laudo que reconheceu que o produto deveria ser considerado na posição 6.401. O tema foi julgado pela 1ª Turma da 3ª Câmara da 3ª Seção do Conselho Administrativo de Recursos Fiscais (Carf), que deu decisão favorável à companhia. O colegiado entendeu que os calçados devem ser considerados sandália de borracha, pois embora seu material não permita a passagem de água, só pode ser considerado impermeável o calçado que for coberto até a altura do tornozelo.

O processo só não pode ser classificado de inteiramente kafkiano porque, ao contrário do famoso processo de Franz Kafka, acabou sendo resolvido. O custo para a sociedade, porém, foi elevado: dezenas de funcionários públicos se debruçando, escrevendo relatórios e julgando um tema que qualquer observador de bom senso consideraria absolutamente irrelevante para o país. Se realmente não tivéssemos barreiras comerciais à importação, nada disso aconteceria.

Não faltam histórias parecidas. Vejamos outros dois possíveis exemplos de como nossos problemas e nossa postura acarretam resultados negativos.

Cena A: Posto de gasolina. Nele, há algumas bombas de gasolina e um posto de conveniência. No local, simultaneamente, trabalham seis frentistas, um segurança e três pessoas na loja de conveniência. No total, são dez pessoas. Nos EUA, nessa mesma situação, um único funcionário controlaria tudo e os consumidores teriam que colocar, eles mesmos, a gasolina no carro. Conclusão: a produtividade é baixa. O mesmo serviço que nos EUA é gerado por uma pessoa, aqui é gerado por dez. Isso ajuda a aumentar o "custo Brasil". Produzir aqui, em linhas gerais, custa mais caro que no restante do mundo.

Cena B: Empresa nacional com problemas. A empresa precisa fazer investimentos importantes para sair da crise pela qual está passando. Está em discussão a possibilidade de ser vendida para uma multinacional, que faria esses investimentos. Para isso, a empresa recebe a visita de um alto executivo da matriz alemã. Passando três dias no país para fazer uma avaliação, ele identifica que a mulher que seria sua secretária tem um inglês fraco e ele tem sérias queixas em relação ao hotel onde se hospedou. Essas questões afetam a maneira de o executivo avaliar o Brasil. No final, a decisão da multinacional é não fazer a aquisição e investir em outro país.

Errar é caro. Manter nossa economia fechada, idem. Como se diz popularmente, "aqui se faz; aqui se paga". A gente pode às vezes achar graça de nossas insuficiências mais leves, mas o restante do mundo não vê assim. No mundo da competição feroz, atrasos custam, produtos entregues inadequadamente levam a perder clientes e não saber inglês é um *handicap* negativo. Estamos ficando para trás. Voltaremos a essa ideia mais de uma vez no decorrer das próximas páginas.

Abertura comercial para os pobres

Na Inglaterra dos anos 1930, George Orwell descreveu a vida das famílias dos trabalhadores de minas como tenebrosas — em uma família de cinco pessoas, apenas uma ainda tinha seus dentes naturais e eles não durariam muito tempo. Depois da Segunda Guerra, a Inglaterra e muitos outros países fizeram como o Chile, que abriu seu mercado e é hoje o mais desenvolvido da América Latina. Já o Brasil é simplesmente o país mais fechado do mundo. E tem tarifas absurdamente altas. Até para nações desenvolvidas, com tarifas já baixas, maior abertura comercial poderia ter impactos importantes sobre o bem-estar social. Francois *et al.*[72] estimam o impacto de um potencial acordo de comércio e investimentos entre União Europeia e EUA. A maior parte dos benefícios viria do aumento do comércio internacional. A renda europeia aumentaria em € 119 bilhões por ano e a dos EUA € 95 bilhões por ano (mais de 0,5% do GDP combinado dessas regiões). Cada família europeia de quatro pessoas teria um aumento de renda disponível anual de € 545; para os EUA, para cada família o valor seria de € 655 por ano. Mais ainda, esse acordo teria impactos positivos para o restante do mundo. As externalidades positivas de maior eficiência aumentariam a renda do restante do mundo em mais de € 100 bilhões por ano.

É bastante simples: o argumento a favor de abertura comercial é basicamente consenso entre economistas no mundo. Podemos usar como exemplo o caso das tarifas sobre aço e alumínio, um erro do presidente Donald Trump.

---

[72] Francois, J.; Manchin, M.; Norberg, H.; Pindyuk, O.; Tomberger, P. Reducing transatlantic barriers to trade and investment: An economic assessment (No. 1503). Working Paper, Department of Economics, Johannes Kepler University of Linz, 2015.

APELO À RAZÃO

Um *survey* com 43 economistas,[73] entre eles vários prêmios Nobel, pediu para os economistas darem sua opinião se concordavam com a afirmação de que as novas tarifas sobre aço e alumínio vão melhorar o bem-estar dos americanos. Todos, sem exceção, discordaram dessa afirmativa. Simplesmente é praticamente impossível encontrar um economista nas melhores universidades do mundo que seja contra abertura comercial. Se o medo for o impacto sobre a distribuição de renda, o melhor é deixar o comércio livre e fazer transferências de renda para os trabalhadores afetados. Mas não há dúvidas de que os claros benefícios da abertura comercial são basicamente uma unanimidade.

Existem vários mitos sobre abertura comercial. Está na hora de debelá-los.[74]

---

[73] Disponível em: <http://www.igmchicago.org/surveys/steel-and-aluminum-tariffs>. Poole explora esse assunto num texto bem acessível. Poole, W. Free trade: why are economists and noneconomists so far apart? *Fed St. Louis*, n. 86, p. 1–6, 2004. Disponível em: <https://files.stlouisfed.org/files/htdocs/publications/review/04/09/Poole.pdf>.

[74] Tudo que se segue tem amplo suporte científico. Recomendamos como livro introdutório sobre comércio internacional: Krugman, P.; Obstfeld, M. *Economia Internacional*. 10. ed. São Paulo: Editora Saraiva, 2014. Um texto técnico sobre a economia política do comércio internacional é Ethier, W. J.; Hillman, A. L. The Politics of International Trade. CESifo Working Paper 6456. 2017. Disponível em: <https://www.econstor.eu/bitstream/10419/161895/1/cesifo1_wp6456.pdf>. Detalhes sobre a nova onda de protecionismo em um texto acessível estão em: Harrison, Ann *et al*. The Changing Landscape for International Trade: Protectionism, Bashing China, and the American Worker. 2017. Disponível em: <https://www.kansascityfed.org/~/media/files/publicat/sympos/2017/harrison-remarks-jh.pdf?la=en>. Um relatório sobre os benefícios para a Europa é: The added value of international trade and impact of trade barriers. Disponível em: <http://www.europarl.europa.eu/RegData/etudes/STUD/2017/603240/EPRS_STU(2017)603240_EN.pdf>. O impacto sobre a produtividade é bem estimado por Bernard, A. B.; Eaton, J.; Jensen, J. B.; Kortum, S. Plants and productivity in international trade. *American Economic Review*, v. 93, n. 4, p. 1.268–1.290, 2003; e Eaton, J.; Kortum, S.; Kramarz, F. An anatomy of international trade: evidence from French firms. *Econometrica*, v. 79, n. 5, p. 1.453–1.498, 2011. Lee e Swagel mostram como os países buscam proteger as indústrias em declínio em vez de aquelas com potencial de exportação — ou seja, os países perdem ao intervir para limitar o comércio internacional e perdem de novo ao serem ruins até nas ações de proteção. Lee, J. W.; Swagel, P. Trade barriers and trade flows across countries and industries. *Review of Economics and Statistics*, v. 79, n. 3, p. 372–382, 1997. Sobre o caso chinês, Bloom *et al*. mostram como a abertura comercial chinesa levou à incorporação de tecnologia e ao aumento de eficiência por colocar o país na rota das cadeias globais de valor: Bloom, N.; Draca, M.; Van Reenen, J. Trade induced technical change? The impact of Chinese imports on innovation, IT and productivity. *The Review of Economic Studies*, v. 83, n. 1, p. 87–117, 2016.

1. "Abertura comercial gera desemprego." Esse é o principal mito, mas as evidências mostram o contrário. Abertura gera mais empregos. Não imediatamente, mas o resultado é sempre a melhor alocação de recursos. O único possível efeito ruim é sobre a distribuição de renda: trabalhadores em setores que concorrem com importados perderiam. No Brasil, porém, a desigualdade cairia, pois os setores exportadores usam relativamente mais trabalho. Abertura comercial unilateral nos moldes chilenos, com uma tarifa única de cerca de 5 a 10%, somada a maior expansão de proteção social, seria o melhor caminho para aumentar produtividade, empregos e salários.
2. "A abertura acelera a desindustrialização." Não obstante o fato de que países podem se tornar ricos sem indústria, esse argumento só faz sentido no início do processo de industrialização. Já temos indústria diversificada, embora ineficiente. É por estarmos fora das cadeias globais de produção que nossa indústria míngua. Várias empresas sobrevivem com baixa produtividade e sem escala — e impera a falta de dinamismo. Começamos a proteger a indústria automobilística nos anos 1950. Lá se vão sessenta anos e há montadoras que daqui a pouco poderão pedir "meia entrada no cinema" — por alcançarem essa idade —, mas não querem abrir mão dos incentivos. Temos que mudar nossa ojeriza à competição.
3. "Liberalização é entregar o país aos estrangeiros." O Brasil já recebe muito investimento do exterior, em parte porque exportar para o país é caro. Uma abertura comercial não mudaria nada — empresários brasileiros seriam mais produtivos, com a vantagem natural de conhecer o mercado. Esse nacionalismo infantil não beneficia ninguém e apenas protege o lucro dos empresários nacionais.
4. "Precisamos de acesso a mercados como contrapartida." Contrapartidas são boas quando há real integração comercial. Um exemplo de como isso não funciona é o Mercosul. Cada crise gerou pressão por novas listas de exceções. Em um dia, a Argentina solicitava mais tarifas contra geladeiras vindas do Brasil. No outro, produtores brasileiros de arroz e vinho pediam proteção. Em um mundo ideal, acordos multilaterais são melhores que aberturas unilaterais. Na prática, isso só faz postergar nossa entrada nas cadeias globais de valor. Enquanto isso, o "bonde" da China continua passando.

Somos o país mais fechado do mundo por escolha. Temos as maiores tarifas do mundo, como mostra o Gráfico 31.

Gráfico 31
Tarifas aplicadas a importações, média simples, todos os produtos (%)

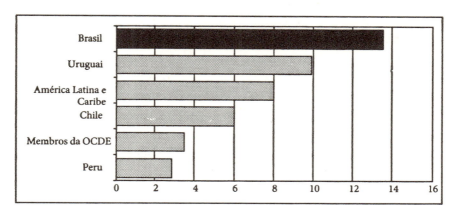

Fonte: World Economic Forum.

Além desses mitos, outros argumentos invocam a superioridade moral de proteger os trabalhadores contra a globalização. É o contrário! Adiar a integração é condenar os trabalhadores a empregos ruins e salários deprimentes, com proteção a oligopólios ineficientes e menor criação de novas empresas. Isso sem falar nos consumidores, sem acesso a uma infinidade de opções em comparação a outros países. Estamos empacados em um protecionismo que só nos prejudica. É preciso mudar.

As lições da agricultura

Falamos muito pouco sobre agricultura neste livro — assim como sobre segurança, mas nesse último caso por não sermos especialistas no tema. No caso da violência, nos indignamos diante de nossa realidade, como quaisquer outros brasileiros. Já no caso da agricultura, a razão de tê-la deixado de lado é mais prosaica: é que ela funciona! E isso apenas porque nesse setor, diferentemente do restante da economia, somos muito menos fechados. Ou seja, no caso da agricultura, não ter tocado no assunto neste livro se deve ao fato de que esse é um setor que funciona muito bem no país. Direitos de propriedade são seguros: ninguém que use sua terra precisa ficar com medo de perdê-la. Os fazendeiros são razoavelmente produtivos e os investimentos geram retorno. É a única área na qual nossa produtividade é maior que a média mundial. Nossa regulação acerca das condições de trabalho no setor é razoavelmente boa e mudou a maneira como as empresas operavam. Em visitas a fazendas e outras empresas da agroindústria, hoje muitos gestores — especialmente os de grandes fazendas, que são mais fáceis de fiscalizar — são orgulhosos das relações de trabalho. Um fazendeiro que um dos autores conheceu no Paraná gostava de contar como os inspetores federais foram em sua empresa e viram os gestores, capatazes e funcionários comendo juntos em um refeitório moderno e limpo. O contrário do passado, quando os peões recebiam uma marmita para comer no meio do trabalho e tinham um péssimo tratamento.

Claro que essa fazenda no Paraná é uma empresa especialmente moderna. Apesar de ser uma parte do país comparativamente melhor que o restante, há avanços importantes a fazer. Em um trabalho em conjunto com o Center for Sustainable Business da NYU Stern e a empresa de consultoria AT Kerney sobre sustentabilidade da pecuária, um dos autores presenciou como ainda usamos tecnologia do século XVIII para abater e comercializar gado em grande parte do Brasil. Não é à toa que o desmatamento da Amazônia continua crescendo — nossa agricultura é tão produtiva que vai se espalhando para onde não deveria. É nessa hora que vemos como a abordagem deste livro nos ajuda a entender como o país deve se desenvolver. Precisamos de instituições e regras que funcionem para coibir o comportamento destrutivo de algo cuja preservação deveria interessar ao país como um todo.

Regulação pode funcionar bem se tivermos um Estado eficiente que não seja capturado por grupos de interesse. Um dos melhores exemplos disso é como basicamente resolvemos a questão dos latifúndios improdutivos. Isso veio por meio de um desenho inteligente, o Imposto Territorial Rural (ITR). A solução elegante foi simples: terras produtivas que não são usadas pagam alíquotas muito maiores. No passado, terras não pagavam muitos impostos sobre propriedade. Isso acabou na década de 1990, quando alíquotas bastante diferenciadas foram introduzidas na legislação. Foi uma reforma importante daquela época e da qual pouco se fala. Latifúndios

APELO À RAZÃO

improdutivos ficaram inviáveis — economicamente, não faz sentido pagar um valor alto para manter a terra improdutiva se ela pode ser usada, vendida ou arrendada. Parte de nosso *boom* agrícola se deve às mudanças feitas em um imposto há 25 anos. Propriedades rurais de mais de 5.000 hectares com grau de utilização menor que 30% são tributadas em 20% do valor por ano. Se o grau de utilização for maior que 80%, esse valor cai para 0,45%. O ITR é progressivo, não distorce a produção e funciona. São mudanças como essa que devem permear o restante da economia.

É claro que o setor agrícola pode ser melhorado. O impacto ambiental é enorme. Em trabalho com outros colegas, um dos autores mostrou em 2015 como sistemas de *rating* de crédito podem ser desenvolvidos para criar incentivos a fim de que as empresas agroindustriais gerem menor impacto socioambiental.[75] A parte rural ainda é bem mais pobre que a urbana. Precisamos melhorar a infraestrutura para que a produção possa aumentar e ser escoada de maneira eficiente. Mais importante, o apoio ao desenvolvimento de novas técnicas continua sendo fundamental. Sem progresso tecnológico, continuaremos avançando sobre a Amazônia e o Pantanal com uma voracidade destrutiva. A Embrapa é muito importante nessa hora. Ainda assim, de todas as áreas do país, a agrícola é a que apresenta menos obstáculos para escaparmos da armadilha da renda média. Há produtividade a se ganhar, mas já colhemos os frutos que estão ao alcance de nossas mãos.

Não é coincidência que o setor agrícola seja o mais avançado no Brasil e também o mais aberto. Não obstante várias tarifas e barreira não tarifárias, a maior parte de nossa produção e consumo está relacionada ao exterior. Empresas exportam e produtos importados chegam aqui. Na agricultura, não estamos sozinhos no mundo.

---

[75] Zeidan, R.; Boechat, C.; Fleury, A. Developing a Sustainability Credit Score System. *Journal of Business Ethics*, n. 127, p. 283–296, 2015.

20. Nossa solidão e o bonde da história

"Teve uma época, quando meu pai ainda morava com a gente e não tinha muito emprego certo, que ele começou a dever aluguel. E a gente sempre recebia carta de despejo... Minha pesquisa de campo da zona norte foi dentro do caminhão de mudança."

Anderson França, o Dinho, escritor

No Brasil, a falta de confiança no sistema está no dia a dia, mas também no macrocenário. Criamos metas de inflação, lei de responsabilidade fiscal e, mais recentemente, a regra do teto de gasto, todas com o objetivo de tornar autoridades públicas mais previsíveis e confiáveis, para proteger o país da falta de confiança na palavra dos governantes. O Bolsa Família teve um impacto gigantesco porque gerou confiança: o indivíduo sabe que todo mês aquele dinheirinho vai "pingar" em sua conta, independentemente das oscilações da economia. A extrema pobreza não é só falta de renda, mas também de previsibilidade. Quem vive de "bico" sabe disso. Hoje, as famílias mais pobres podem se planejar minimamente, contando com aquele valor, ainda que baixo.

A Lava Jato é um caso interessante: ela tem o potencial de revolucionar o país se o nível de corrupção realmente diminuir e aumentar o respeito às regras e funcionamento das instituições. A tentativa esdrúxula de fazer uma "greve de juízes", evidentemente, só atrapalhou essa perspectiva. Como confiar em um Poder que trabalha sob a égide do "meu pirão primeiro"? Precisamos criar confiança em todos os níveis. Não há outra maneira de realmente sairmos da armadilha da renda média. Porém, estamos parados. O Brasil e a Argentina são dois dos países mais fechados do mundo. Isso significa barreiras comerciais despropositadas — ambos estão entre os países com menor relação de comércio de produtos: exportações mais importações *versus* PIB —, mas também uma resistência gigantesca à troca de ideias com os outros mercados. Neste capítulo, discutiremos o que pode acontecer com o Brasil se não mudarmos, e como melhorar a mobilidade social deve ser um objetivo prioritário, para depois vermos como, na verdade, tudo depende apenas de nós. Ao longo do livro, criamos as justificativas e um mapa para as reformas que tornariam nossa sociedade menos subdesenvolvida. Se não fizermos nada, porém, estaremos mal. Muito mal.

O "jogo da galinha"

No Brasil, já vimos que a produtividade não aumenta decentemente de maneira sustentada há mais de cinquenta anos. E a violência ceifa 60 mil pessoas por ano. Nos últimos vinte anos, foram mais de um milhão de assassinatos. Somos um país de renda média com uma das piores distribuições de renda do mundo. Precisamos mudar. E a inação não é uma opção, seja para o caso de conter o déficit público ou para diminuir a violência na sociedade.

Estamos perdendo o bonde da história. Temos sempre a ideia de que podemos nos recolocar nos trilhos. Não é verdade. O exemplo da reforma da Previdência nos anos 1990 ilustra isso bem. A mudança na idade mínima não passou por um voto, errado, do ex-ministro Antonio Kandir. Deixamos de fazer uma reforma completa há mais de vinte anos e estamos pagando muito caro por isso ainda hoje. Os anos 1980 foram a década perdida. Nos anos 1990, fizemos algumas reformas e finalmente acabamos com a inflação alta. Nos anos 2000, fora o Bolsa Família e algumas reformas microeconômicas, não fizemos muita coisa. A Lei de Responsabilidade Fiscal passou a ser desrespeitada e hoje não é mais o pilar de estabilidade que deveria ser. Estamos no final de mais uma década perdida. Pior, acreditávanos que estávamos na janelinha do avião quando a revista *The Economist* colocou o Brasil na capa decolando. Era um sonho. Enquanto isso, países ricos e pobres, de renda média, alta e baixa, entraram no tal bonde da história e nós ficamos de fora. E depois veio a outra capa da mesma revista mostrando o Brasil em queda livre. Agora, nos resta correr para tentar pegar o bonde de volta, mas precisamos correr muito atrás.

É duro sair Brasil afora e constatar como os problemas não são muito diferentes do passado. Na Dinamarca, a estação de trem, quinze anos atrás,

APELO À RAZÃO

estava jogada às traças. Era um lugar perigoso — para os padrões locais — e ninguém queria morar na região. Hoje, é uma das áreas mais dinâmicas da cidade. O contraste com as histórias opostas no Brasil — lugares que eram bons e decaíram — é dramático. E triste.

Como economistas, gostaríamos muito de saídas *first-best*: discutir políticas à exaustão, determinando formas de monitoramento e acompanhamento, criando grupos de controle e experimentais e escolhendo a melhor maneira de levar melhorias a todos. Esse seria o caminho ideal, mas não é realista. Estamos excessivamente atrasados para desenhar políticas no plano ideal. Qualquer ação que nos coloque na trilha certa já é um grande avanço. É por isso que a "Regra do Teto" do gasto público aprovada em 2016 é uma grande aposta. Ela tenta criar confiança na trajetória do déficit público, mesmo limitando o raio de manobra dos governos seguintes. Há risco de não funcionar, mas é o tipo de tentativa que precisamos fazer em uma sociedade genocida e discriminatória, presa na armadilha da renda média. Precisamos criar confiança em todos os níveis para sairmos do equilíbrio ruim no qual estamos presos. E às vezes é muito difícil mudar. Podemos ver isso no exemplo da reforma da Previdência, condição necessária para respeitarmos o teto de gasto. O governo nos colocou um dilema importante, conhecido em teoria dos jogos como "jogo da galinha" (*chicken game*). Galinha, aqui, vem da expressão em inglês que chama alguém sem coragem de galináceo. Aqui, talvez, o melhor talvez fosse denominar de "jogo do amarelão", mas mantemos o nome original.

As regras do "jogo da galinha" são simples e a aposta é alta: dois carros aceleram, um em direção ao outro, e o primeiro a mudar a rota perde. Se eles continuarem em linha reta, vão bater e muito provavelmente ambos os motoristas morrerão. É nesse jogo que, de certo modo, a Proposta de Emenda Constitucional (PEC) do Teto nos colocou. Estamos indo em linha reta contra o colapso fiscal. Se não fizermos nada, isso será catastrófico. Se nos desviarmos a tempo e fizermos novas reformas, com ênfase na previdenciária, poderemos nos dar bem.

Muitos países enfrentam crises previdenciárias, mas a situação do Brasil é única: a combinação de uma população com envelhecimento rápido, aposentadorias extremamente generosas e baixa idade mínima de aposentadoria é incomparável em relação aos países de renda média. Sob o atual sistema previdenciário no Brasil, por exemplo, a idade média de quem se aposenta pelo INSS por tempo de contribuição é de 54 anos. Uma mulher que tenha começado a contribuir aos 15 anos pode se aposentar aos 45 anos. Isso não apenas é ridículo, mas um crime contra o futuro. Essas regras frouxas são, em parte, responsáveis por um sistema previdenciário que consome mais de 50% de todas as despesas federais, uma vez descontadas as transferências para os outros entes federativos. Os gastos federais com benefícios — soma de INSS e pagamento a servidores federais inativos — triplicaram nos últimos trinta anos como proporção do PIB (Gráfico 32). E espera-se que aumentem ainda mais.[76] Nas condições atuais, as despesas com aposentadoria aumentarão mais de 3% a.a. em termos reais. Em momentos em que estamos dando os retoques finais neste livro, recebemos a informação de que em um estado brasileiro a justiça acaba de aposentar por invalidez uma funcionária pública de alto escalão presa em flagrante ao extorquir um contribuinte. Salário? R$ 27 mil. Idade? Trinta e cinco anos. Como inspirar a juventude para que acredite que o país terá futuro, com esses exemplos? Por vezes, o Brasil desespera.

Gráfico 32
Despesas federais com benefícios (% PIB)

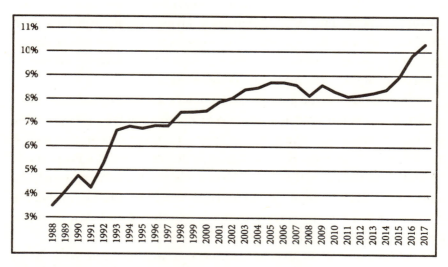

Fonte: Elaboração dos autores com base em dados do Ministério da Previdência Social, da Secretaria de Política Econômica e da Secretaria do Tesouro Nacional.

---

[76] O gráfico apenas soma as despesas com benefícios do INSS e servidores federais inativos, apresentadas em gráfico anterior em separado, ao tratar da relação entre as questões previdenciárias e fiscais.

Nos termos do jogo da galinha, dadas as condições atuais, na ausência de mudanças, o acidente será inevitável. Essa situação vem piorando há anos. As duas últimas reformas importantes foram sob os presidentes Fernando Henrique Cardoso e, depois, com Luiz Inácio Lula da Silva, em 2003, mas não abordaram a exigência de idade mínima para o INSS. A presidente Dilma Rousseff ignorou o desafio e inclusive contratou mais funcionários públicos. Em 2016, quando Michel Temer assumiu a Presidência na sequência do *impeachment*, o Brasil estava atolado em uma recessão profunda. A população estava sofrendo; o PIB diminuiu um total acumulado de 7% no biênio de 2015-2016; e o país apresentava um déficit público recorde. Reformar o sistema de aposentadorias seria a maior realização de seu curto mandato. Primeiro, tivemos a aprovação da legislação destinada a reformar a legislação trabalhista. Depois veio a Emenda Constitucional que congela o limite real do gasto até 2026 no nível de 2017.

A estratégia era de que um limite orçamentário rígido funcionaria como uma maneira de forçar que a reforma de aposentadorias passasse por um Congresso relutante e permitisse enfrentar o poderoso *lobby* dos funcionários públicos. Como a Constituição, após a aprovação da emenda citada, não permite aumento real da despesa total, e além disso as aposentadorias crescem pelo menos 3% a.a., se nada for feito, em termos reais, não haverá saída — ou o Brasil abraça a reforma ou enfrenta as consequências, que serão sombrias.

Se nada mudar, estimamos que o orçamento federal para outras despesas que não pessoal, benefícios previdenciários, saúde e educação teria que diminuir quase 20% em termos reais até 2026. Saúde e educação são protegidas pela nova regra do teto, mas todo o restante estaria em jogo. É difícil imaginar como a sociedade brasileira aceitará isso. Nossa conclusão é que, se nada mudar, a estrutura orçamentária atual acabaria por colapsar — e o teto acabará sendo "furado".

O problema é que credibilidade é fundamental para os resultados macroeconômicos. Voltar atrás sobre a regra do teto que acabou de ser aprovada em 2016 afetará o risco país e as taxas de juros reais de longo prazo — e, consequentemente, o investimento. O Brasil já tem uma das maiores taxas de juros do mundo, com taxas de empréstimos de até 50%; e os investimentos agregados são relativamente baixos em relação ao PIB, em torno de 16%.

Aqui estamos, no fio da navalha. Então, quais são os resultados potenciais do dilema atual do Brasil em relação à reforma da Previdência? O melhor cenário é: ela é aprovada em 2019 e a economia continua a se recuperar. Quem ganhar as eleições presidenciais continua a reformar o sistema, fazendo a tão sonhada reforma tributária, abrindo a economia e reduzindo a burocracia que faz do Brasil um dos lugares mais desafiantes para fazer negócios.

Dado esse cenário, no atual jogo da galinha, o que acontecerá se o gigantesco caminhão recheado dos crescentes custos previdenciários continuar a aumentar de velocidade, sem reforma à vista? Os milhões de brasileiros que dependem disso sofrerão na colisão que vai jogar cada um para um lado. Por isso, a reforma é essencial. Há quem defenda que a regra do teto não deveria ter sido criada antes da reforma da Previdência, mas sem querer entrar no mérito disso, não temos como retroceder na história. Não podemos mudar o voto do ex-ministro Kandir de vinte anos atrás, nem reavaliar a ordem das reformas propostas por Temer. Temos pela frente uma espécie de caminhão desgovernado representado pelo gasto público — e pela Previdência. Precisamos escolher o que faremos — e sem perder tempo.

O verdadeiro desenvolvimento

Parte de nossa solidão é o fato de que ainda somos uma Belíndia, com uma fração da sociedade com o tamanho da população da Bélgica tendo qualidade de vida europeia e um contingente gigantesco, relativamente do tamanho da Índia, com qualidade de vida indiana. Embora tenhamos deixado um pouco de ser a Índia, a criação de Edmar Bacha continua retratando a realidade do país. Com um agravante: a Índia está crescendo muito mais rapidamente que nós — e deixando seu passado para atrás. Precisamos discutir o impacto da desigualdade na qualidade de vida dos brasileiros, porque não há como buscar saídas sem olhar para a parte da Índia de nossa sociedade.

O crescimento econômico é uma condição necessária, mas não suficiente, para a prosperidade. A "teoria do bolo", a de que primeiro devemos fazê-lo crescer para depois reparti-lo, simplesmente não funciona. A desigualdade de renda, quando é muito alta, destrói o bem-estar. Aumentos seguidos, cumulativamente, esgarçam o tecido social. Em várias partes deste livro discutimos o tema da eficiência e de como novas reformas podem tirar o Brasil da situação em que se encontra. Reformas como a tributária são essenciais, mas precisamos completar a busca por eficiência com a análise dos impactos distributivos e ambientais do que propomos. Políticas econômicas não têm efeitos neutros sobre a distribuição de renda e o meio ambiente. Medidas bem elaboradas podem tirar as pessoas da pobreza, mas, quando mal implementadas, impedem os mais pobres de avançar.

A distribuição de renda é multidimensional. Ela decorre das interações do mercado de trabalho, mas é também afetada por variáveis como inflação, riqueza da família, taxa de acumulação de capital humano, perfis de poupança, tributação, dados demográficos, taxa de inovação e a quantidade de "seguros contra choques" — imprevistos — que as pessoas têm. Ao contrário de outras variáveis econômicas que, ao mudar, causam inequivocamente uma melhora ou uma piora, dependendo de sua direção, nem todo aumento na desigualdade é ruim para a sociedade.[77] A desigualdade também se move em uma escala de tempo diferente de outras variáveis dos ciclos econômicos. A maneira mais conhecida de medir a desigualdade é por meio do coeficiente de Gini.[78] Em geral, ele muda quase imperceptivelmente no curto prazo. Pode levar décadas para que os países se tornem mais ou menos desiguais.

Infelizmente, combater a desigualdade não foi uma prioridade no passado, na maioria dos países. Em vez disso, o crescimento, o emprego e a inflação geralmente eram as questões de primeira ordem e, na maioria dos países, a antiga ordem distributiva permanece. No entanto, para o mundo rico e para todos os países que não querem ficar presos na armadilha de renda média, a questão da desigualdade está agora na vanguarda das preocupações. O principal problema com a desigualdade é que não conhecemos

---

[77] Convém esclarecer melhor este ponto. Em uma sociedade na qual todos ganham exatamente a mesma coisa, não haveria maiores incentivos para o esforço e a criatividade individuais para produzir mais. Nesse caso, algum aumento da desigualdade pode prover os incentivos adequados para uma economia mais eficiente.

[78] O coeficiente de Gini — nome associado a Corrado Gini, que publicou pela primeira vez seu artigo sobre o tema em 1912 — é um coeficiente que vai de um nível 0, que representa uma situação de plena igualdade, até 1, que corresponde ao caso teórico de ter uma única pessoa se apropriando de toda a renda do país. Quanto maior o índice, maior a desigualdade. Em geral, tenta-se reduzir o indicador — nem sempre se consegue.

o melhor curso de ação. Alguns países estão experimentando uma renda básica universal e outros tentam agir com uma tributação mais progressista. Não existe uma solução simples para esse problema complexo.

O que sabemos é que o Brasil continua na vanguarda do atraso, mesmo com o impacto favorável do Bolsa Família. Entre os dez países com pior distribuição de renda do mundo, estamos juntos com Panamá, Colômbia, Honduras e Haiti, todos cercados por países africanos, como podemos ver na Tabela 16.

Tabela 16
Os dez melhores e dez piores países em termos de desigualdade de renda (coeficiente de Gini), 2010

País	Desigualdade baixa — melhores do mundo	País	Desigualdade alta — piores do mundo
Ucrânia	0,25	Guiné-Bissau	0,51
Eslovênia	0,25	Ruanda	0,51
Noruega	0,26	Panamá	0,52
República Tcheca	0,26	Brasil	0,53
República Eslovaca	0,27	Colômbia	0,54
Islândia	0,27	Lesoto	0,54
Suécia	0,27	Honduras	0,55
Bielorrússia	0,27	Zâmbia	0,56
Cazaquistão	0,27	Haiti	0,61
Finlândia	0,28	África do Sul	0,63

Fonte: Banco Mundial.

Muitas pessoas confundem as implicações das desigualdades de distribuição da riqueza e da renda. Os economistas não se preocupam muito com a primeira porque é a segunda que destrói o bem-estar social. A mídia geralmente usa os termos "desigualdade de renda" e "desigualdade de riqueza" de modo intercambiável. Um artigo do *Financial Times* publicado em janeiro de 2016 cometeu esse erro no título de uma matéria sobre desigualdade, ao dizer que: "A desigualdade de renda da China é uma das maiores do mundo. O quartil mais pobre das famílias possui apenas 1% da riqueza total do país." A desigualdade de renda da China não é tão ruim quanto o título do artigo retrata.

O coeficiente de Gini da maioria dos países está no intervalo de 0,2 a 0,7. No caso chinês, o coeficiente de Gini era de 0,49 por volta de 2015, alinhado com muitos países de baixa renda. A desigualdade da riqueza da China, no entanto, é muito alta. O país tem mais bilionários do que os EUA e o 1% mais rico detém 13% da riqueza no país. Novamente, isso não é um problema importante. Já a desigualdade de renda é, de fato. Embora a China não esteja entre os países mais desiguais do mundo, não está muito longe dos campeões da desigualdade. No entanto, a crescente desigualdade de renda da China é, em grande parte, um reflexo de um crescimento mais rápido da renda entre os padrões de vida ricos e não da estagnação entre os mais pobres.

Estabelecer o contexto para a análise é especialmente importante na avaliação da desigualdade de renda. Não devemos cair na armadilha de números impressionistas. Por exemplo, a taxa de desemprego é um número de fácil interpretação — uma taxa de 4% significa, na prática, pleno emprego, enquanto 24% significa um mercado de trabalho esclerosado no qual é muito difícil encontrar trabalho.[79] Isso vale para qualquer país. Contudo, as comparações entre os coeficientes de Gini não podem ser desassociadas do nível de desenvolvimento do país e de sua taxa de pobreza. A desigualdade de renda é uma questão cada vez mais relevante nos países desenvolvidos, apenas porque o crescimento está estagnado ou está beneficiando alguns grupos em vez de outros. Nos países pobres, a desigualdade de renda causa sofrimento social porque a combinação de pobreza e desigualdade é geralmente o resultado de um processo contínuo em que as elites extraem recursos e valor do restante da sociedade. América Latina e África têm

---

[79] Pode parecer estranho denominar um desemprego de 4% de "pleno emprego". O que ocorre é que ele capta a situação de pessoas em trânsito entre um emprego e outro, que sempre existem e que não encontram emprego imediatamente. Isso não é um problema social, porém, porque ninguém passa por momentos dramáticos ficando trinta ou sessenta dias desempregado. O drama social é quando o indivíduo bate na porta das empresas por dois, três, quatro, cinco meses ou mais e não consegue ocupação. Nesses casos, as taxas são bem maiores que 4%.

muitos exemplos de elites enraizadas que impedem os países de se desenvolver. Nossa elite tem se preocupado, de um modo geral, em como extrair cada vez mais recursos, direta ou indiretamente, em vez de procurar saídas para o país melhorar.

A desigualdade de riqueza mede as diferenças na propriedade de ativos financeiros e não financeiros, enquanto a desigualdade de renda avalia a disparidade salarial, em grande medida. Não obstante o fascínio de possuir mansões, iates e carros de luxo, a maioria das pessoas, incluindo autoridades públicas, não tem muitos motivos para se preocupar com discrepâncias na riqueza. A acumulação de riqueza não tem efeito negativo sobre o bem-estar social agregado, a não ser que seja fruto da extração de recursos de todos.

Para quem gosta de demonizar empresários, qualquer riqueza é fruto da exploração da sociedade por um pequeno grupo de pessoas. Nós não subscrevemos esse tipo de análise maniqueísta. A maioria das empresas é composta de famílias que encontram em seu negócio, seja um restaurante ou um pequeno armazém, uma chance de prosperar. O que realmente traz bem-estar é ter rendimentos previsíveis e não muito instáveis, que permitam o sonho da classe média — uma boa educação, uma casa, férias uma vez ao ano e uma aposentadoria razoável. Para a maioria das pessoas no mundo, uma renda que representasse uma vida digna é um sonho quase inalcançável. Precisamos mudar isso.

A desigualdade de renda é dinâmica e seu impacto no bem-estar social se altera ao longo do processo de desenvolvimento. À medida que os países se tornam mais ricos, a desigualdade de renda primeiro aumenta, e, na medida em que os países enriquecem, a discrepância entre a renda dos mais pobres e dos mais ricos tende a cair. Esse processo é chamado de "curva de Kuznets", em honra a Simon Kuznets, que foi quem primeiro descreveu o processo na década de 1960. Na década de 1970, o padrão de desigualdade de renda da China era semelhante à pobreza disseminada hoje pela Índia — desigualdade bem baixa, porque a maioria das pessoas era muito pobre. A desigualdade aumentou na China ao longo dos anos 1990 e 2000, à medida que o país passou de uma sociedade agrária pobre para se tornar uma potência industrial. A crescente desigualdade é natural quando os países deixam a pobreza e atingem um *status* de classe média inferior. No entanto, se ela

APELO À RAZÃO

continuar a aumentar à medida que a China se desenvolve, então deverá se tornar uma questão cada vez mais relevante na sociedade chinesa.[80]

Infelizmente, no Brasil não respeitamos nem a curva de Kuznets. Sempre tivemos imensa desigualdade econômica, e isso não mudou com a chegada do século XXI. Apenas tivemos um breve respiro na década passada. A era de ouro do comércio, que para os países pobres foi o resultado do "superciclo" das *commodities*, gerou crescimento para todos, mas principalmente para os mais pobres. A desigualdade caiu em toda a América Latina, uma das áreas mais desiguais do mundo. O inverso aconteceu em áreas ricas do mundo, como a Europa Ocidental e os EUA, onde os trabalhadores altamente qualificados se beneficiaram mais com a globalização. A prosperidade em todo o mundo disfarçou os conflitos distributivos — quando um país cresce rapidamente, as pessoas não se importam muito com a desigualdade, se sua qualidade de vida aumenta. Esses conflitos só vieram à tona quando a crise financeira, muito maior que uma "marolinha", enfraqueceu as economias em todo o mundo e quando a grande recessão brasileira, de 2015 e 2016, levou de volta à pobreza um grande contingente de pessoas.

Os conflitos distributivos prejudicam o tecido social. No início dos anos 2000, na Europa, a migração era considerada a solução para o envelhecimento da população. Os políticos espanhóis patrocinaram campanhas de "mude-se para a Espanha" na América Latina para atrair trabalhadores jovens, independentemente do seu grau de escolaridade. Após a crise, no entanto, alguns países europeus começaram a se mover para o terreno da xenofobia. Em 2016, o *Brexit* e a eleição de Donald Trump foram influenciados pelo medo da imigração. Em ambos os casos, trabalhadores da classe média e pouco qualificados se sentiram privados de direitos pela globalização

---

[80] Há um exemplo clássico dado pelos professores do curso de Desenvolvimento Econômico na aula sobre distribuição de renda, para explicar por que este não pode ser um valor *per se*. Imagine-se um caso inicial em que um indivíduo A ganha 10, enquanto o indivíduo B tem uma renda de 100. Agora imaginemos a passagem para dois tipos de situação, em um momento posterior. Na situação 1, tais rendimentos caem para 9 e para 80, respectivamente, enquanto na situação 2 eles aumentam para 11 e para 120. Observe-se que na situação 1 a renda de A caiu 10%, e a de B, 20%, enquanto na situação 2 tais variações são nos mesmos percentuais, porém positivos. Em outras palavras, na situação 1 a distribuição de renda melhorou — porque o indivíduo "rico" perdeu mais renda que o "pobre" — enquanto na situação 2 ela piorou. Não é preciso pensar muito, porém, para concluir que B prefere naturalmente a situação 2 à 1, porque ele prefere ganhar 11 e não 9, apesar de que, no caso em que ganha mais, a renda apropriada por ele diminua em relação à renda total.

e pelo tipo de resposta das autoridades europeias e norte-americanas contra a recessão provocada pela crise financeira.

Da mesma maneira que os ciclos políticos criam incentivos para políticas macroeconômicas anticíclicas, uma pior distribuição de renda corrói o bem-estar e aumenta a probabilidade de políticas populistas que possam piorar as coisas no longo prazo. Reformas como as que propomos devem gerar benefícios maiores para os mais pobres, para que sejam sustentáveis.

Mobilidade social e desenvolvimento para todos

Até agora, discutimos a pobreza como uma característica comum dos mercados emergentes, assumindo que seus efeitos se espalham uniformemente em toda a população. Não é bem assim, porém, na realidade. Na maioria dos países, mesmo os ricos, a pobreza e a desigualdade estão concentradas em certos grupos. Os cidadãos aborígines são mais pobres do que os outros australianos; os afro-americanos têm a maior taxa de pobreza nos EUA; e as mulheres enfrentam inúmeros constrangimentos para obter melhor renda na maior parte do mundo. Às vezes, os privilégios estão tão arraigados que se tornam lei. Em 1972, o governo de Hong Kong, onde a terra é a mais cara do mundo, decretou uma política de pequenas casas: os aldeões masculinos têm o direito de construir uma residência de até três andares em um terreno em sua aldeia ancestral e, se eles não têm terra própria, podem comprá-la do governo com desconto. Porém, esse tipo de privilégio não é nada em comparação com o pior caso de tratamento desigual no mundo: quando governos e os próprios membros da família sancionam a mutilação/ corte genital feminino de meninas e mulheres. Embora tenha diminuído, no Mali três em cada quatro meninas entre 0 e 14 anos foram mutiladas e, em alguns países, não há lei que restrinja a prática.

Dinamicamente, a desigualdade de renda é um problema menor quando a mobilidade social é alta, as pessoas têm acesso à educação e são livres para prosseguir suas carreiras. Em todo o mundo, contudo, isso nunca foi o caso. A discriminação de gênero é real e destrói o bem-estar social. Ela pode ser relacionada à identidade — os relacionamentos homossexuais são criminalizados em aproximadamente setenta países — ou se apresentam como práticas sutis na educação nacional ou no local de trabalho.

Mesmo que nos países ricos não haja grande disparidade de gênero no acesso ao ensino superior, as normas sociais influenciam as escolhas da carreira e podem alocar o trabalho de maneira subótima. Jaegeum Lim e Jonathan Meer usam dados de escolas intermediárias na Coreia do Sul e mostram que as estudantes do sexo feminino ensinadas por professoras em vez de professores têm notas maiores em testes padronizados em comparação com estudantes do sexo masculino, mesmo cinco anos depois.[81] Eles também afirmam que aulas com professoras de matemática aumentam a probabilidade de as estudantes seguirem a carreira de matemática ou ciências. Infelizmente, não está claro como essas descobertas devem moldar as políticas públicas. Os países devem promulgar ações afirmativas para pessoas menos privilegiadas e de diferentes etnias? Devemos ter uma quota para as mulheres nos conselhos de empresas públicas? Muito mais claro é o caminho para reduzir a discriminação de gênero e étnica em grande parte do mundo em desenvolvimento. As leis que garantam direitos iguais às mulheres, LBGTT e pessoas de diferentes origens étnicas devem ser seguidas por todos os países.

Educação e novas ideias

Somos fechados a novas ideias. Já ouvimos várias vezes, de colegas acadêmicos, que o melhor é publicar em português. Afinal, segundo essa opinião, não deveríamos copiar os "gringos" e teríamos que criar Ciência para o Brasil e "descolonizar" o país, criando conhecimento para a sociedade brasileira. Entendemos esse argumento. Realmente, pagamos até hoje muito caro por vários aspectos da colonização. Sempre carregaremos a vergonha de termos sido o último país do mundo a abolir a escravidão, mas não dá para caminharmos sozinhos e nos fecharmos para o mundo. Até a China bancou a ideia de uma universidade americana ensinando a elite do país, em inglês, dentro de suas bordas. Enquanto isso, no Brasil, um dos autores foi proibido de escrever sua tese de doutorado em inglês — "você está sendo financiado por recursos públicos brasileiros e deve escrever em português", disse o diretor do departamento.

---

[81] Lim, J.; Meer, J. Persistent effects of teacher-student gender matches (No. w24128). National Bureau of Economic Research, 2017.

Nada ilustra melhor nosso isolamento e nossos dilemas que a conversa de um dos autores com um fazendeiro em Campo Grande, Mato Grosso do Sul, participante de um curso avançado de educação para executivos. Bem-sucedido, ele tinha orgulho do que construíra ao longo de décadas, com vários funcionários que o acompanhavam havia muitos anos. O tipo de empresário que queremos que floresça no Brasil, que combina trabalho duro, vontade de aprender e arriscar e divide parte dos ganhos com a sociedade, indiretamente, por meio de impostos, ou diretamente, com seus funcionários. De fato, ele havia sido o primeiro empresário da região a pagar bônus significativos para todos os funcionários da fazenda. Se, por um lado, ele estava na fronteira da profissionalização no Mato Grosso do Sul, por outro estava em conflito com seu filho, que queria estudar no exterior. Afinal, segundo o fazendeiro: "E se ele não quiser voltar? Como é que fica o futuro da empresa?"

Essa frase revela muito sobre o empresário brasileiro. Primeiro, ele coloca uma importância maior na empresa do que na família (aqui preferindo que a empresa continue nas mãos do filho em vez de pensar o que seria melhor para este). E segundo, o estrangeiro o assusta. Seja pela "invasão" dos investimentos europeus, a competição dos produtos chineses ou mesmo a troca de ideias com o restante do mundo. O Brasil já sofre *brain drain*, ou seja, o processo de "roubo" — drenagem — de cérebros do país para nações que oferecem maior estabilidade institucional e oportunidades. Temos que sair de nossa caixinha e nos tornarmos um país com pilares institucionais e oportunidades que possam passar a atrair algumas das boas mentes do mundo — e as brasileiras que estão fora — e não ficar com medo de os filhos irem para o exterior.

Essa mentalidade de isolamento está errada. Não há país do mundo que se desenvolveu sem livre fluxo de ideias e ações. Todo o projeto da União Europeia tinha como conceito central a convergência, fazendo com que os países mais pobres melhorassem institucionalmente ao entrar na insitituição. Ao adotar as regras e modelos do restante dos países do continente, qualquer entrante acabaria por se desenvolver. Isso funcionou até 2008. Portugal, Espanha e Grécia saíram do grupo de renda média para melhorarem de vida. A crise financeira global teve impacto tão profundo, porém, que causou um desalinhamento de interesses. Mesmo assim, o projeto ainda se mantém com a ideia central de instituições robustas. Ele falhou, em parte, pela soberba europeia de achar que bastava entrar no grupo exclusivo da União Europeia que os países melhorariam quase automaticamente. Os políticos e a burocracia gregas falsificaram seguidamente dados de déficits públicos para supostamente obedecer aos cânones do Tratado de Maastricht. As autoridades europeias faziam vista grossa. Isso explodiu na cara dos europeus após a crise.

No meio de uma depressão econômica — funcionários públicos tiveram cortes permanentes de até 50% nos salários e o desemprego atingiu mais de 20% —, o primeiro-ministro grego convocou um plebiscito. Na prática, a questão era se o país deveria ou não permanecer na União Europeia. Como disse um colega grego que teve seu salário cortado à metade, o problema do plebiscito é que nele havia duas questões fundamentalmente contraditórias. Se a pergunta fosse apenas "Você é a favor da austeridade?", a resposta seria um esmagador "Não", mas se fosse simplesmente "Você quer que o país fique na União Europeia?", então a resposta seria um retumbante "Sim". Nesse caso, a União Europeia funcionou como mecanismo de credibilidade — ficar nela significava botar a casa em ordem, ainda que a um custo muito alto. Foi surpreendente a maneira como os gregos votaram. Reconheceram que a crise, embora muito pesada, não significava que deveriam se isolar. Votaram para continuar na União Europeia. Afinal, melhoras institucionais não se fazem da noite para o dia.

Na Dinamarca, a sociedade entende que sacrifícios devem ser feitos e a idade de aposentadoria aumentará para 67 anos em breve. Em um país rico! Já no Brasil, vale a regra do "meu pirão primeiro". Ninguém quer abrir mão de nada. Nosso capitalismo é tão primário e primitivo que as empresas também ficam pedindo proteção o tempo todo.

Precisamos de um novo pacto social em favor da educação, no qual façamos investimentos de verdade em treino e seleção dos melhores professores, mas que também passe por permitir a demissão daqueles que destroem valor da sociedade — já vimos que há simetria em relação à qualidade dos professores, com os ruins destruindo tanto valor quanto o gerado pelos bons. Infelizmente, não há uma quantidade grande de bons professores em potencial que estejam disponíveis para que simplesmente substituamos os professores ruins. Precisamos começar a investir, rapidamente, na formação e retenção de bons profissionais.

Opinando sobre nosso vizinho, Alejandro Katz, ensaísta argentino, disse há poucos meses: "A Argentina é um país razoavelmente medíocre, para quem é muito complicado lidar com a própria mediocridade, uma vez que possui crenças muito enraizadas que a levam a supor que deveria ser algo muito melhor do que de fato é." E acrescentou: "Os atores coletivos da Argentina julgam que merecem mais do que têm, o que coloca o país em uma situação de estresse permanente, pelo fato de que aquilo que ele produz não pode satisfazer às expectativas coletivas. Isso orienta práticas predatórias, para capturar a renda de outros setores ou parte da riqueza futura." O próprio Mauricio Macri, ainda na campanha eleitoral de 2015 para a Presidência da República, já havia expressado que "o desafio da Argentina é fechar o hiato entre o que somos e o que podemos ser". Infelizmente, estamos em situação parecida.

Suicídio em *slow motion*

Outro argentino, o jornalista Joaquín Morales Solá, tem uma ótima frase para definir os limites das políticas inconsistentes: "O populismo requer uma condição: precisa de muito dinheiro. O populismo sem talão de cheques não tem destino." Por isso, poucas semanas depois de assumir o cargo de ministro da Fazenda de Dilma Rousseff, Joaquim Levy, em 2015, sentenciou o que viria a ser um divisor de águas em relação às políticas adotadas até então: "O dinheiro acabou", disse. A regra do teto do gasto público aprovada em 2016 corresponde à formalização dessa situação.

É difícil escapar da conclusão de que no Brasil podemos estar incorrendo em uma espécie de "suicídio em *slow motion*". Da mesma maneira que o desenvolvimento é obra de décadas, o subdesenvolvimento também é: não se chega a uma tragédia da noite para o dia. A Síria está destruída por uma guerra terrível, mas que já dura anos. A Venezuela, que na década de 1980 era um país em muitos aspectos melhor que o Brasil, hoje padece com uma crise humanitária dramática em matéria de indicadores econômicos e sociais, depois de anos de descalabro.

Pior, pois para os mais pobres parece não haver saída. Um dos melhores ensaístas contemporâneos, Anderson França, o Dinho,[82] revelou como é

---

[82] Não recomendamos muitos outros livros aqui, mas com certeza vale a leitura de *Rio em shamas*. São Paulo: Companhia das Letras, 2016.

difícil fazer escolhas em um ambiente institucional que faz todo o possível para marginalizar os mais pobres. Ele saiu da favela para ser razoavelmente bem-sucedido hoje, mas durante seu caminho teve que dizer não ao dinheiro fácil do tráfico, mesmo quando faltava comida na mesa de casa; precisou aceitar dinheiro da mãe, que trabalhava em mais de um emprego para tentar fazer com que a família sobrevivesse e pudesse prosperar, mesmo sabendo que aquele dinheiro fazia muita falta a ela; teve que encarar jornadas de trabalho extenuantes para pagar seu curso, ainda que isso significasse chegar esgotado na instituição de ensino. Como ele disse em uma entrevista à revista *Trip*: "Comecei a trabalhar com minha mãe na rua vendendo de tudo, roupa, bolsa, arranjo de flor, calcinha e sutiã... Ela vendia para outras nordestinas que trabalhavam nos supermercados como caixas e empacotadoras. E eu ajudava. Então, entrei no ensino médio com muita dificuldade de aprendizado."

Para quem é classe média alta ou rico, o caminho é muito mais fácil. Precisamos mudar essa realidade e criar uma sociedade inclusiva. O que será do Brasil na década de 2030, quando a geração de nossos filhos estiver em plena maturidade? Escolhas têm consequências — na vida das pessoas e dos países também. Erros históricos do Brasil no passado, como nosso descaso com a educação, a lei de informática etc., custaram muito ao país. As raízes da decadência argentina estão nos equívocos crassos do populismo pós-1945. Já outros países fizeram reformas institucionais importantes e muito positivas. Espanha e Portugal acertaram ao se integrar à comunidade europeia nos anos 1970 e 1980, melhorando instituições, reduzindo a pobreza e universalizando o ensino de qualidade — e hoje têm problemas que se assemelham aos de países ricos. Não precisamos "copiar" os outros, mas temos que trilhar um caminho nosso que traga políticas inclusivas, um Estado eficiente e abertura à competição, vencendo os *lobbies* dos grupos de interesse.

O Brasil está em uma espécie de encruzilhada, em uma dessas situações na qual se define o destino da nação. As escolhas da Inglaterra ao resistir à Alemanha em 1940 moldaram seu futuro. O Brasil, por sua vez, em 1994, com a estabilização, deu uma guinada importante. Dependendo do que fizermos nos próximos anos, teremos pioras sucessivas ou melhoras incrementais. A realização ou não de reformas — com destaque para as novas regras para a Previdência, a reforma tributária e a abertura da economia — terá um papel-chave nisso.

Conclusão:
O futuro a nós pertence

"Nem tudo que se enfrenta pode ser transformado, mas nada que não é
enfrentado será modificado."

James Baldwin, escritor

No começo deste livro, mencionamos a história de duas famílias, Siqueira e Souza, e como nossa sociedade falhou, mesmo eles estando entre os menos desfavorecidos do país. Infelizmente, não há saída fácil para nossos problemas. Tentamos, ao longo deste livro, criar as condições para um Brasil 3.0, sairmos da Idade Média em alguns quesitos e em outros nos tirar dos séculos XIX e XX, onde estamos parados na maior parte das áreas.

Em sua riquíssima narrativa de 2017 sobre as origens da música brasileira, Lira Neto afirma que

a busca contínua por legitimação social e reconhecimento público levaria Hilário Jovino a ingressar na Guarda Nacional (...) Seus integrantes continuavam a desfrutar de relativo prestígio honorífico. Para ter acesso aos quadros da entidade, havia dois caminhos básicos: o do dinheiro e o do apadrinhamento. As patentes mais elevadas — sobretudo a de coronel — podiam ser simplesmente compradas por pretendentes de maior poder aquisitivo, enquanto os praças e oficiais subalternos eram nomeados por indicações superiores. Uma vez incorporado, o integrante da Guarda Nacional dispunha da prerrogativa de não poder ser preso por policiais de patente inferior a sua. Isso levou muitos capoeiristas a procurarem refúgio em suas fileiras, arregimentados como cabos eleitorais por chefetes políticos.[83]

A transcrição se refere ao final do século XIX e ali, em poucas linhas, está um verdadeiro compêndio de alguns de nossos piores vícios nacionais: o papel do "prestígio honorífico"; o peso do apadrinhamento; a função dos "atalhos" para "driblar" os caminhos formais; a corrupção; a existência de prerrogativas especiais para algumas categorias; o entrelaçamento dos "chefetes políticos" com práticas *non sanctas*; e a dependência, pela elite, do Estado. A dependência, sempre ela. O medo de ficar sem ambos, sem a dependência e sem o Estado. Nas palavras de Luiz Felipe Pondé, "o Brasil é um país que cultiva a dependência. Preferimos perder com alguma segurança a correr o risco de ganhar mais".

Bem ou mal, e durante décadas, deixamos de ser um país bárbaro, arcaico, carente de qualquer integração, com um analfabetismo avassalador e inteiramente dependente do cultivo dominante da época, para sermos a oitava economia mundial, saindo da renda média baixa para a renda média alta. O país construiu uma história de relativo sucesso nos quase cem anos posteriores àqueles tempos que o Lira Neto retrata.

O problema é que esse Brasil acabou — e o país ainda não se deu conta disso. Estamos ficando para trás. O número de países que tem nos deixado "comendo poeira" só aumenta. Foi-se o tempo em que, com nosso progresso ainda fresco, fazíamos piada sobre Portugal e o atraso da vida dos portugueses que moravam no interior, onde o tempo parecia ter parado. Hoje, algumas de nossas melhores cabeças migram para lá — Lisboa é uma das capitais mais dinâmicas da Europa (por ter se aberto ao mundo) e o interior de Portugal só evolui.

Neste último capítulo de nosso diálogo com o leitor, deixamos duas mensagens, aparentemente díspares, quase opostas, mas que falam entre si — na verdade, seriam quase duas mensagens siamesas.

A primeira é: não nos enganemos — sem mudanças, nosso futuro será sombrio. Não vamos tergiversar: precisamos de uma terapia de choque — no

---

[83] Lira Neto. *Uma história do samba*. São Paulo: Companhia das Letras, 2017. p. 154.

sentido metafórico, já que essa é uma prática abolida na psiquiatria. Estamos mergulhados na pasmaceira, debatendo bovinamente irrelevâncias, quando o restante de nossas vidas dependerá de questões que dificilmente conseguem espaço na pauta jornalística, na conversa de família, no papo do boteco. A imagem é ruim, o sentimento é triste.

Por outro lado, a segunda mensagem é: o futuro só depende de nós. Não somos como a Síria, devastada por uma guerra desumana, que não poderá se reerguer em uma geração. Não vivemos tragédias como a venezuelana. Não somos o Haiti ou o Sudão do Sul, onde a pobreza é tão grande que precisaríamos garantir mínimas questões de sobrevivência antes de pensar em desenvolvimento. Ou a Turquia, que começava a fazer uma aposta na integração com a Europa para dar o salto para o desenvolvimento, mas resolveu trilhar um caminho oligárquico e fundamentalista. Não há obstáculos insuperáveis no nosso caminho. O futuro a nós pertence.

É sobre isso que trata esta nossa despedida. Do contraste de percepções e de ânimos entre esses dois sentimentos que acompanham os autores o tempo todo. De um lado, a percepção de que estamos perdendo tempo, de que o país precisa ser sacudido por uma onda de modernidade e a agonia que é constatar a lentidão paquidérmica com que nos movemos. De outro, a mistura com o reconhecimento de que a saída da crise está ao alcance de nós e só depende do Brasil. Que é viável. E que pode estar mais próxima do que imaginamos se o país fizer as coisas certas.

O país do futebol — que ignora suas lições

Em nosso país — e a origem disso está magnificamente retratada por Buarque de Holanda em *Raízes do Brasil* —, todos almejam o sucesso. Porém, na concepção e na lógica comportamental de uma parte importante da sociedade, ele depende muito mais dos contatos certos que do esforço individual ou coletivo. Entre outras coisas, porque neste caso ele demanda tempo. Como diz Eduardo Gianetti, "há sociedades que parecem abrigar a vocação do crescimento, mas sem a vocação da espera".

Poucas coisas simbolizam mais esse desprezo pelo que em *Raízes do Brasil* se qualificava como "esforço lento, pouco compensador e persistente, sem perspectivas de rápido proveito material", do que o cântico entoado a modo de grito de guerra pelos estudantes em frente à reitoria de uma das universidades federais, em uma paralisação recente por falta de verbas: "Da aula eu abro mão/Eu quero é salário, moradia e bandejão." Um grande símbolo do imediatismo.

Ao mesmo tempo, em um governo que procure advogar em favor da competição e que faça disso uma verdadeira catequese, no país do futebol haveria uma boa base para que todos entendessem o que está sendo proposto. E o que está sendo proposto? Investir nos esforços de longo prazo — e na competição. Todo mundo sabe que um jogador que vai para a Europa será mais competitivo e melhorará como jogador. Foi assim, por exemplo, com Romário, com Ronaldo Fenômeno e, mais recentemente, com Neymar. Todos no Brasil entendem e aceitam essa lógica. Não há nada de exótico, portanto, em tentar explicar para o cidadão comum que, da mesma maneira que no esporte, também a economia se beneficia de um ambiente de maior competição.

Mudar essa mentalidade exige uma liderança pedagógica, que use a força da comunicação em favor do convencimento da necessidade de uma mudança de mentalidade. A idiossincrasia nacional tem medo da competição: entre indivíduos, entre empresas e entre países. No entanto, a competição é a base do progresso. É ela que move o mundo.

Elite: a falta que ela nos faz

Em países como os de nossa época, as elites são multifacetadas, representadas não apenas pelos milionários, mas também pelo professor universitário, pelo empresário (ainda que fature modestamente), pelo médico que ganha líquido R$ 25 mil por mês após pagar sua secretária, seu assistente e o aluguel do consultório, pelo funcionário de um banco público etc. Todos eles são elite. Em outras palavras, a elite somos nós.

A história nos ensina que elites podem ser predatórias, omissas ou colaborativas e participativas. Em um país onde 80 ou 90% das pessoas têm que lutar para garantir sua sobrevivência e não têm tempo para se dedicar às causas coletivas, é difícil imaginar que as iniciativas para sair da crise proliferem nesse meio. É dos grupos com maior disponibilidade de tempo para pensar nas grandes questões nacionais e com maiores condições de conhecer melhor as soluções técnicas que cabe esperar uma atitude ativa mais despojada na construção de soluções coletivas.

A elite tem um papel, portanto, a desempenhar na definição dos rumos de um país, seja participando no debate, propondo soluções ou, eventualmente, se candidatando ao exercício dos cargos públicos de maior relevância. Fernando Henrique Cardoso como sociólogo, Angela Merkel como cientista, Sebastián Piñera ou Mauricio Macri como empresário ou ministros pertencentes à aristocracia conhecidos originalmente em suas áreas de atuação representaram casos de membros da elite que transitaram rumo ao centro decisório. Trata-se, porém, de situações individuais, que é importante que sejam emulados por mais pessoas, independentemente do fato de que obviamente poucas são as que têm a possibilidade de alcançar grau tão elevado na "carreira". Não estamos pregando acesso exclusivo na política de membros da elite, mas que nós, da elite, não podemos fugir dessa responsabilidade.

Aqui no Brasil, se chegamos à situação dos últimos anos, foi em parte pela falência das elites. Elas não estiveram à altura do desafio histórico representado pela situação difícil que o país viveu neste século. Houve uma bajulação intensa aos grupos dominantes, nos anos que um argentino qualificaria de *plata dulce*: muita adulação a quem estava no poder, escasso senso crítico e uma grande, enorme omissão — quando não cumplicidade — em relação às práticas escusas anos depois escancaradas pela Operação Lava Jato. Quando o país precisou que o que quase leva o Brasil ao abismo fosse contido, a elite falhou. Agora, chegou o momento de encarar o futuro com uma nova perspectiva, sem os vícios do passado e com outra postura, mais participativa e mais profissional.

Inclusão em um país multifacetado

Quando reclamamos de nossa elite pífia, isso não quer dizer que a saída do país deve ser de cima para baixo. Ao contrário. Parte da falha de nossa elite é seu encastelamento, o fato de que, em um país continental multifacetado, quando nossa elite age, o faz para primeiro proteger seus direitos — na verdade, privilégios —, ignorando a maior parte da sociedade que não tem voz no futuro do país.

Pior, nossas elites caem frequentemente na falácia da meritocracia — a ideia de que basta esforço individual para que todos possam escapar da pobreza. Não há nada pior que a falta de consciência de como é difícil ser pobre no Brasil. É ainda mais difícil quando a dinâmica de poder favorece homens brancos. Em qualquer lugar do mundo, mesmo na Dinamarca, ser da elite significa que é mais fácil continuar nela. Mas em nenhum lugar isso é tão fácil como no Brasil. Afinal, já tivemos capitanias hereditárias, e aqui até cargos públicos passam de pai para filho — basta analisar a escolha de novos desembargadores em muitos lugares e percebermos como o processo de escolha privilegia os filhos de magistrados. Nos custa crer que todo esse nepotismo tem a ver com méritos.

Precisamos de soluções para que todos tenham oportunidades de ascensão social. É claro que, na prática, criar oportunidades iguais para todos é uma utopia, mas precisamos ao menos tentar. Basta vermos os efeitos benéficos do Bolsa Família, que tornou possível a muitas famílias sair da extrema pobreza. Precisamos de um Estado que redistribua renda de maneira eficiente, não por meio de aposentadorias generosas ou promessas de pensões vitalícias para os que já são mais ricos.

Temos, principalmente, que tomar cuidado com o argumento moral pelo *status quo* a favor dos mais pobres. É muito comum ouvir que mudar as regras vai piorar a situação dos menos favorecidos. Isso acontece no debate sobre pagamento de mensalidades em universidades públicas, por exemplo, em que há sempre alguém para falar que acabar com o ensino "gratuito" tornaria o ensino superior elitista. Já dissemos que isso é claramente uma falácia. Desenhamos uma solução que tornaria o sistema muito mais inclusivo por criar mecanismos de autofinanciamento para que quem tiver dificuldades possa se dedicar apenas aos estudos. Mas vimos que, principalmente, diminuir a brecha entre oportunidades dos mais ricos e pobres significa investir na primeira infância.

Nosso roteiro de reformas, de um Estado mais eficiente, tem como único objetivo fazer com que o país se desenvolva enquanto libera recursos para implementar mais políticas públicas de maneira inteligente. A tentação do populismo é grande. Ajudar os necessitados pode ser feito de modo muito, mas muito, melhor do que fazemos hoje.

APELO À RAZÃO

Inclusão é particularmente importante. Precisamos também equacionar a violência no país, que ceifa mais de 60 mil vidas por ano. Nosso roteiro de reformas não tem soluções para tudo. É por isso que precisamos de evidências científicas e de um debate sério sobre como complementar o que vimos ao longo deste livro com outras políticas que possam nos tirar do buraco.

Evidências científicas

Ao longo do livro, trouxemos dezenas de exemplos de evidências científicas para permear o debate. Infelizmente, Ciência é vista com desconfiança no Brasil — e no mundo. Se isso vale para Ciências Naturais, com o crescimento do movimento antivacinas e o Ministério da Saúde pagando por tratamentos "alternativos" cuja taxa de sucesso é a mesma de nossa Lei de Informática dos anos 1980, vale em dobro para Economia. É muito comum vermos "debates" entre economistas ditos ortodoxos e heterodoxos no Brasil. Mas isso é quase uma patologia tupiniquim — os economistas ao redor do mundo discordam muito menos das evidências do que no Brasil. Isso é um pouco natural. Afinal, saímos da hiperinflação há apenas uma geração. No país, economistas têm muito mais voz na sociedade do que no restante do mundo. Afinal, foram os economistas que, com o Plano Real, ajudaram a nos tirar da espiral inflacionária e, com o Bolsa Família, nos ajudaram a quase extinguir a extrema pobreza.[84] E, por sermos fechados a novas ideias, simplesmente não incorporamos o que está na fronteira do mundo.

O caso da microeconomia massacrada e as evidências sobre educação mostram como precisamos incorporar o conhecimento de fronteira na discussão de políticas públicas. Precisamos parar de criar planos mirabolantes — para cada Bolsa Família que deu certo tem um Ciências sem Fronteiras que é um fracasso — com custos de bilhões, sem realmente entender e estimar seus custos e benefícios para a sociedade. E isso se faz

---

[84] Não estamos ignorando o papel dos políticos. Sem Itamar Franco e Fernando Henrique Cardoso, principalmente, não haveria o Plano Real, e sem Lula, obviamente, o Bolsa Família não teria o alcance que teve.

com Ciência, e não com narrativa. Temos que tomar cuidado com o viés da confirmação. É muito mais fácil acreditar em uma promessa populista que promete uma saída fácil do que ir a fundo em evidências científicas e desenhar mecanismos de monitoramento de políticas públicas que tornarão possíveis as mudanças na direção das ações ao longo do tempo. Mas não tem jeito. Não existe "achismo" em Ciências Sociais aplicadas. Ou seguimos modelos contemporâneos com evidências científicas, ou continuaremos empacados.

Progresso com desenvolvimento

"O progresso sempre faz vítimas", disse Luigi Zingales. Essa frase é sintomática das sociedades modernas e dos dilemas de políticas públicas. Isso vale tanto no agregado econômico, para criação e destruição de empresas, quanto em políticas públicas, como o necessário mecanismo de cotas para o ensino superior. Não se fazem políticas públicas de graça. É importante ter a coragem de dizer "sim, seu filho terá menos possibilidades de entrar em uma universidade pública porque escolhemos privilegiar quem antes estava excluído". E, também, "sim, pode ser que esse setor seja devastado pela concorrência vietnamita — ou chinesa, ou norte-americana —, mas o processo dinâmico de rotatividade de empresas é benéfico para a economia". Joseph Schumpeter, um economista clássico, introduziu no léxico de Ciências Sociais a ideia de destruição criativa. Hoje, sabemos que a destruição de empresas ineficientes pela pressão competitiva é tão importante quanto a criação de novas.[85] Outra frase comum no Brasil é a de que precisamos estimular a inovação. Assim como no caso de que a saída do país é a educação, o diagnóstico está correto, mas operacionalizá-lo é muito mais difícil. A abertura comercial é um dos mecanismos que possibilita maior inovação, mas continuamos presos a ideias antiquadas de que as empresas do Brasil seriam consumidas pela globalização desenfreada.

---

[85] Para uma aplicação dessa ideia sobre a indústria brasileira, ver: Resende, M.; Ribeiro, E. P.; Zeidan, R. Dynamic Entry and exit linkages in the Brazilian manufacturing industry: an econometric investigation. *International Journal of the Economics of Business*, v. 22, n. 3, p. 379–392, 2015.

APELO À RAZÃO

Precisamos de políticas competitivas que beneficiem a todos os brasileiros. Isso só viria de políticas "pró-mercado", em vez do caso clássico de países como o Brasil, presos no capitalismo de compadrio de políticas "pró-empresas". Até nossos empresários são muitas vezes ruins, buscando a proteção do Estado, gritando que desempregariam milhões ao primeiro sinal de verdadeira competição. Nossa elite não é apenas ruim quando falamos do setor político. Também precisamos de empresários progressistas que aceitem a concorrência e busquem o lucro, equilibrando o respeito a seus funcionários e ao meio ambiente.

"Não há almoço grátis", dizem os economistas. Para nós, quando algum movimento busca um tipo de solução como o do transporte público gratuito, surge a pergunta: quem paga a conta? É claro que o transporte público no Brasil é péssimo em muitos lugares, mas precisamos de soluções que combinem eficiência, equidade e viabilidade. Acreditar que é possível entregar transporte público de qualidade de maneira simples é não entender como funciona o mundo real, de escolhas políticas e incentivos econômicos. Sem populismo, podemos ir para algum lugar. Com ele, só vamos afundar.

O futuro a nosso alcance: a viabilidade do progresso

Ninguém aqui está propondo algo impossível. Gostaríamos de escrever um livro mostrando como poderíamos ter um mundo melhor se o ser humano não fosse o ser egoísta que é. As sociedades modernas enfrentam inúmeros conflitos, como o intergeracional, no qual os recursos de todos têm que ser direcionados para a produção de bens públicos, proteção social e monitoramento de regras de comportamento dos indivíduos e empresas — no mundo ideal, toda empresa buscaria minimizar o impacto sobre o meio ambiente e pagaria salários "justos", mas esse mundo não existe. Assim, precisamos de impostos sobre carbono, políticas de salário mínimo, transferência de renda e regulações sobre o comportamento de indivíduos e empresas. E nenhum messias vai nos salvar. Não adianta tentar terceirizar o país para um(a) líder que vai colocar todo o país nas costas — verdadeiro desenvolvimento não é de cima para baixo, com as massas olhando perplexas enquanto o enviado divino nos leva ao paraíso.

Nossas soluções podem algumas vezes parecer duras, mas são todas possíveis. Não há nada que nos impeça de fazer a reforma da Previdência ou mudar o funcionamento das universidades públicas. São reformas profundas, mas outros países as fizeram. Precisamos ouvir todos os brasileiros, algo difícil, mas não impossível. Não há salvadores da pátria. Tomamos o cuidado de propor políticas viáveis, mesmo que dolorosas no curto prazo. Obviamente, esbarramos em um paradoxo: muitas políticas que propomos não teriam necessariamente o apoio da maioria dos brasileiros, mas não gostamos da ideia de colocar tudo nas costas de um líder milagroso que nos salvaria da própria mediocridade. Afinal, deixamos claro que queremos que os governos sejam *accountable*, responsáveis por erros e acertos. Bem, um novo pacto social passa por resolver esse paradoxo. Não tem jeito, mas, de novo, outros países fizeram. Chegou nossa hora.

Devemos lembrar que escapar da armadilha da renda média significa tão e somente produtividade. Combater a corrupção, caso de polícia, é condição necessária, mas não suficiente. É o aumento de produtividade que possibilita que um dinamarquês tenha salário mínimo de mais de R$ 5 mil por mês[86] sem que isso cause desemprego no país. Queremos que todos os brasileiros tenham um salário justo. Não há como fazê-lo sem que a produtividade

---

[86] Uma nota sobre normas sociais. Todos nós fomos traumatizados pelo período de vinte anos de instabilidade econômica, desemprego e baixo crescimento. No plano das finanças pessoais, isso significa que as decisões financeiras que tomamos hoje ainda são extremamente influenciadas por um modelo mental baseado na extrema incerteza com relação ao futuro. Ou seja, pelo medo. A maioria dos brasileiros simplesmente tem um grande medo de perder o emprego, a saúde, a poupança — afinal, estamos em um país onde a poupança chegou a ser confiscada, e o Brasil sempre foi a promessa de futuro. Aquele que nunca parecia que podia chegar. O resultado desse medo é que tomamos decisões financeiras baseadas em um modelo ultrapassado. Uma amostra disso é nossa comunicação de salários como valores mensais. A hiperinflação acabou há mais de vinte anos, mas ainda usamos salários mensais como métrica de compensação porque, antes do Plano Real, o salário subia mensalmente (os mais antigos hão de se lembrar do gatilho salarial) e não fazia sentido falar em salário por hora ou anual. Hoje, quando dissídios são anuais, não faz mais nenhum sentido usarmos o valor mensal como essa métrica, mas continuamos a fazê-lo, não só por convenção mas também porque traumas são difíceis de serem esquecidos. "Os judeus demoraram quarenta anos saindo do Egito, mas o Egito demorou quatrocentos anos para sair dos judeus", diz a Torá, referindo-se ao período no qual o povo judeu, recém-liberto da escravidão, perambulou para chegar na terra prometida. Quanto tempo demorará para que a hiperinflação saia de nós? Para mais sobre finanças pessoais e como podemos nos preparar para o mundo contemporâneo, ver: Zeidan, R. *Vida de rico sem patrimônio*. Rio de Janeiro: Editora Altabooks, 2015.

cresça. Os aumentos de salário mínimo no passado foram muito bons, mas hoje não há mais como continuar com aumentos reais elevados sem que haja contrapartida na maior eficiência da sociedade.

No fundo, este livro explicita um novo contrato social possível. Isso passa até por normas sociais, mas o principal está mesmo em reformas econômicas: eficiência com equidade. Já provamos no passado que temos como fazer isso. Todos os presidentes conseguiram a maioria do Congresso para aprovar reformas importantes, quando colocavam o assunto da vez como prioridade. Ou seja, dá para fazer. O bonde da história está passando. Vamos correr para tentar pegá-lo ou vamos vê-lo passar enquanto escolhemos a mediocridade?

Precisamos abraçar a modernidade, em todas suas facetas. Os princípios republicanos são fundamentais. A ideia de que todos são iguais perante a Lei deve ser levada em conta de verdade, em vez de encarcerarmos quantidades gigantescas de nossos conterrâneos por crimes sem vítima. No que tange a nossa especialidade, podemos resumir nossas propostas em quatro: educação; competição, incluindo-se abertura comercial; eficiência do gasto público, incluindo-se uma verdadeira reforma da Previdência; e reformas microeconômicas, desde desburocratização, segurança jurídica e até imposto sobre carbono. Criamos, no texto, decálogos que detalham esses assuntos.

O dito popular é o de que "o futuro a Deus pertence". Nada mais longe da verdade. Os desafios são hercúleos, mas não impossíveis — e só cabem a nós. Vivemos em um mundo contraditório. A maioria quer coisas inconsistentes entre si. Nada é mais interessante que a visão do brasileiro sobre o Estado. Queremos saúde e educação de qualidade para todos e desconfiamos dos motivos maximizadores de lucros do empresariado — mas, ao mesmo tempo, vemos como nosso Estado é ineficiente e, muitas vezes, corrupto. Resolver essa contradição é fundamental para esse novo pacto social.

Mudar o país requer termos um diagnóstico adequado acerca do que é preciso fazer; uma disciplina e energia firmes para encararmos uma agenda de reformas com todas as resistências que isso implicará vencer; e uma grande capacidade de articulação, combinada com habilidade negociadora, para sabermos discernir o que é essencial do que pode ser modificado no trâmite parlamentar. O país já deu mostras, em outras ocasiões, de saber vencer desafios importantes, como quando enfrentamos o problema da hiperinflação ou derrotamos a pobreza extrema. Agora, temos pela frente outro tipo de questões. O lado bom disso é que é algo que está a nosso alcance: não se trata de um desafio impossível de superar e não depende do apoio externo nem de circunstâncias excepcionais. Lutamos por uma sofostopia. O melhor mundo que pudermos construir com ideias humanistas e que nos leve ao verdadeiro desenvolvimento. Sem atalhos. Com sacrifícios. E para todos, na medida do (im)possível. O futuro a nós pertence.

Este livro foi composto na tipografia Minion
Pro, em corpo 11/15, e impresso em
papel off-white no Sistema Cameron da
Divisão Gráfica da Distribuidora Record.